20世纪
外国教育
经典导读

单中惠　朱镜人　主编

山东教育出版社

图书在版编目（CIP）数据

20世纪外国教育经典导读/单中惠,朱镜人主编. —济南：山东教育出版社，2018

ISBN 978-7-5701-0160-3

Ⅰ.① 2… Ⅱ.①单… ②朱… Ⅲ.①教育思想—思想史—国外—20 世纪 Ⅳ.① G40-091

中国版本图书馆 CIP 数据核字（2018）第 041893 号

20世纪外国教育经典导读

单中惠 朱镜人 主编

主　管：山东出版传媒股份有限公司

出版者：山东教育出版社

（济南市纬一路321号　邮编：250001）

电　话：（0531）82092664　传真：（0531）82092625

网　址：www.sjs.com.cn

发行者：山东教育出版社

印　刷：山东新华印务有限责任公司

版　次：2018年3月第1版第1次印刷

规　格：710mm×1000mm　16开

印　张：22.25

印　数：1-3000

字　数：320千字

书　号：ISBN 978-7-5701-0160-3

定　价：55.00元

前言

在教师专业发展中阅读教育经典

"如果说我看得比别人更远，那是因为我站在巨人的肩上。"英国物理学家牛顿（I. Newton）的这句话既表明了他为人的谦逊，也表达了他对自己、对学科发展的坦然和自信；同时，也为我们提供了一种方法论：如果要在自己的领域做出成就，就必须清楚地知道以前的人们做过哪些探索。

教育作为一种社会现象至今已有数千年历史，在教育领域谈创新、谈改革，更需要站在巨人的肩膀上。在教师专业发展中，应该了解在教育发展上有哪些巨人，他们的"肩膀"在哪里。作为新课程实施者的一线教师，对于教育发展史上重要的教育家以及他们的代表作、主要的教育理论贡献，应有一定的了解。否则，新课程所提倡的新理念就可能成为无本之木，就可能成为支离破碎的"教条"和"规则"。

每一个学科领域都有自己的经典著作，值得人们去阅读并从中汲取精神营养。无论哪个时代、哪个国家，都提倡人们通过阅读经典著作来汲取精神营养，获得本学科发展的基础乃至更为根本的人性力量。究其根本原因，那就是经典著作中包含着人类社会各时代所积淀下来的共同精神财富，具有一种无法替代的和形成智慧的教育价值。当代美国哲学家和教育家、"百本名著计划"的创立者阿德勒（M. J. Adler）在他的《怎样读一本书》中曾提到

1

名著的六个特点：一、名著是历史上被人们最广泛阅读的；二、名著所阐述的问题实际上是任何一个时代都存在的；三、名著是适宜每个人的；四、名著最有可读性，任何人都会从中有所领悟；五、名著最有教育性，有助于人们提高自己的水平；六、名著对历史问题的论述能引起当代人的思考和探究。

教育领域的经典著作也具有上述特点。很多教育经典著作不仅在教育理论上具有极其重要的价值，而且在教育实践上产生了极其深远的影响。例如，对于在西方教育思想发展史上具有里程碑意义的《大教学论》一书，有的西方教育学者曾评价说："倘若各个时代的关于教育学的著作全给丢了，只要留得《大教学论》在，后代的人便仍可以把它作为基础，重新建立教育的科学。"美国教育史学家孟禄（P. Monroe）则指出："毫无疑问，这是曾经出版的最杰出的教育论著之一。尽管以往的教育论著很多，但是《大教学论》和一般著作的形式显然不同，无论它的观念或原则，还是其构思，都是惊人的现代化。"又如，对于被看作"新旧教育分水岭"的《爱弥儿》一书，美国教育家杜威（J. Dewey）曾这样指出："我们现代追求的教育进步，其要点已经被卢梭一语道破。他认为不是把外面的东西强迫儿童或青年去吸收，而要使人类与生俱来的能力得以生长。卢梭以后的教育改革家无不注重从这个观念出发，去进行种种研究。"再如，对于被称为实用主义教育思想体系最完整而又最详尽阐述的《民主主义与教育》一书，当代美国教育史学家克雷明（L. A. Cremin）评价说："人们认为这本著作是自卢梭《爱弥儿》问世以来对教育学所做的最显著的贡献。……像任何名著一样，这本著作既是它那个时代的反映，又是它那个时代的批判。……正是它的出版，给教育革新运动带来了新的活力。"

教育经典实际上离我们并不遥远。尽管一线教师主要是从事教育教学实践，但阅读教育经典著作对他们来说仍是十分重要的。通过阅读教育经典著作，冀望教师专业发展的一线教师可以在思想上得到启迪，在行动上得到指导。

但是，我国中小学教师阅读教育经典著作的情况并不理想。据《中国教育报》"读书周刊"的一次调查显示，绝大多数教师的读书时间很少，即使有一点读书时间也主要是阅读教参和教辅，很少接触教育经典著作，有的甚至连有哪些外国教育名家也没有听说过。应该说，这种情况是令人遗憾的。之所以产生这种情况，其原因是多方面的。第一，一线教师大多忙于讲课、辅导和批改作业等日常事务性工作，无暇去阅读教育经典著作。第二，一线教师对教育经典著作有没有实际用处还有一些疑虑，不想去阅读教育经典著作。第三，在阅读教育经典著作上对一线教师缺乏必要的引导，在他们中间还没有形成一种阅读外国教育经典的风气。第四，缺乏有关教育经典著作"解读"或"导读"之类的书籍，一线教师不知道如何去阅读教育经典著作。

　　其实，真正的教育家大都是一线教师，有过长期的教育实践；如果没有教育实践的基础，也就没有这些教育家提出的教育理论。新课程的实施对教师的专业发展提出了更高的要求。一些教师对新理念、新方法充满了热情和期待，也有一些教师感觉很不适应。作为一个充满探索、创造和建设的教育改革实践，新课程的实施必然会对教师的专业发展提出更高的要求。应该说，阅读教育经典著作能够推动教师专业发展。一些教师在新课程的实施中感觉很不适应，其原因既有客观方面的，也有主观方面的。从客观方面来说，新课程的实施首先要求教师在教育观念上有所革新，但教育观念革新又是一个长期而艰巨的过程，因此，有些教师一时感觉很不适应显然是在所难免的。从主观方面来说，一线教师大多不善于和缺乏教育思考，对教育理论尤其是外国教育家的理论了解甚少。然而，令人十分欣慰的是，在新课程改革中，有不少教师开始关注教育理论尤其是外国教育家的理论，企盼在世界范围内寻找教育的思想支撑。

　　从新课改中，人们可以看到，新课改在理念和方法上显然从外国教育家的理论中借鉴了一些有益的东西，例如，教育与生活的联系以及学校与社会的联系，"做中学"和反思性思维，学生发展，能力迁移，研究性学习，合作学习，等等。因此，阅读外国教育经典著作可以帮助教师接触和了解外国教育家的理论，从而更好地理解新课程改革精神。这样，有些教师的不适应情况肯定能得到一定的改善。

早在17世纪，英国教育家洛克（J. Locke）就这样说过："教育上的错误比别的错误更不可轻视。"因此，在外国教育发展的历史进程中，不同时代和不同国家的教育家或在自己教育实践的基础上，或在总结前人教育经验的前提下，提出了各具特点的教育主张、教育思想和教育方法，并发表了流传较广和影响较大的教育经典著作。应该看到，这些教育经典著作都是在探究既是一种历史现象又是一种永恒现象的教育。从这一点来看，阅读教育经典著作会给一线教师以不少启迪，并促使他们以更加热情和期待的态度参与教育教学实践，并实现自己的专业发展。

正如"教无定式"一样，读书也没有固定的方式。每个人都可以采取适合于自己的方式去进行阅读。因此，就一线教师如何阅读教育经典著作，提出以下几点建议：

第一，阅读教育经典著作不必追求系统性，但要注重实用。由于一线教师的读书时间确实有限，因此，在阅读时必须对教育经典著作进行选择。

第二，可以先阅读一些有关教育经典著作的"导读"或"解读"。由于教育经典著作很多，而且有的教育经典著作理论性很强，因此，先阅读"导读"或"解读"这一类教育经典著作入门读物，会有助于一线教师慢慢地产生阅读教育经典著作的兴趣和减少对阅读教育经典的"恐惧"。但必须注意，这并不能代替阅读教育经典著作的全部。

第三，在阅读教育经典著作时可以结合阅读一些与这位教育家相关的读物，例如，关于教育家的人格、教育思想的特色以及具有独创性的教育思想形成过程等的著作。

第四，在阅读教育经典著作时最好能做一些摘记，并结合自己的教育教学实践写一些体会。这样，一线教师就能慢慢地领悟到阅读教育经典著作的妙处，逐渐养成阅读教育经典著作的习惯。

目录

2

1/［美］杜威
《民主主义与教育》1916

> 在最广泛的意义上，教育乃是社会生活延续的工具。

> ——杜威

《民主主义与教育》（*Democracy and Education*）一书是美国现代教育家杜威的教育代表作。这是一本标志实用主义教育思想体系确立的著作，杜威在书中对自己的教育思想进行了完整而又详尽的阐述。

作者简介

约翰·杜威（John Dewey，1859—1952）是实用主义教育思想的创立者，现代西方教育理论派的主要代表人物。1859年10月20日，他出生于美国佛蒙特州的伯灵顿。在父母的影响下，杜威从小养成了喜爱阅读的习惯，但他对当时公立学校里死记硬背的传统教学方法颇为不满，并认为这种学校是一个惹人厌倦的地方。因此，他课余时十分喜欢户外活动。他的女儿简·杜威（Jane Dewey）曾在《杜威传》一书中这样写道："在形成约翰·杜威的教育理论的各种因素中，他童年时代的环境显然起了很大的作用。"

1874年进入佛蒙特大学后，杜威开始对哲学以及进化论感兴趣，尤其是进化论使他开阔了眼界。大学毕业后，他先后担任过宾夕法尼亚州石油城和伯灵顿附近的夏洛特镇等地学校的教师。1882年秋天，杜威进入成立不久的约翰斯·霍普金斯大学攻读研究生，黑格尔哲学思想在他的脑海中留下了不可磨灭的痕迹。

1884年获得博士学位后，杜威在密执安大学任教直到1894年（其中1888—1889学年在明尼苏达大学任教）。正是在密执安大学任教期间，他通过参与中等学校师资的培训工作而对教育开始产生兴趣。他"逐渐认识到，现在的教育方法，特别是小学的教育方法是与儿童正常发展的心理学原理不相协调的"（《从绝对主义到实验主义》）。

后来，在美国心理学家詹姆士（W. James）1890年出版的《心理学原理》一书的影响下，他萌发了通过教育实验把哲学、心理学和教育学结合起来进行研究的想法。1894年，杜威应聘担任芝加哥大学哲学、心理学和教育学系教授兼系主任。两年后，他开办了一所实验学校，在课程、教材和教法上进行实验。这所实验学校后来以"杜威学校"而著称。其间，他发表了许多重要的教育论著，在美国开始被公认为一位重要的教育家。

从1904年到1930年退休，杜威一直在哥伦比亚大学哲学系及师范学院任教。在这一时期，他曾到日本（1919）、中国（1919—1921）、土耳其（1924）、墨西哥（1926）和苏联（1928）等国访问和讲演，对世界很多国家的教育产生了重要的影响。与此同时，一些国家尤其是中国对杜威也有着深刻的和持久的敬仰。美国学者培里(T. Berry)曾在《现代美国哲学》一书中这样指出："从19世纪80年代初期起，可以分为三个时期：10年的门徒身份；10年的摆脱影响和渐露头角；其后50年，杜威成了杜威。"1952年6月1日，杜威去世。

除《民主主义与教育》（1916）外，杜威的主要教育著作还有《我的教育信条》（1897）、《学校与社会》（1899）、《儿童与课程》（1902）、《我们怎样思维》（1910）、《经验与教育》（1938）等。

在实用主义哲学、机能主义心理学和民主主义信念的理论基础上，杜威构建了他的实用主义教育思想体系。综观杜威的整个教育思想体系，他主要阐述了以下八个关系：一是教育与生活的关系。从教育学角度出发，杜威提出了"教育即生活"，强调教育就是生活的过程；从心理学角度出发，他提出了"教育即生长"，强调教育就是生长的过程。二是学校与社会的关系。杜威提出了"学校即社会"，强调学校是一个雏形的社会，但这并不意味着社会生活在学校中的简单重现。三是经验与课程的关系。从"教育即经验的改造"的观点出发，杜威提出了"课程教材心理化"，强调课程应该以儿童现在生活的经验为根基。四是知与行的关系。杜威提出了"从做中学"（即"从活动中学"），强调儿童在自身活动中进行学习。五是思维与教学的关系。杜威从"思维五步"出发提出了"教学五步"，强调教学活动应该唤起儿童的反思性思维并培养他们的思维能力。六是教育与职业的关系。杜威反对狭义的职业教育观，强调把职业教育与普通教育结合起来。七是教育与道德的关系。杜威反对狭隘的和说教式的道德教育观，强调通过学校生活、课程教材和教学方法三个方面来进行道德教育。八是儿童与教师的关系。杜威提倡"儿童中心论"，强调学校生活以儿童为中心，但又指出教育过程是教师和儿童共同参与及相互合作的过程。

内容提要

《民主主义与教育》于1916年出版，其副题为"教育哲学导论"。在该书"前言"中，杜威明确指出，这本书"试图发现和阐述民主主义社会所含的种种观念，以及把这种种观念应用于教育事业的问题"。全书共二十六章，大致可以分为四个部分。

第一部分：教育性质（第一——六章）。具体包括：第一章，教育是生活的需要；第二章，教育是社会的职能；第三章，教育即指导；第四章，教育即生长；第五章，预备、展开和形式教育；第六章，保守的教育和进步的教育。

在这一部分中，杜威主要论述了四个问题：

（1）教育与生活。杜威从最广泛的意义上论述了教育与生活的关系，指出教育乃是社会生活延续的工具，强调教育是生活绝对所必需的。教育可以分成两种：一种是非正式的教育，即与他人共同生活而获得的教育；另一种是正式教育，即专门为青少年特别准备的教育。

（2）教育与环境。杜威论述了教育与环境的关系以及环境的作用，指出离开环境就没有教育，强调学校是一种为了更好地影响儿童智力和道德倾向的典型的特殊环境。环境可以分成两种：一种是自然环境，包括气候、山川、物产等；另一种是社会环境，即人类的环境。

（3）教育即生长。杜威提出了"教育即生长"的观点，强调教育就是不问儿童年龄大小而提供保证生长或充分生活条件的事业。对于教育者来说，关键在于提供适当的环境以及适当的新刺激，使儿童的各种能力不断发展。

（4）对一些教育观念和理论的批判。从批判一些旧的教育观念和理论出发，杜威陈述了他对"教育"的定义："教育就是经验的改造或改组。这种改造或改组，既能增加经验的意义，又能提高指导后来经验过程的能力。"

第二部分：教育过程（第七—十七章）。具体包括：第七章，教育中的民主概念；第八章，教育的目的；第九章，自然发展和社会效率作为教育目的；第十章，兴趣和训练；第十一章，经验与思维；第十二章，教育中的思维；第十三章，方法的性质；第十四章，教材的性质；第十五章，课程中的游戏和工作；第十六章，地理和历史的重要性；第十七章，课程中的科学。在这一部分中，杜威主要论述了五个问题：

（1）教育与民主主义。杜威强调民主主义的教育理想应该能够支配公共教育制度，要求对传统的文化理想、传统的课程以及传统的教学方法进行必要的改革。

（2）教育的目的。杜威指出，在探索教育目的时，不要到教育过程以外去寻找一个目的，并使教育服从于这个目的。

（3）兴趣与训练。杜威指出，首先，对于教育工作来说，兴趣是十分重要的。因为它是学习的原动力，其价值在于使我们能考虑每一个儿童的特殊的能力、需要和爱好。因此，教育者必须经常而细心地观察儿童的兴趣，使课程教材及心智训练考虑到儿童的兴趣。其次，训练是与意志和努力密切联系的，既包括外部的机械训练，又包括内部的智能训练。

（4）思维与教学。杜威强调在学校中培养儿童优良的思维习惯和思维能力的重要性，并提出了"思维五步"以及与之相关的"教学五步"。

（5）课程与教材。杜威指出，在选择和确立课程教材时，既要考虑到儿童的需要和能力，又要考虑到社会生活的需要，还要考虑到课程教材的历程与儿童经验发展的历程相应，因此，他要求将主动作业放在课程的首位。与传统教育理论不同，杜威十分强调主动作业在课程中占有一个明确的位置，并主张"从做中学"。

第三部分：教育价值（第十八—二十三章）。具体包括：第十八章，教育的价值；第十九章，劳动和闲暇；第二十章，知识科目和实用科目；第二十一章，自然科目和社会科目：自然主义和人文主义；第二十二章，个人和世界；第二十三章，教育和职业。在这一部分中，杜威主要论述了两个问题：

（1）教育价值观。教育的价值就是它所要达到的目的，即教育在社会生活中的实际应用。因此，应该以"内在价值"（即"直接的价值"）和"工具价值"（即"间接的价值"）这两个标准来衡量学科价值。其理论要点是如何使经验保持它的统一性或完整性。

（2）对教育价值问题上各种二元论的批判。杜威指出，教育价值问题上的二元论表现为劳动与闲暇、知与行、自然与人、个人与世界、职业与文化等，强调把两者结合起来。

第四部分：教育哲学（第二十四—二十六章）。具体包括：第二十四章，教育哲学；第二十五章，认识论；第二十六章，道德论。在这一部分中，杜威主要论述了两个问题：

（1）哲学与教育。杜威论述了哲学与教育的关系，提出"哲学是教育的最一般方面的理论"，"教育乃是使哲学上的分歧具体化并受到检验的实验室"。因此，他强调哲学、教育的社会理想与方法的改造是携手并进的。

（2）知识与道德。在知识论上，杜威反对知识和活动的二元论，强调知识和活动两者是联系的；在道德论上，杜威反对内在意识和外在行为的二元论，强调道德意识和道德行为两者是统一的。

《民主主义与教育》一书出版后，曾是第一次世界大战期间美国高等院校在教育哲学方面最流行的课本。正是在这本著作中，杜威对自己的教育观点进行了系统的总结和阐述，构建了完整的实用主义教育思想体系。当代美国教育史学家克雷明（L. A. Cremin）在《学校的变革》一书中曾对《民主主义与教育》做过这样的评价："像任何名著一样，这本著作既是它那个时代的反映，又是它那个时代的批判。它把教育学上进步主义许多不同的组成部分和谐地合进单一而又范围广泛的理论之中，并赋予它们统一性和方向性。正是它的出版，给教育革新运动带来了新的活力。"《民主主义与教育》一书曾被译成许多国家的文字，在世界各国产生了重要而广泛的影响。早在1928年，该书就被邹恩润先生译成中文由商务印书馆出版，推动了杜威教育思想在近代中国教育界的传播。1990年，人民教育出版社又出版了王承绪先生翻译的该书中文本。美国教育学者罗思（R. J. Roth）指出："未来的思想必定会超过杜威……可是很难想象，它在前进中怎样能够绕过杜威。"因此，在对现代教育进行探索的过程中，人们不能不读一读杜威的《民主主义与教育》这本著作。

选文评析

教育即生长

一、生长的条件

社会在指导青少年活动的过程中决定青少年的未来，也因而决定社会自己的未来。由于特定时代的青少年在今后某一时间将组成那个时代的社会，所以，那个时代社会的性质，基本上将取决于前一时代给予儿童活动的指导。这个朝着后来结果的行动的累积运动，就是生长的含义。

生长的首要条件是未成熟状态。我们说一个人只能在他未发展的某一点上发展，这似乎是自明之理。但是，未成熟状态这个词的前缀"未"却有某种积极的意义，不仅仅是一无所有或缺乏的意思。值得注意的是"能量"（capacity）和"潜力"（potentiality），这两个名词都有双重意义，一个意义是消极的，另一个是积极的。能量可以仅指接纳性，如一夸脱的容量。我们可以把潜力仅仅理解为蛰伏或休眠的状态——在外部影响下变成某种不同的东西的能力。但是，我们也可以把能量理解为一种能力；把潜力理解为势力。我们说未成熟状态就是有生长的可能性。这句话的意思，并不是指现在没有能力，到了后来才会有；我们表示现在就有一种确实存在的势力——即发展的能力。

我们往往把未成熟状态只是当作缺乏，把生长当作填补未成熟的人和成熟的人之间的空缺的东西，这种倾向是由于用比较的观点看待儿童期，而不是用内在的观点看待儿童期。我们之所以仅仅把儿童期当作匮乏，是因为我们用成年期作为一个固定的标准来衡量儿童期。这样就把注意力集中在儿童现在所没有的、他成人以前所不会有的东西上。这种比较的观点，要是为了某种目的也是合法的，但是，如果我们把这种观点看作不可变更的道理，那就会产生一个问题，就是我们是否傲慢武断。如果儿童能清晰地和忠实地表达自己的意见，他们所说的话将与此不同；我们有非常可靠的成人凭据，使我们相信，在某种道德的和理智的方面，成人必须变成幼小儿童才对。

当我们考虑到提出一个静止的目的作为理想和标准时，这个关于未成熟状态的可能性的消极性质的假设，其严重性是明显的。他们把不断地成长理解为已完成的生长，就是说停止生长（ungrowth），即不再继续成长。这个假设毫无价值，从这样的事实可以明白，每一个成人，如果有人诋毁他没有进一步生长的可能性，他就要怨恨；只要他发现自己没有进一步生长的可能

1
[美] 杜威
《民主主义
与教育》
1916

7

性，他就要悲痛，把这件事视为丧失的证据，而不把已往的成就作为力量的适当表现。为什么对儿童和成人采用不平等的标准呢？

我们如果不用比较的观点，而用绝对的观点来看，未成熟状态就是指一种积极的势力或能力——向前生长的力量。我们不必像有些教育学说那样，从儿童那里抽出或引出种种积极的活动。哪里有生活，哪里就已经有热切的和激动的活动。生长并不是从外面加到活动的东西，而是活动自己做的东西。未成熟状态的可能性的积极的和建设的方面，是理解未成熟状态的两个主要特征即依赖和可塑性的关键。（1）把依赖说成某种积极的东西，听来未免可笑，把依赖说成一种力量，更加荒谬。但是，如果依赖完全是无依无靠的性质，那么发展永远不会发生。一个仅仅是软弱无能的人，永远要别人提携。依赖伴随着能力的成长，而不是越来越陷入寄生状态，这个事实表明依赖已是某种建设性的东西。仅仅寄人篱下不会促进生长。（2）因为寄人篱下不过是筑墙于软弱无能的周围。对物质世界来说，儿童是无依无靠的。在他诞生的时候和以后长时间内，缺乏行走和维持自己生命的能力。如果他必须自己谋生，那就连一小时都难以生存。在这方面，儿童几乎是全盘无依无靠。幼兽也要比他强得多。他的身体是虚弱的，不能运用他所有的体力去应付物质的环境。

1. 但是，这种彻底的无依无靠性质，暗示着具有某种补偿的力量。……有人说，儿童在进入青年期以前是利己主义的和自我中心的，这句话即使是正确的，也和我们上面所说的话没有矛盾。这不过表明儿童的社会反应能力是用来增加他们自己的利益，并不是表明儿童没有这种社会反应能力。但是，这句话事实上并不正确。……所谓儿童天生的利己主义的剩余部分，大部分都不过是违反成人的利己主义的利己主义。成人过分专心于他自己的事务而对儿童的事务没有兴趣。在他看来，儿童无疑似乎过分专心于他们自己的事务。

2. 未成熟的人为生长而有的特殊适应能力，构成他的可塑性。这种可塑性完全不同于油灰或蜡的可塑性。它并不是因受外来压力就改变形式的一种能力。这一种可塑性和柔韧的弹性相近，有些人通过弹性作用于他们周围的环境并保持他们自己的倾向。但是，可塑性比弹性更加深刻，它主要是从经验中学习的能力；从经验中保持可以用来对付以后情境中的困难的力量。这就是说，可塑性乃是以从前经验的结果为基础，改变自己行为的力量，就是发展各种倾向的力量。没有这种力量，获得习惯是不可能的。

高等动物的崽仔，特别是人类的幼儿，必须学会利用他们的本能反应，这是大家熟悉的事实。人类生来比其他动物具有更多的本能倾向。……我们学习一种动作，不是按现成动作去做，必须学会变化动作的因素，根据不同情况做出种种因素的联合。人类学习一种动作，能够发展许多方法，应用到其他情境，从而开辟继续前进的可能性。更重要的是，人类养成学习的习惯，他学会怎样学习。

1
[美] 杜威
《民主主义
与教育》
1916

二、习惯是生长的表现

我们在上面已说过，可塑性是保持和提取过去经验中能改变后来活动的种种因素的能力。这就是说，可塑性乃是获得习惯或发展一定倾向的能力。我们现在要研究习惯的主要特征。首先，习惯乃是一种执行的技能或工作的效率。习惯就是利用自然环境以达到自己目的的能力。习惯通过控制动作器官而主动地控制环境。我们也许易于强调控制身体，而忽略对环境的控制。我们想起步行、谈话、弹钢琴，雕刻工的专门技能，外科医生、建筑桥梁工人的技能等，好像他们的技能不过是有机体的行动流畅、灵巧和精确。当然，他们的动作的确流畅、灵巧和精确；但是，衡量这些特性的价值的标准，在于它们对环境的经济而有效的控制。我们能够走路，就是能支配自然界的某些特性，所有其他习惯也是如此。

人们常常把教育解释为获得能使个人适应环境的种种习惯。这个定义表明生长的一个重要方面。但是，这个定义中的所谓适应，必须从控制达到目的的手段的主动的意义上来理解。如果我们把习惯仅仅看作机体内部引起的变化，而忽视这种变化在于造成环境中以后许多变化的能力，就会把"适应"

看作与环境一致，正如一块蜡依照印章一样。……

…………

　　总而言之，所谓适应，既是我们的活动对环境的适应，也是环境对我们自己活动的适应。譬如，一个野蛮部落设法在沙漠平原上生活，他们使自己适应。但是，他们的适应包含最大限度的接受、忍受和容忍现状，最大限度的被动默认和最小限度的主动控制和利用环境。后来，文明的人出现了，他们也使自己适应。但是他们引进灌溉；寻找能在这种环境中繁荣昌盛的植物和动物；通过审慎的选择，改良正在那里生长的动植物。结果，这个荒芜的地方，好像盛开的玫瑰。野蛮部落只是顺应环境，习以为常；文明人却有习惯，这些习惯能改变环境。

　　但是，习惯的重要性并不止于习惯的执行和动作的方面，习惯还指培养理智的和情感的倾向，以及增加动作的轻松、经济和效率。无论什么习惯，都标志着一种倾向，能主动选择习惯运行的环境。……

…………

　　各种习惯和智力脱离到什么程度，这种习惯变成呆板的动作的方法，或者变成奴役我们的动作方法就到什么程度。常规性的习惯就是不假思索的习惯；"坏"的习惯没有理智，违反有意识的考虑和决定所作出的结论。……

三、发展概念的教育意义

　　当我们说教育就是发展时，全看对发展一词怎样理解。我们的最后结论是，生活就是发展；不断发展，不断生长，就是生活。用教育的术语来说，就是：1.教育的过程，在它自身以外没有目的；它就是它自己的目的。2.教育的过程是一个不断改组、不断改造和不断转化的过程。

　　（1）当我们用比较的术语，即从儿童和成人生活的特征来解释发展时，所谓发展，就是将能力引导到特别的渠道，如养成各种习惯，这些习惯含有执行的技能、明确的兴趣以及特定的观察和思维的对象。但是，比较的观点并不是最终的。儿童具有特别的能力；忽视这个事实，便是阻碍生长所依靠的器官的发育或使它们畸形发展。成人利用他的能力改造他的环境，因此引起许多新的刺激，这些新的刺激再引导他的各种能力，使它们不断发展。忽视这个事实，发展就受阻挠，成为被动的适应。换言之，常态的儿童和常态的成人都在不断生长。他们之间的区别不是生长和不生长的区别，而是各有适合于不同情况的不同的生长方式。……

（2）既然实际上除了更多的生长，没有别的东西是和生长有关的，所以除了更多的教育，没有别的东西是教育所从属的。有一句平常话说，一个人离开学校之后，教育不应停止。这句话的意思是，学校教育的目的在于通过组织保证生长的各种力量，以保证教育得以继续进行。使人们乐于从生活本身学习，并乐于把生活条件造成一种境界，使人人在生活过程中学习，这就是学校教育的最好的产物。

．．．．．．．．．．．．

认识到生活就是生长，这就使我们能避免所谓把儿童期理想化，这种事情实际上无非是懒惰成性。不要把生活与一切表面的行动和兴趣混为一谈。我们虽然不能断定，有些东西看来仅属表面的玩笑，是否就是某种初生而未经训练的能力的征兆，但是我们必须牢记，不要把表面现象认为就是目的本身。它们不过是可能的生长的征兆。要把它们转变成发展的手段和使能力进一步发展的工具，不要为了它们自己而纵容它们或培养它们。过分注意表面现象（即使用指责和鼓励的方式）也许使这些现象固定，从而使发展阻滞。对家长和教师来说，重要的事情是注意儿童哪些冲动在向前发展，而不是注意他们已往的冲动。……

1 ［美］杜威
《民主主义与教育》
1916

提要

……因为生长是生活的特征，所以教育就是不断生长；在它自身以外，没有别的目的。学校教育的价值，它的标准，就看它创造继续生长的愿望到什么程度，看它为实现这种愿望提供方法到什么程度。

——选自杜威著，王承绪译：《民主主义与教育》，

人民教育出版社1990年版，第45—57页。

评析：

"教育即生长"是杜威实用主义教育思想中一个十分重要的观点。在这段选文中，杜威指出，生长既是生活的特征，又是一个自然的过程。对于处于未成熟状态的儿童来说，每个人都有生长的可能性，因为未成熟状态是一种积极的向前生长的力量。它具有依赖性和可塑性这两个特征。杜威所说的"生长"，不仅指身体的发展，而且指智力和道德的发展。这种发展的概念对理解教育是具有重要意义的。因此，杜威指出，"教育就是不断生长"，具有就是生活的过程。在他看来，"教育的过程，在它自身以外没有目的；它就是它自己的目的。教育的过程是一个不断改组、不断改造和不断转化的过程"。这里特别要指出的是，杜威所说的"教育过程自身以外没有目的"（即"教育无目的"）实际上是反对来自教育过程之外强加的目的，而不是认为教育是无目的的，正如农民规定一个农事目的时必须考虑其环境情况一样。从"教育即生长"的观点出发，杜威明确提出："学校教育的目的在于通过组织保证生长的各种力量，以保证教育得以继续进行。"其关键就在于，学校促使儿童继续生长的愿望以及为实现这种愿望提供的方法。

作为问题解决法标志的教学五步

在理论上，没有人怀疑学校培养学生优良思维习惯的重要性。但是事实上，这个看法在实践上不如在理论上那么为人们所承认。此外，就学生的心智而论（即某些特别的肌肉能力除外），学校为学生所能做或需要做的一切，就是培养他们思维的能力。对于这一点也还没有足够的理论上的认识。在各个不同的教学目的之间，把整个教学分割开来，例如，分成技能的获得（如阅读、拼字法、写字、图画和背诵）、知识的掌握（如历史和地理）和思维的训练，这种做法使三个目的都不能有效地达到。如果思维不和提高行动的效率联系起来，不和增加关于我们自己和我们生活的世界的知识联系起来，这种思维就是有毛病的。如果所获得的技能没有经过思维，就不了解使用技能的目的。因此这种技能使一个人受常规习惯的支配和别人权威的控制，这些指挥人们的人虽然知道他们在做什么，但是他们成事的方法并不特别审慎。脱离深思熟虑的行动的知识是死的知识，是毁坏心智的沉重负担。因为它冒充知识，从而产生骄傲自满的流毒，它是智力进一步发展的巨大障碍。持久地改进教学方法和学习方法的唯一直接途径，在于把注意力集中在严格要求思维、促进思维和检验思维的种种条件上。思维就是明智的学习方法，这种学习要使用心智，也使心智获得酬报。我们说思维的方法，这话固然不错，但是关于方法重要的是要牢记，思维也就是方法，就是在思维的过程中明智的经验的方法。

（1）发展中的经验就是所谓思维。思维的开始阶段就是经验。这话听起来好像老生常谈。这句话应该是不言而喻的，不幸的是它并不那么清楚。与此相反，在哲学理论与教育实践中，思维常常被人视为和经验隔绝的东西，可以孤立地培养。事实上，经验所固有的局限性往往被视为要求注意思维的充分理由。于是，把经验局限于感官和欲望，局限于纯粹物质世界；而思维则出自高级的官能（理智），用于属于精神或至少属于书本方面的东西。所以，常常有人把纯粹数学和应用数学截然分开，认为纯粹数学是特别合适的思维教材（因为它与物质的存在无关），而应用数学则具有实利的价值，而没有训练思维的价值。

一般说来，教学方法上的基本错误在于假定学生的经验是可以想当然的。我们主张必须有一个实际的经验情境作为思维的开始阶段。这里的所谓经验，正如我们解释过的，就是一个人尝试做一件事，这件事又可以感觉到反过来作用于这个人。上面所说的错误，在于假定我们不考虑情境的某种直接的个人经验，就可以从算术、地理或其他科目的现成教材开始。甚至幼儿园和蒙台梭利教育法，也急于想"不浪费时间"，使学生掌握理智上的成就，因而他们往往忽略——或减少——学生对熟悉的经验材料的直接的、不够成熟的

1
［美］杜威
《民主主义
与教育》
1916

运用，而立即把他们引进表现成人理智上的成就的材料中。但是，一个人无论在什么年龄，接触任何新材料的第一阶段，不可避免地总是属于尝试错误的性质。他必须在游戏或工作中实际利用材料，试做一件事，进行由自己的冲动所引起的活动，然后注意他的力量和他所用材料的力量之间的相互作用。当一个儿童开始玩积木时，就发生这种情形。而当一个科学家在他的实验室里开始用不熟悉的材料做实验时，同样会发生这种情形。

所以，如果我们要激发学生的思维，而不是单纯学一些文字，学校任何科目的教学法应该尽可能不是学院式的。要懂得经验或经验的情境的意义，我们必须想到校外出现的情境，想到日常生活中使人对活动感兴趣和从事活动的那些作业。细心检查一下正规教育中永远成功的教学方法，无论是算术、阅读、地理、物理或外国语的教学，都将会表明这种教学方法所以有效，全靠它们返回到校外日常生活中引起学生思维的情境。它们给学生一些事情去做，不是给他们一些东西去学；而做事又是属于这样的性质，要求进行思维或者有意识地注意事物的联系，结果他们自然地学到了东西。

情境应该具有引起思维的性质，当然就是说它应该提出一件既非常规又非任意的事去做。换言之，做一件全新的（因而也是不确定的或有问题的）事情，它和现有的习惯有足够联系，足以引起有效的反应。一个有效的反应就是能完成一个可以看到的结果的反应。这种活动不同于纯粹偶然的活动，把活动结果和所做的事在思想上联系起来。因此，有关提出来引起学习的任何情境或经验的最重要的问题，就是这个情境或经验所包含的问题属于什么性质。

初想起来，似乎通常学校所用的方法很符合这里所提出的标准。教师给学生布置题目，提出问题，指定作业，解释难点，这种种事情占学校工作的一大部分。但是，必须区别两种问题，一种是真正的问题，一种是模拟的或虚幻的问题。下面许多疑问可以帮助我们区别这两种问题。（1）除了给学生提出一个问题以外，还有别的事情吗？这个问题是从学生个人经验的某种情境内部自然产生的呢，还是只是为了讲授某一学校课题而提出的一个孤零零的问题呢？它是不是能引起在校外进行观察和从事实验的一种尝试呢？（2）它是学生自己的问题，还是教师的或教科书上的问题，只是因为如果学生不解答这个问题，就不能得到所要求的分数，或者不能升级，或者不能赢得教师的赞许而给学生提出的呢？这两个问题显然是互相交错的。它们不过是同一个问题的两种说法：学生所得的经验是他个人切身的事情本来具有刺激和指导观察所包含的联结，并能导致推论和检验推论的性质呢，还是由外部强加给学生，学生的问题不过是满足外界的要求呢？

以上这些问题，要我们表示流行的教学方法能在多大程度上培养学生的思维习惯，未免令人踌躇。一般教室中的设备和布置都是和实际的经验情境不相容的。在教室中有什么东西和能引起困难的日常生活的情况相类似呢？几乎一切都证明非常重视听讲、读书和背诵所听到的和读到的知识。教室中的这种情况和学生在家庭里、在游戏场上、在履行日常生活的职责中与事物和人们主动接触的情况，两者距离悬殊，这么讲不可能过分。很多情况甚至不能和男孩女孩在校外和别人交谈或自己阅读时在脑子里所引起的问题相比。没有人曾经解释过为什么儿童在校外时有那么多的问题（如果他们得到什么鼓励，真会缠住成人不放），为什么他们对于学校课堂上的教材那样引人注目的缺乏好奇心。想一下这种惊人的对比，就可以明白通常学校的情况在多大程度上能给予学生一些能自行提出问题的经验。无论教师个人在教法上有多少改进，都不能完全补救这种情形。要克服这种缺陷，必须有更多的实际材料，更多的资料，更多的教学用具，更多做事情的机会。我们发现，凡是儿童忙着做事情，并且讨论做事过程中所发生的问题的地方，即使教学的方式比较一般，儿童的问题也是自动提出的，问题的数量是很多的，他们提出的解决问题的方法是先进的，多种多样的，而且有独创性。

由于学校缺乏产生真正问题的材料和作业，学生的问题并不是他自己的；或者宁可说，这些问题是他自己的，但只是作为一个学生，而不是作为一个人。所以，把他在应付这些问题时所取得的能力转移到课堂以外的生活事务上，就产生极大的浪费，真是令人痛惜。一个学生有一个问题，但是，这是

1
［美］杜威
《民主主义
与教育》
1916

满足教师所布置的特殊要求的问题。他的问题变成了发现教师喜欢什么、在课堂问答和考试以及外表行为方面什么东西可以使教师感到满意的问题，和教材的关系不再是直接的。思维的机会和材料在算术、历史或地理本身不能找到，在巧妙地使材料适应教师的要求时才能找到。学生虽然在学习，但并没有意识到他所学习的对象乃是教育系统和学校当局的传统和标准，不是那些有名无实的"课程"。这样引起的思维充其量是矫揉造作的、片面的。在最坏的情况下，学生的问题不是如何符合学校生活的要求，而是如何看来好像符合这些要求，或者，如何做到差不多符合这些要求以便能滑过去而不发生过多的冲突。用这些方法形成的判断力对学生的品格没有好处。如果上面一番话对通常的学校教育方法渲染过分，这种夸大其词至少可以说明这样一点：如果要有能产生引起富有思想的探究的问题的情境，就需要有利用材料达到各种目的的主动的作业。

（2）必须掌握资料，提供对付出现的特殊困难所需要的种种考虑。采用"展开式"方法的教师，有时让学生自己解决问题，似乎他们能从头脑里凭空编造。思维的材料不是思想，而是各种行动、事实、事件和事物的种种联系。换言之，一个人要有效地进行思维，必须已经具有或者现在有许多经验，给他提供对付困难的办法。困难是引起思维的不可缺乏的刺激物，但并不是所有困难都能引起思维。有时困难使人不知所措，他们被困难所吓倒，感到沮丧泄气。困难的情境必须和学生曾经对付过的情境有足够相似之处，使学生对处理这个情境的方法有一定的控制能力。教学的艺术，大部分在于使新问题的困难程度大到足以激发思想，小到加上新奇因素自然地带来的疑难，足以使学生得到一些富于启发性的立足点，从而产生有助于解决问题的建议。

在某种意义上说，采用什么心理学的方法提供思维的材料，这是一件无关紧要的事。记忆、观察、阅读和传达都是提供资料的途径。从每一种途径获取的资料各占多少比例，这是由手头特定问题的特点决定的。要是学生对某些事物很熟悉，能独立地回忆事实，如果坚持要他通过感官进行观察，这是愚蠢的。这种做法可能使人过分依赖感官提示，丧失活动能力。没有一个人能把一个收藏丰富的博物馆带在身边，利用收藏的东西帮助思考。可以这样说，一个经过良好训练的大脑，有极其丰富的资料做后盾，同时，习惯于追忆以往的种种经验，看它们能产生什么结果。另外，即使是一个熟悉的事物，它的性质或关系过去可能被忽略，现在却正可以帮助我们对付所遇到的问题。在这种情况下，就需要进行直接的观察，另一方面要运用阅读和"讲述"，这个原则同样适用。直接观察自然比较生动活泼，但是也有局限性。无论如何，一个人应能利用别人的经验，以弥补个人直接经验的狭隘性，这是教育的一个必要组成部分。过分依靠别人获得资料（无论是阅读得来的，或是听来的）是不足取的。尤其要反对的是，他人、书本或教师，很可能提供给学生一些现成的答案，而不是给他材料，让他自己去加以整理，解决手头的问题。

我们可以说，通常学校中由别人提供的知识资料太多，也可以说提供的太少，这两种说法并不矛盾。学校中过分重视学生积累和获得知识资料，以便在课堂问答和考试时照搬。"知识"作为一种资料，意思就是进一步探究的资本，是必不可少的资源。知识常被视为目的本身，于是，学生的目标就是堆积知识，需要时炫耀一番。这种静止的、冷藏库式的知识理想有碍教育的发展。这种理想不仅放过思维的机会不加利用，而且扼杀思维的能力。在乱糟糟地堆满废弃破烂的场地上，没有人能建造房屋。学生"脑子"里装满了各色各样从来不用的材料，当他们想要思考时，必然会遇到障碍。他们没有做过选择适当材料的练习，也没有标准可以遵循；每样东西都处在同一个呆板、静止的水平上。另一方面，如果提供的知识资料，学生实际上能够运用，在经验中发挥作用，那么，是否意味着不需要比通常掌握更多的多种多样的书籍、图画和谈话资料，这也是完全可以怀疑的。

（3）在思维中，与已经获得的事实、资料和知识相互关联的事物，是暗示、推论、猜测的意义、假说和试拟的说明。总而言之，是观念。审慎的观察和追忆决定已知的东西和已有的东西，因此是确定了的东西。它们不能提供所缺乏的东西。它们能解释问题、阐明问题、确定问题的所在，但不能提供答案。要找到问题的答案，还要进行设计、发明、创造和筹划。资料能

激发暗示，只有通过参照特别的资料，我们才能判断这些暗示是否适当。但是暗示的意义却超越当时经验中实际已知的东西。暗示预示着将来可能的结果，要去做的事情，而不是事实本身（已经做好的事情）。推论总是进入到未知的东西，是从已知的东西产生的一个飞跃。

在这个意义上，思想（事实所暗示的，而不是它所呈现的）是有创造性的，进入到新的东西。它含有某种发明的性质。当然，所暗示的事物必须在某种前后关系上是很熟悉的；创新以及有发明意义的筹划，乃是用新的眼光看这种事物，用不同的方法来运用这种事物。当牛顿想到他的地球引力原理时，他的思想的创造性的一面并不在所用的材料上。这些材料是人所共知的，其中许多是平凡的——如太阳、月亮、行星、重量、距离、质量、数的平方。这些都不是有独创性的观念，它们是既定的事实。牛顿的创造性在于利用这些人所共知的材料，把它们引导到未知的前后关系中去。世界上每一个惊人的科学发现，每一种重大的发明，每一件令人欣羡的艺术作品，也都是如此。只有傻瓜才把创造视为离奇和幻想的事情；其他人则认为，衡量创造性的方法，就是用别人没有想到的方法，利用日常习见的事物。新奇的是操作，而不是所用的材料。

在教育上可以得出的一个结论就是：一切能考虑到从前没有被认识的事物的思维，都是有创造性的。一个3岁的儿童，发现能利用积木做什么事情，或者一个6岁的儿童，发现能把五分钱和五分钱加起来成为什么结果，即使世界上人人知道这种事情，他也是个发现者。他的经验真正有了增长，不是机械地增加了另一个项目，而是一种新的性质丰富了经验。对于这些幼小儿童的自发行为，富有同情心的观察者莫不为之赞叹，这是因为看到儿童具有这种理智的创造力。如果创造性一词不被误解的话，儿童自己体验到的快乐，就是理智的创造性带来的快乐。

但是，我所要引出的教育上的教训，主要的并不是说，如果学校的种种条件支持发现式的学习，而不赞成把别人给他们注入的教材贮藏起来，教师就会感到工作不那么辛苦和劳累了；也并不是说，这样就能使儿童和青年享受到个人知识成果的快乐——虽然这种结果是的确有的，也是重要的。我所要引出的教育上的教训是，思想、观念不可能以观念的形式从一个人传给另一个人。当一个人把观念告诉别人时，对听到的人来说，不再是观念，而是另一个已知的事实。这种思想的交流也许能刺激别人，使他认清问题所在，提出一个类似的观念；也可能使听到的人窒息理智的兴趣，压制其开始思维的努力。但是，他直接得到的总不能是一个观念。只有当他亲身考虑问题的种种条件，寻求解决问题的方法时，才算真正在思维。如果父母或教师提供了刺激思维的种种条件，并且参加到共同的经验中去，对学习者的活动采取了同情的态度，他们为了唆使学习者学习所能做的工作，就可以说都做到了。其余的事情要直接有关系的人自己去做。如果他不能筹划他自己解决问题的方法（自然不是和教师、同学隔绝，而是和他们有联系），自己寻找出路，他就学不到什么；即使他能背出一些正确的答案，百分之百正确，他还是学不到什么。我们能够向学生提供数以千计的现成的"观念"，而且的确这样做了；但是我们一般并没有尽很大努力使学生在有意义的情境中学习，在这种情境中，他自己的活动能产生观念、证实观念、坚守观念——即察觉到事物的意义或联系。这样做，并不是说教师可以袖手旁观，而是要教师不把现成的教材提供给学生，然后用心听他背得是否正确，替代的方法并不是要他保持沉默，而是要共同参与学生的活动。在这种共同参与的活动中，教师是一个学习者，而学习者，虽然自己不觉得，也是一位教师——总的看来，无论教师或学生愈少意识到自己在那里施教或受教就愈好。

（4）我们已经知道，我们的观念无论是谦卑的猜测或是高贵的理论，都不过是预料可能的解决方法，预料一个活动的某种连续性或联系和一个还没有显示出来的结果。所以，观念是通过行动来检验的。观念必须指导和组织进一步的观察、回忆和实验。它们是学习的中间物，不是最后的目标。我们曾经说过，所有教育改革家都爱抨击传统教育的被动性。他们反对注入的教学，即好像海绵一样吸收知识。他们抨击好像要钻进坚硬的岩石一般把教材钻进学生的脑子。但是，要创造一种条件，使获得一个观念就等于得到一次

1 ［美］杜威 《民主主义 与教育》 1916

经验，扩大我们与环境的接触，并使这种接触更加精确，实在是一件不容易的事。一种活动，甚至自我活动，太容易被看成仅仅是精神的东西，束缚在头脑里，只是通过发声器官才找到表现。

所有比较成功的教学方法，虽都承认必须把学得的观念应用于实际，但是，有的时候应用观念的练习还是作为一种方法，使已经学到的知识固定下来，并且获得更多的运用知识的实际技能。这种结果是实在的，不可轻视。但是，应用学得的知识的练习，首先应该具有理智的性质。我们说过，思想仅仅作为思想是不完全的，它们至多是经验性的；它们只是暗示和迹象。它们是对付经验中情境的观点和方法。思想在实际的情境中运用以前，缺乏充分的意义和现实性。只有应用才能检验思想，只有通过检验才能使思想具有充分的意义和现实性。思想不经过运用往往自成一个特殊的世界。值得怀疑的是，那些把心理孤立起来，和物质世界对立的各派哲学，其根源是否因为有一批关于思想和理论的人制造了大量观念，而社会条件又不允许他们实行和检验这些观念？因此，这些人被推回到他们自己的思想中，把这些思想视为目的本身。

（5）无论上面所说的那种哲学的根源怎样，学校中所学的很多东西都带有特别的人为的性质，这是无可怀疑的。我们虽然不能说有很多学生有意识地认为他们所学的教材是不真实的，但是，这种教材对他们来说，肯定没有他们生动的经验所具有的那种现实性。学生学习这种教材，也并不希望那种现实性；他们习惯于认为教材的现实性，就在于应付课堂问答、上课和考试。这种教材对日常生活的经验毫无作用，多少被认为这是当然的事。这种情况产生两个不良的后果：一是平常的经验得不到应该得到的营养，这种经验并不因为学习而更加丰富；二是因为学生习惯于一知半解和生吞活剥的教材，把这种教材装到脑子里去，养成了一种态度，削弱思想的活力和效率。

如果说我们特别详细地讲了消极的方面，这是为了提出积极的措施，使思想有效地发展。哪里的学校设置了实验室、车间和园地，哪里充分地运用了戏剧、游戏和运动，哪里就存在种种机会，使实际生活的情境重现于校内，使学生求得知识和观念，并加以应用，使进步经验向前发展。这样，观念就不是被隔离的，它们并不形成一个孤岛。它们使平常的生活更有生气，更加丰富。知识材料由于能发挥作用和指导行动，从而增添了活力。

以上所说"存在种种机会"，我们是有意这样说的。这种机会也许没有被人利用；可能有人着重在肉体方面使用手工和建造活动，仅仅作为获得身体技能的手段；也可能有人利用这种活动几乎完全为了"实利的"即金钱的目的。但是，有许多拥护"文化"修养的人有一种倾向，以为这类活动仅仅属于肉体的或职业的性质，这本身就是一种哲学的产物，这种哲学使心理脱离经验的指导，因而也就脱离对事物的行动。如果把"心理的"视为一个独自存在的领域，身体的活动和运动也遭到极为相似的命运。身体的活动充其量被视为仅仅是心理的外部的附属品。为了满足肉体的需要，达到外表的体面和舒适，也许需要身体的活动，但是身体活动在心理方面并不占有必要的位置，对思想的完善也不起必不可少的作用。所以，身体活动在自由教育即培养智力的教育上没有地位。即使身体活动渗入自由教育，也不过是对群众的物质需要的让步。至于应该让身体活动侵入高贵者的教育，那是不能设想的。把心理看作完全孤立的东西，这种看法必然得出这个结论。但是，当我们如实地来看心理，即把它看作经验发展中的有目的的和指导性的因素时，根据同样的逻辑，这个结论也便消失了。

虽然我们希望一切教育机关应该有相当的设备，使学生在代表重要社会情境的主动作业中有机会获得观念和知识，并有机会检验这些观念和知识，但是，要所有教育机关都有这种设备，无疑还要经过很长时间。但是，这种情况并不给教师袖手旁观、坚持采用使知识脱离实际的教学法提供借口。每一门科目的每一次口头答问，都有机会在课堂上的教材和日常生活的更为广阔、更为直接的经验之间建立相互的联系。课堂教学可以分成三种。最不好的一种是把每堂课看作一个独立的整体。这种课堂教学不要求学生负起责任去寻找这堂课和同一科目的别的课之间或和别的科目之间有什么接触点。比较聪明的教师注意系统地引导学生利用过去的功课来帮助理解目前的功课，并利用目前的功课加深理解已经获得的知识。这种教学的结果好一些，但是学校的教材还是脱离实际的。除偶然外，学生的校外经验仍然处于粗糙的和比较缺乏思想的状况。学生不能利用直接教学的比较准确和比较全面的材料，使校外的经验得到提炼和扩充。直接教学的教材因为没有和日常生活的现实情况相融合，也就缺乏学习的动机，没有现实的感觉。最好的一种教学，牢牢记住学校教材和现实生活二者相互联系的必要性，使学生养成一种态度，习惯于寻找这两方面的接触点和相互的关系。

提要

教学的各个过程，它们在培养学生优良的思维习惯方面做到什么程度，就统一到什么程度。我们谈到思维的方法，这话固然不错，但是重要的是我们要知道，思维就是有教育意义的经验的方法。因此，教学法的要素和思维的要素是相同的。这些要素是：第一，学生要有一个真实的经验的情境——要有一个对活动本身感兴趣的连续的活动；第二，在这个情境内部产生一个真实的问题，作为思维的刺激物；第三，他要占有知识资料，从事必要的观察，对付这个问题；第四，他必须负责有条不紊地展开他所想出的解决问题的方法；第五，他要有机会和需要通过应用检验他的观念，使这些观念意义明确，并且让他自己发现它们是否有效。

——选自杜威著，王承绪译：《民主主义与教育》，

人民教育出版社1990年版，第162—174页。

评析：

在这段选文中，杜威十分强调学校必须培养学生的反思性思维习惯。对于"思维"是什么这一问题，他明确提出，"思维就是明智的学习方法"，"思维就是思维的过程中明智的经验的方法"，"思维就是有教育意义的经验的方法"。与此同时，他始终强调教师要提供能引起思维的情境，激发学生的思维。在这里，杜威还提出，一切能考虑到从前没有被认识的思维都是

有创造性的。杜威认为，就整个思维的过程来说，分感觉问题所在、观察各方面的情况、提出假设、进行推理以及积极地进行实验的检验五个步骤。这就是著名的"思维五步"。在此基础上，他又提出了"教学五步"，把教学过程分成相应的五个阶段：（1）教师给儿童准备一个真实的经验的情境；（2）在这个情境中儿童须能产生疑难问题作为思维的刺激物；（3）从资料和观察中儿童产生对解决疑难问题的思考和假设；（4）儿童自己负责一步一步地展开他所设想的解决疑难问题的方法；（5）儿童通过应用检验他的方法是否有效。在西方教育界，杜威的"教学五步"早已被看成问题解决法的标志。

（单中惠）

1 ［美］杜威
《民主主义
与教育》
1916

2/ ［意］蒙台梭利
《童年的秘密》1936

20
世纪外国
教育经典
导读 》》》》

> 儿童是一个谜。…… 正在实体化的儿童是一个精
> 神的胚胎，他需要自己的特殊环境。…… 当成人最终
> 认识到这一点时，他们将会改变自己对儿童的态度。
>
> ——蒙台梭利

《童年的秘密》（*The Secret of Childhood*）一书是意大利教育家蒙台梭利
的代表作。这是一本探索和解答儿童教育之谜的著作，集中而生动地阐述了
蒙台梭利的新儿童教育观。

作者简介

玛丽亚·蒙台梭利（Maria Montessori，1870—1952）是"儿童之家"的
创立者，被誉为现代"幼儿园的改革家"。1870年8月31日，她出生于意大
利安科纳省的希亚拉瓦莱镇。严格的家庭教育使蒙台梭利得到了很好的发展。

1886年中学毕业后，蒙台梭利进入高等技术学院学习。临毕业时，她因对生物学的强烈兴趣而萌发了学医的想法，并进入了罗马大学医学院。

1896年春，蒙台梭利以一篇有关精神病例的毕业论文获得博士学位。作为意大利第一位女医学博士，她担任了罗马大学附属精神病诊所的助理医生。在工作中，她阅读了美国精神病医生塞甘（E. Seguin）和法国医学家伊塔（J. Itard）的著作，因而在思想上受了很大的影响。当蒙台梭利把自己的注意力转向教育研究时，她通过旁听课程和阅读著作来弥补自己在教育理论知识上的不足。

1900年春至1902年，蒙台梭利受聘于意大利全国智力缺陷儿童教育联盟开办的国立特殊儿童学校，这使她在心智有缺陷儿童的教育方面积累了经验。之后，她一直希望有机会把心智有缺陷儿童教育的方法应用于正常儿童的教育。1907年1月6日，蒙台梭利应罗马优良建筑学会会长的邀请创办了"儿童之家"，意为"公寓中的学校"，招收3—6岁的儿童。由此，蒙台梭利开始了闻名世界的教育实验活动。她后来回忆道："我感到一项伟大的工作即将开始，并且它会获得成功。"（《童年的秘密》）之后，在罗马和米兰又相继开办了一些"儿童之家"。在蒙台梭利的努力下，"儿童之家"的教育实验获得了成功，不仅使这些儿童的心智发生了很大的变化，而且在国内外产生了广泛的影响。当蒙台梭利1949年春天结束在巴基斯坦的访问和讲演时，人们在送给她的一只大蛋糕上用奶油裱出"感谢您，发现了童年的秘密"。

为了进一步传播自己的教育思想，蒙台梭利不仅访问了一些国家，而且还开设了国际训练课程。尤其是从1919年到1937年在英国伦敦开设两年一期的国际训练课程，每期六个月，培养了很多蒙台梭利学校的教师。由此，在世界上形成了蒙台梭利运动。1929年8月，在荷兰又成立了"国际蒙台梭利协会"。由于对幼儿教育和世界和平事业的卓越贡献，蒙台梭利曾被提名为"诺贝尔和平奖"的候选人。1952年5月6日，蒙台梭利去世。

除《童年的秘密》（1936）外，蒙台梭利的主要教育著作还有《科学的幼儿教育方法》（1909）、《儿童的发现》（1948）、《有吸收力的心理》（1949）等。

在教育实验活动的基础上，蒙台梭利构建了她的教育思想体系。第一，从发展的观点出发，蒙台梭利认为，幼儿发展时期是人的一生中最重要的时期。幼儿处在一个不断生长和发展变化的过程中，而且主要是内部的自然发展。这种发展包括生理和心理两个方面。第二，为了促使幼儿生理和心理的发展，其教育应始于诞生时。就幼儿教育的目的来说，蒙台梭利认为，它具有生理的和社会的两重性。在生理方面，是帮助个人的自然发展；在社会方面，是使个人为适应环境做好准备。第三，在幼儿教育的环境上，蒙台梭利认为，这应该是一个适宜幼儿生理和心理发展的环境。因为幼儿的生长和发展有赖于最有利的外部条件。可以说，一个适宜的环境实际上为幼儿开拓了一条自然的生长道路。第四，就幼儿教育的原则来说，蒙台梭利强调"重复练习"和"自由选择"这两条原则。重复练习使幼儿发现自己的潜力，并在生命力的不断展现中完善自我；自由选择使幼儿自己选择教具和工具，以满足他们的内心需要。第五，在幼儿教育的内容和方法上，蒙台梭利提出由肌肉训练、感官训练、日常生活练习以及初步知识教育四个部分组成。第六，在幼儿教师上，蒙台梭利主张把"教师"改称为"指导者"。教师和儿童之间的积极关系是教育成功的唯一基础，教师的作用在于引导幼儿的心理活动和身体发展。

内容提要

《童年的秘密》于1936年7月在英国牛津召开第五次国际蒙台梭利协会会议之际出版。除"序言"外，全书分三个部分，共十章。

在"序言"中，蒙台梭利主要论述了儿童问题的重要性及其对童年秘密进行探索的意义。蒙台梭利明确指出，儿童问题在20世纪初已引起了社会的极大关注。作为一个社会问题，它具体表现在："儿童在学校里是那些枯燥乏味作业的受害者，被搞得筋疲力尽。……他们的童年生活并不愉快，心智疲乏、弯腰曲背、胸腔萎缩，当儿童离开学校时，他已不再像一个儿童。"

之所以产生这种问题，其原因就是成人对儿童的压抑以及没有为儿童准备一个适宜的环境。但不管人们愿意不愿意，儿童无疑是社会不可缺少的一部分。随着瑞典教育家爱伦·凯（Ellen Key）提出"20世纪将是儿童的世纪"，一个新的儿童时代已经到来。这将对社会以及对整个人类产生极大的意义。

第一部分：童年时期（4章）。具体包括：第一章，今日的儿童；第二章，精神的胚胎；第三章，形成中的心理；第四章，成人对儿童的阻碍。在这一部分中，蒙台梭利主要论述了三个问题：

（1）幼儿的生理发展。幼儿刚诞生时是处于一种明显的孤弱状态，表现出一种令人怜悯的样子，但是，幼儿的个体是在不断发展的，并使潜伏着的生命力量逐渐呈现出来。

（2）幼儿的心理发展。幼儿的心理发展既有一定的进程，也有隐藏的特点。儿童心灵中隐藏着一种深不可测的秘密，它会随着心灵的发展而逐渐展现出来。幼儿不仅是一种肉体的存在，更是一种精神的存在；而且，每个幼儿的精神都不相同，各有自己创造性的精神。幼儿的心理可以称为"有吸收力的心理"，一个人在幼年时所获取和吸收的一切会一直保持下去，甚至影响其一生。在幼儿心理发展中，会出现各种"敏感期"，例如，秩序的敏感期、细节的敏感期、行走的敏感期、手的敏感期、语言的敏感期等，在一些方面表现出一种特殊的敏感性。

（3）成人与儿童的冲突。成人与儿童之所以发生冲突，其原因主要是成人没有真正理解儿童。然而，更可怕的是成人并没有意识到他自己的盲目无知，其结果就使成人处于与儿童不断冲突之中。对于成人来说，他必须发现仍阻碍自己真正理解儿童的那种无意识的错误。否则，他们既不可能进一步探究儿童，也不可能消除对儿童的压抑。

第二部分：新教育（4章）。具体包括：第一章，教师的任务；第二章，教育的方法；第三章，正常化发展；第四章，儿童的心理畸变。在这一部分中，蒙台梭利主要论述了三个问题：

（1）促进儿童正常发展的条件。其中，第一个条件是把儿童安置在一个愉快的环境里，在那里儿童感到没有任何压抑。第二个条件是成人的积极作用。第三个条件是给儿童提供合适的、吸引人的和科学的感官材料，以便进行感官训练。

（2）儿童心理的畸变及其原因。如果儿童在其心理发展过程中，遇到一个有敌意的和不适宜的环境，就会在人们毫不察觉的情况下产生各种心理畸变，例如，心灵神游、心理障碍、依附他人、占有欲、权力欲、自卑感、恐惧、说谎等。在一个儿童身上可能同时出现几种心理畸变的情况。如果儿童没有消除他的心理畸变，这些畸变将伴随他终生。

（3）教师的任务。对于教师来说，最紧迫的任务就是去了解尚未被认识的儿童，并把他从所有的障碍物中解放出来。为了实现这个任务，教师应该用科学的方法观察儿童，研究儿童，理解儿童，热爱儿童，帮助儿童。教师的主要作用是指导儿童的身体发展和心理发展。因此，在"儿童之家"中充分展现了三个基本特征：一是对环境的强调；二是对教师作用的极大关注；三是对儿童人格的尊重。

第三部分：儿童与社会（2章）。具体包括：第一章，人的工作；第二章，儿童的权利与社会的职责。在这一部分中，蒙台梭利主要论述了三个问题：

（1）儿童的内在本能。每个幼儿身上都具有内在的本能，即内藏在他身上的个人能量。其一是主导本能，是幼儿的活动、特性和适应环境的源泉，引导幼儿克服所遇到的困难；其二是工作本能，不仅使人类得以更新，而且使人类通过工作来完善他们的环境。正是这种本能的自发冲动，赋予他积极的生命力，促使他不断发展。

（2）成人工作与儿童工作的比较。成人的工作和儿童的工作是两种不同类型和具有不同目的的工作。因为成人要在生活中完成一种复杂的和强烈的使命，所以他们的工作是社会性的、共同的和有组织的。尽管儿童的工作没有未来的目的，但这是一种伟大的、重要的和困难的工作，即造就人的工作。对于成人来说，了解儿童工作的性质是重要的。

（3）社会的职责和父母的使命。社会应该关心儿童的权利，把儿童作为人类未来生活的灯塔。如果不能正视现代教育学中的儿童正常化的问题，那么所有的社会问题都是解决不了的。人们必须建设一个适宜于儿童需要的世界，并承认儿童的社会权利。与此同时，父母必须保护和关怀儿童，在最深刻的意义上，把这看作一种神圣的使命，并远远高于对于物质生活的兴趣和观念。毫无疑问，父母的手中掌握着人类社会未来的命运。

《童年的秘密》一书出版后，在世界许多国家尤其在美国很受欢迎。其主要原因是蒙台梭利在这本著作中对儿童教育之谜的探索和解答，以及通过许多富有启发性的事例探讨了儿童生理和心理的发展及其特点。探索和发现儿童教育的秘密，无疑是蒙台梭利毕生所追求的理想。早在蒙台梭利1913年底访问美国时，她就在演讲中说："我的目的在于所有儿童的发展。我更大的目的在于人类的最终完善。"正因为对儿童教育之谜进行了探索和解答，《童年的秘密》一书成为在蒙台梭利1914年以后的著作中被最广泛地阅读的一本著作。澳大利亚教育家康内尔（W. F. Connell）在《20世纪世界教育史》一书中这样指出："蒙台梭利对20世纪教育潮流的主要贡献，并不是在于她的那些建议，而是在于她的儿童教育思想以及对教育过程的态度的影响。"应该看到，蒙台梭利在《童年的秘密》一书中所列举的许多例子在我们的现实生活中都能见到，因此，她在儿童教育方面提出的新的见解肯定会对教师和父母提供启示和指导。

选文评析

实体化

……在每一个儿童诞生的时候，我们也可以发现某种与这种秘密相似的东西，这时一种寓于肉体之中的精神也就出现了。

把新生儿简单地看作一个器官和组织的混合物，它们构成了一个活生生的有机体。如此复杂的一个生物是怎样产生的呢？

在对待新生儿时应该考虑到他的"心理生活"。如果他一出生就有了这种心理生活，那当他长大以后这种心理生活将变得怎样呢？如果我们把"教育"理解为儿童的心理发展而不是智力发展，那么我们确实可以说，儿童的教育始于诞生时。现在，从意识活动和潜意识活动之间的区别中，我们可以发现，儿童从他诞生那个时刻起就有一种真正的心理生活。我们需要促使儿童主动与外部世界联系，从而去发展他们的意识，这种主动关系对成人来说是印象深刻的。我们看到，被关在黑暗处的一个心灵正在努力走向新生以及在一个环境中得到发展，它并不准备争取一个那么宏伟的结果。我们发现自己就在这样一个承担困难任务的心灵面前，但并不知道如何去帮助它，我们甚至可能在阻碍它。

但是，我们必须承认，儿童的天赋本能不仅对他身体的发展和滋养，而且对各种心理功能的发挥都在起作用。这种作用在无理性的动物身上具有物种的特征。就运动而言，儿童要比其他动物发展得慢。儿童诞生时，这种能力几乎没有发展，即使他已经能运用他的器官并对光、对触摸、对声音等有所反应。新生儿比任何其他生物更表现出一副令人怜悯的样子，他孤弱而不能自助，并且在很长的一段时间里一直如此。他不能说话，不能行走，而不断地要人留心。经过很大的努力，他在六个月时学会发音，在很长的一段时间里，他唯一能发出的声音就是哭泣或喊叫，让人奔过去帮助他。只是在相当长的一段时间之后，数月、一年甚至更长的时间之后，他才能站立和走路，他要能够说话就需要更长的时间。对于儿童刚出生后的孤弱状态，哲学家一直很感兴趣，但教师和医生直到现在始终极少感兴趣。

当我们可以把"实体化"这个词理解为存在一种神秘的力量时，它给新生儿孤弱的躯体一种活力，使他能够生长、站立和说话，并使他进一步完善，那么，我们可以把儿童心理和生理的发展说成是一种"实体化"。

认为儿童的肌肉乏力妨碍他站立和坐下，或者认为他没有自然协调运动的能力，那是极大的错误。一个新生儿的肌肉力量无疑是通过其推拉的动作而得到证明的。没有任何事情能比儿童从最初开始就在实现吮吸和吞咽两者之间的困难协调更完美。儿童所处的自然环境胜过那些小动物所处的自然环境。儿童的生理发展和心理发展处于一种协调的关系之中。它们肯定会表现出特征，但不是物种的特征，而是个体的特征。物种的本能也明确地被表现出来，但将强加上某种基本的特征：大多数幼小的哺乳类动物在出生后几乎立即就能站立、行走和拥有它们物种自己的语言。我们知道，当每一个小动物充分生长时，有些情况将是相像的。如果是一头幼鹿，它就能轻快而敏捷地行走；如果是一头象，它就缓慢而笨重地行走；如果是一只老虎，它就是凶猛的和有利齿的；如果是一只兔子，它就在嫩绿的田野上从容地觅食。这样的特征是不会改变和混淆的。但是，十分奇怪的是，儿童在相当长的时间里一直是软弱的，而每一个儿童又可以展现其个人的变化，这就构成了一个谜。他的发音不清楚的嗓子终有一天将会说话，但我们还不知道他用什么语言。他将说他从周围的人那里模仿来的语言，他经过很大的努力将从语音到音节，最后到单词。他将有意在与环境的关系之中发展自己的所有功能。因此，在某种意义上，儿童就是他自己的创造者。

儿童的运动器官的活力就是个人机能的"实体化"，具有他自己的特征。一般认为，那就如人体是运动器官的复合体。从生理角度来讲，人体是随意肌的复合体。这正如它们的名称所表明的，它们能由意志来驱动。这个事实最有力地证明，运动是与人的心理生活紧密相连的。但是，没有它的器官和它的工具，意志将是一无所成。

人与动物之间的差别就在于：动物就像成批生产的物品，每一个个体都具有它的物种所特有的特征。相反，人就像手工制作的物品，每一个人都不相同，每一个人都有自己创造性的精神，这使他成为一件手工艺术品。但是，在任何的结果外显之前，必须完成内在的工作，因此，那不是一件现成的、简单的复制品，而是一种新型的和积极的创造物。当这个物品最终出现时，它使人们感到十分惊叹和不可思议。

甚至任何动物，即使是最低等的昆虫，尽管它具有本能，但由于没有运动器官也不能得到表达方式。人是生命的最高形式，肌肉是那么众多复杂，

2 [意]蒙台梭利《童年的秘密》1936

以至于很多学习解剖学的学生说："要记住所有的肌肉，你必须仔细研究至少七遍。"各种类型的肌肉一起工作表现出各种复杂的动作。有些是主动的，有些是被动的；有时候它们一起工作，有时候它们相互对抗。一种抑制总是伴随着一种驱动力，并对这种抑制进行纠正。那是真正的交往，许多肌肉一起协调工作，完成最复杂的动作。例如，杂技演员的动作或者能把最细微的动作传递到琴弓上的小提琴演奏家的动作。这些动作和每一次转调都要求无数的肌肉同时行动，就如一支肌肉大军一样，每一块肌肉都发挥作用以达到活动的完美。

即使这种动作的准备并不是全部离开自然，但实际上有一部分，即指明方向和意义的最高级部分是归于个人能力的。这种源于自然的能力是神奇的。我们在谈论人的时候，这是必须考虑的第一个事实。总之，人的一种有活力的心灵肯定会在行动中体现出来，在世界中表现它自己。这是儿童生活的第一篇章，也是人的第一个任务。

如果个人的实体化就是指儿童的心理发展，那么，儿童肯定具有一种先于生理生活的心理生活，这种心理生活早就存在了，但是没有任何外部迹象引起人们的注意。在意识开始时表现出来的犹豫和微弱，使感觉处于与它们的环境的关系之中，并立即通过肌肉的运动而尽力表现出来。在个人与他的环境之间存在着一种相互影响，或者说，在精神的胚胎与它的环境之间存在着一种相互影响，正是通过这种相互影响，一个人形成了他自己，完善了他自己。这种原始的活动可以比作脉冲囊的作用，它在精神的胚胎中表现为心脏，使营养进入胚胎体的各个部分；与此同时，心脏自身吸收来自母亲血管中的养料，这是它维持生存所必需的环境。因此，心理个性自身的形成和发展依赖于这种与外界环境有关的运动原理的作用。儿童努力从他的环境中去吸收东西，通过这样的努力，他的个性得到了很大的发展。这种缓慢的和渐进的活动是一个连续的过程。通过这个过程，人掌握了各种工具。在这个过程中，人的心灵必须继续保持警惕，维持它的力量，不至于由于丧失活力而变得机械呆板。它必须不断地下命令，以便不受本能支配的活动不至于退化而陷入混乱状态。为了防止这种情况发生，就要求努力增强心灵的活力，使实体化这项无止境的工作不至于终止。因此，正如胚胎变成儿童、儿童又变成成人一样，人的个性也是这样通过自身的努力而形成的。

父母对子女的生命有什么贡献呢？事实上，父亲提供了一个看不见的细胞；母亲除了提供另一个细胞外，还为这个受精卵提供一个生活环境，以便使它能最终发展成为一个小孩。说父母创造了他们的小孩，那是不对的，相反，我们应该说："儿童是成人之父。"

我们应该把儿童的这种神秘的力量当作某种神圣的东西，并努力去展现，因为正是在这个创造性的时期，个人未来的个性被确定下来了。这就是为什么必须科学地研究儿童的心理需要，以及为什么必须为这种需要准备一个适宜的环境。

2 [意] 蒙台梭利《童年的秘密》1936

人们所面临的最大问题之一，就是他们并没有认识到儿童有一种积极的心理生活。儿童当时并不能把它表现出来，而且只有经过一个漫长的时期儿童才能秘密地完善这种心理生活。在这个发展过程中，始终有一个拥有惊人力量的巨人站在儿童旁边，随时准备猛扑过去并把他压垮。如果儿童个性发展的关键在于他自己，如果他的发展有一个过程及其必须服从的规律，那肯定存在着一种神秘的力量。但是，成人不合时宜的干预会阻碍这种力量的秘密发挥。当成人这样做的时候，他们声称自己拥有一种几乎神灵般的力量，使他们自己成为儿童的神，并致力于《创世纪》里的那句话："我将按我的想象来创造人。"成人这种想替代上帝的念头，正是导致其所有子孙后代痛苦的原因。

儿童是一个谜。没有一个人对儿童的"实体化"做好准备，甚至没有一个人知道什么是"实体化"。事实上，正在实体化的儿童是一个精神的胚胎，他需要自己的特殊环境。正如一个肉体的胚胎需要母亲的子宫并在那里得到发育一样，精神的胚胎也需要在一个充满着爱的温暖和有着丰富营养的环境里得到发展，那里的一切东西都不会伤害它。当成人最终认识到这一点时，他们将会改变自己对儿童的态度。把儿童看作一个正在实体化的精神生命，这不仅激励着我们，而且还赋予我们新的责任。当我们看着儿童那很像一个玩具的幼小的却富有魅力的身躯，同时倾注着我们对他的巨大关怀时，我们才开始真正理解古罗马诗人朱维诺尔（Juvenal）所说的那句话："应该把最崇高的敬意献给儿童。"

——选自蒙台梭利著，单中惠译：《童年的秘密》，

中国长安出版社2010年版，第31—37页。

评析：

在这段选文中，蒙台梭利对儿童生理和心理的发展进行了分析与论述。在她看来，所谓"实体化"，就是儿童心理和生理的发展，也就是"给新生儿孤弱的身体一种活力，使他能够生长、站立和说话，并使他进一步完善"。在人的一生中，童年期是一个最主要的时期。对于新生儿来说，他不仅仅是一个器官和组织的混合物。尽管儿童出生后处于孤弱而不能自助的状态，但他从一出生起就有心理生活；与此同时，新生儿的天赋本能不仅对他的身体发展，而且对他的心理功能发挥都起着作用。正因为如此，蒙台梭利强调说："在某种意义上，儿童就是他自己的创造者。""儿童的教育始于诞生时。"每一个人都有自己的创造精神，都是一种新型的和积极的创造物，这就是人与动物之间的差别。正因为如此，儿童生活的第一篇章就是在世界中表现自己。此外，蒙台梭利还指出，在个人与他的环境之间存在着一种相互影响，那就是说，每一个新生儿努力从他的环境中去吸收东西，逐步使他自己得到完善，并形成他的个性。因此，科学地研究儿童的心理生活以及为儿童准备一个适宜的环境，就成为一个必须认真考虑的重要问题。在儿童的发展过程中，成人决不要使自己成为一个拥有惊人力量并随时准备向儿童猛扑过去并把儿童压垮的"巨人"。因为儿童成为一个真正的工作者，以及成人所有的力量都来自儿童去完成秘密使命的潜能，所以，蒙台梭利在这里甚至提出这样一个富有哲理的观点："儿童是成人之父。"也许它看起来是有点矛盾的，但实际上却是充满睿智的。在对待儿童发展与教育的问题上，成人决不能忘记他自己曾经是一个儿童。

教师的任务

认识儿童

我们必须面对这个最重要的现实：儿童拥有一种心理生活，这种心理生活的微妙表现尚未引起人们的注意，它的发展往往会被成人无意识地破坏掉。

对儿童来说，成人的环境不是一种适宜的环境，而是一群障碍物。这群障碍物实际上是对儿童的防御，使他们的态度乖戾并容易受成人的暗示。作为教育基础的儿童心理学一直是从成人的角度，而不是从儿童的特性来进行研究的。因此，它们的结论必须从根本上进行重新审查。正如我们所看到的，儿童每一个不寻常的反应都给我们提出一个有待解决的问题；儿童每一次发脾气都是某种根深蒂固的冲突的外部表现，这种冲突并不能简单地解释成是对不相容的环境的一种防御机制，而应该理解为更高的品质寻求展示的一种表现。发脾气就像是一场暴风雨，它是阻碍儿童的心灵中的秘密显露的一种无奈的表示。

很明显，所有这些伪装把儿童的真实心灵都隐藏起来了。发脾气、抗争和偏常等表现掩盖了儿童自我实现的不断努力，使他不能展示他的真正个性。他的个性仅仅是各种特性的一个总称。在这些不协调的外部表现背后，肯定存在着一个正在根据精确心理发展模式来发展的个体精神胚胎，那就是个性。就在这些外部表现底下，隐藏着一个尚未被认识的儿童、一个被掩盖的充满活力的人，他必须获得自由。教育所面临的最紧迫的任务就是去了解这个尚未被认识的儿童，并把他从所有的障碍物中解放出来。从某种意义上说，自由意味着一个人知道自己应该做什么，或者实际上就能去发现尚未知的东西。

在心理分析的研究和对尚未被认识的儿童心理的研究之间，存在着一种根本区别。这种根本区别主要是：在成人潜意识中的秘密是自我约束的某种东西，而儿童的秘密很少会被他的环境所隐藏。要帮助一个成人，就必须帮

2 ［意］蒙台梭利《童年的秘密》1936

35

助他解开在漫长的时期中形成的有关适应的一团乱麻。要帮助一个儿童，我们就必须给他提供一个能使他自己自由发展的环境。儿童正处于创造和发展的时期，完全应该为他敞开大门。事实上，他正在创造自我，也就是说，正处于从不存在到存在、从潜在性到实际性的过程中。处于这个时期，儿童不可能是复杂的。由于儿童具有日益增强的能力，他在展现自我时就不会有很大的困难。在一个自由的环境中，即在一个适宜他发展的环境中，儿童的心灵自然地得到发展，并自动地揭示它的秘密。必须坚持这条原则，那么，所有的教育努力都不会更深地陷入一种无止境的混乱之中。

新教育的基本目的首先是，发现儿童和解放儿童。与之有关的首要问题就是儿童的生活方式，简单地讲，就是儿童的生活。其次是，当儿童日趋成熟时，给他提供必不可少的帮助。这意味着，环境是十分重要的；环境在儿童发展过程中必须适合于儿童的成长。障碍物必须减少到最少；环境必须为那些有助于儿童能力自由发展的活动开展提供必要的条件。由于成人也是儿童环境的一部分，因此，他也应该使自己适应儿童的需要。成人不应该是儿童独立活动的一种障碍物，也不应该代替儿童去进行那些儿童生长和发展所必要的活动。

精神准备

教师千万不要这样想：靠一个人独自研究就能为他的使命做好准备。如果教师这样想的话，那他就错了。对教师所要求的第一件事就是正确地处理他自己的教育工作。

全部问题的关键是教师对待儿童的态度。这并不依靠外部因素，因此，仅仅只要求教师具有关于儿童心理或教育方法的理论知识是不行的。应该清楚地看到，仅有这些教育理论知识是不够的。

我们自己身上有许多不好的脾性，它们像田野里的野草茂盛地生长。这些坏脾性分为七类，古代以"七大罪恶"（Seven Deadly Sins）[①]著称。

---

① 七大罪恶，指傲慢、贪食、发怒、懒惰、淫欲、贪婪、嫉妒。——译者注

所有的坏脾性使我们与儿童分离。因为儿童与我们相比，他不仅是更加天真无邪的，而且是具有神秘的特性并使人难以理解的。成人通常不会看到它，但必须毫不犹豫地相信它。

必须探究儿童的教师是能够理解儿童的，就像耶稣理解儿童一样。我们希望去谈论这种努力，并给以解释和界说。真正的教师不仅仅是一个不断努力使自己变得更好的人，还应该是一个能消除其内心障碍的人，因为，这种内心障碍使得他不能理解儿童。我们应该对一些教师指出什么是他们需要制止的一些内在脾性，正如一位医生会向病人指出某种具体的疾病是一种身体器官正在变衰弱或出现凶兆一样。因此，这是一些确实有益的帮助。

在我们心里出现的并阻碍我们去理解儿童的罪恶就是发怒。

但是，没有一种罪恶是单独起作用的，而总是与其他的罪恶结合在一起的。所以，发怒带来傲慢。这是一种更加显著也更加凶暴的罪恶。

2
[意] 蒙台
梭利《童
年的秘密》
1936

对于这些坏脾性，例如，我们已分类的"七大罪恶"，可以采用两种方法来纠正：一种方法是内部的。对于个人来说，他尽力清楚地意识到自己意志中的一些缺点，与这些缺点进行斗争，并使自己克服这些缺点。另一种方法是外部的。在一个社会环境中有正确的观念。它可以看作抑制我们坏脾性表现的一种外部形式。

这种外部形式的抑制作用是具有巨大影响力的。人们可能会说，对我们来说主要的提醒物是道德上的缺点，在许多情况下，这种外部提醒促使我们自己反省。因此，它对我们内心的纯洁起了强有力的和重要的作用。

让我们认真思考一下"七大罪恶"。我们的傲慢由于其他人对我们的看法而减弱；我们的贪食由于我们生活的环境而减少；我们的发怒由于其他人的强烈反应而被制止；我们的懒惰由于为了生活去工作的需要而被克服；我们的淫欲由于社会的习俗而被抑制；我们的贪婪由于获得比我们需要更多东西的极大可能而收敛；我们的嫉妒由于保持尊严的必要而消除。无疑，所有这些可能依靠与自己的缺点进行斗争的个人意志而得到补充。但是，这些外部因素对我们来说是一种不断的和非常有益的告诫。总之，社会监督为维持我们的道德平衡形成了一个好的基础。

然而，当我们行动时，我们不会像服从上帝那样以虔诚的心愿去服从社会的压力。相反，尽管我们很愿意承认我们必须纠正自己所认识到的心灵上的错误，但其他人对我们心灵上的错误的纠正却因我们的羞耻而不能被轻易接受。在屈从这样的压力下，我们甚至宁可犯错误，也不会接受它。当我们必须接受它时，我们会本能地想要挽回面子，竟说我们所选择这样的做法是不可避免的。这方面的例子可以在一次谎言中得到证实。例如，当我们没能得到我们所想要的东西时，我们就会说："我并不喜欢它。"这是一种在道德上最常见的虚伪。

事实上，我们希望强调的是，教师必须使他自己内心做好准备。他必须系统地研究自我，以便发现某些具体的缺点。这些缺点会成为他对待儿童时的障碍。为了发现这些已成为教师潜意识一部分的缺点，我们需要帮助和教导。正像我们需要其他人观察我们并把观察到的结果告诉我们一样。

在这一方面，教师需要得到引导和使内心做好准备。他必须先研究自己的缺点和坏脾性，而不要只注意儿童的坏脾性和如何纠正儿童错误的行为，或者认为那是原罪的影响。

首先让教师清除自己眼中的沙粒，然后他才能更清楚地知道如何消除儿童眼中的尘埃。教师内心的准备与宗教信徒所追求的"完美"是截然不同的。一位好教师未必是"完美的"，也未必没有过失和缺点。事实上，那些在不断地追求自己内心生活完美的人，有可能继续存在潜意识地阻碍他们去理解儿童的那些缺点。这就是我们为什么必须受到教育，必须接受指导，必须受到成为幼儿教师的训练。

我们遇到来自娇饰的阻力并不大，这说明我们正在继续战斗，还没有获得一种十分完美的方式。正如在所有的战斗中一样，我们不久就会发现，组织无疑是需要的，个人的脾性淹没在共同的脾性之中。一些具有同样缺点的人本能地通过联合去寻求欢乐。但事实上，他们建立防御工事，抵抗与他们的基本观点相冲突的那些人。

例如，一种公平的财富分配会使富人感到不高兴，因为他们是贪婪的和懒惰的。然而，这样的一种财富分配对所有人来讲是有益的，也是社会进步所必需的，因此，我们甚至将会发现许多富人宣称他们为了公共利益而愿意这样做。我们具有一种本能倾向，那就是在一些崇高的和必要的责任的借口下掩饰了我们自己的罪恶，正如在战争中用挖战壕来掠夺土地或把进攻性武器描绘成保卫和平的工具。对我们缺点抵制的外部力量越软弱，我们就越容易编造掩饰我们缺点的借口。

通过这些思考，我们逐渐认识到，我们关心自己的缺点甚于我们去思考。我们逐渐发现，当我们由于自己的缺点而遭受指责时，我们容易潜意识地掩饰它们。但实际上，我们并不是在保护自己，而是在为自己的罪恶辩护。我们使它披上被称之为"需要""责任""公共利益"等伪装。渐渐地，我们把虚假的东西看作真实的东西，陷入一种错误的境地而很难自拔。

教师以及一般与儿童教育有关的所有人，必须使自己从这种错误的境地中解放出来，这种错误使他们不能正确地对待儿童。他们必须努力克服掉由傲慢和发怒组成的那些缺点，傲慢和发怒这两种罪恶是紧密相连的。实际上，发怒是主要的罪恶；傲慢随后给它提供一个漂亮的伪装。傲慢使成人的个性有一个合法的借口，使它看起来是那么可爱，甚至是令人尊敬的。

发怒是一种罪恶，但它肯定会受到其他人的强有力的抵制。冷静就是对发怒情绪的控制。因此，发怒是一种表现，但一个人发现他自己很难忍受来自他人的发怒。在那种使人羞愧的境地中会对自己发怒行为进行自我反思的人就能迅速地摆脱出来，并最终会对自己的发怒感到羞愧。

儿童不能保护自己，他们相信别人所告诉他们的任何事情。我们在他们身上好像找到了一个发泄自己情绪的机会。但儿童不仅很快就忘记了我们的罪恶，而且对我们所指责他们的一切感到内疚。他们像圣弗朗西斯（St. Francis）①的信徒。圣弗朗西斯会因感觉他自己是一个虚伪的人而突然大哭，

2 ［意］蒙台梭利《童年的秘密》1936

---

① 圣弗朗西斯（1567—1622），法国天主教主教。——译者注

因为一位教士曾这样告诉他。

我们应该反思一种不适宜的环境对儿童生活所产生的各种影响。这样的环境使得儿童不能用他的理性去理解不公正，但他心里知道某件事是不公正的，因而变得抑郁甚至心理畸变。儿童会出现一种无意识的防御反应。具体来讲，儿童会用胆怯、说谎、任性、无理取闹、失眠和恐惧表现出来，因为他还不能真正了解与成人的关系。

但是，发怒并不总是表示身体上的暴力行为。"发怒"这个词通常被理解为那种原始的和不成熟的冲动，它能够导致一些复杂的表现。心理更加成熟的人往往会掩饰他发怒的复杂心态。事实上，就其最简单的方式而言，对儿童发怒就是对儿童公开反抗的一种指责。但是，在儿童心灵的比较模糊的表现方式面前，发怒和傲慢融合在一起而成为一个复杂的整体，采取一种明确的、彻底的和体面的方式，以"专制"著称。

毋庸置疑，我们有一个苦恼，那就是把专横的人放在公认权威的一个坚不可摧的堡垒之中。成人是正确的，仅仅因为他是成人。对这一点的怀疑，就好像是对一种既定的和神圣的统治方式的攻击。在早期社会里，暴君被看作上帝的一个代表。而对儿童来说，成人就是上帝。他完全是不容怀疑的。事实上，唯一要怀疑的就是儿童，而儿童应该保持沉默。他应该使自己去适应一切，相信一切，宽恕一切。当儿童受到体罚时并不还手，他尽管生气但还是请求成人饶恕他，他甚至忘记问自己在哪方面犯了过错。

然而，儿童偶然也会采取自卫的行动，但是，这种自卫的行动几乎不是对成人行为的一种直接的和有意识的反应，它实质上是儿童尽力想保护自己的心理诚实，或者是对心灵受到压制的一种无意识的反应。

只有当儿童长得大一点时，他才开始直接反对专制本身。但是，到那个时候，成人又会找到一些理由进行辩解，他仍然使自己披上了一种伪装，有时甚至成功地使儿童相信这样的专制是为了他好。

对儿童来说，"尊敬"成人是他唯一应该做的事情，因为弱者要尊敬强者。但成人认为，他完全有理由"冒犯"儿童。他能公开地评判或诋毁儿童，甚至可以伤害他的自尊心。

儿童的需要是受随心所欲的成人指引的或压制的。儿童的抗议被认为是不服从，那对成人来说将是危险的。

这是仿效早期社会的一种统治形式：那些君主从其臣民那里强征贡物，臣民除了服从而别无选择。儿童应该把一切都归功于成人，像那些认为他们所得到的一切好处都是君主善行的人一样。但成人是不相信这一点的。他们有意扮演了救世主的角色，傲慢地认为他创造了儿童的一切。他使儿童聪明、善良和虔诚，使他能有需要并能够与环境、人和上帝相接触。为了使这幅画面更完美，成人拒绝承认他自己是专制的。难道暴君会承认他折磨过他的臣民吗？

新教育要求教师在精神上做好准备。那就是说，他必须检查自己，摒弃他的专制；他必须消除他心里用外壳包住的傲慢和发怒。他必须变得谦逊和慈爱。这些就是教师必须具备的美德。这种精神的准备将给予他所需要的平衡。这就是教师训练的出发点和目的。

但这并不意味着我们必须赞成儿童所做的每一件事，或者我们必须避免评判儿童，或者我们可以忽视他的智力和情感的发展。完全相反，教师必须牢记他是儿童的一位真正教师以及他的使命是去教育儿童。

我们首先必须谦虚，根除潜藏在我们心中的偏见。但我们不能这样认为：当儿童接受教育时，他应该拒绝接受帮助。我们必须使自己的内心发生一次根本的变化，防止从成人的角度出发去理解儿童。

——选自蒙台梭利著，单中惠译：《童年的秘密》，

中国长安出版社2010年版，第121—131页。

评析：

在这段选文中，蒙台梭利强调指出，新教育的基本目的首先是发现儿童和解放儿童。她强烈呼吁："教育所面临的最紧迫的任务，就是去了解这个尚未被认识的儿童，并把他从所有的障碍中解放出来。"为了实现新教育的

目的，教师必须做到两点：首先是认识儿童，那就是儿童拥有一种心理生活。但是，儿童心理生活的微妙表现并未引起人们的注意，其发展往往被成人无意识地破坏掉。事实上，儿童正处于创造和发展的时期，他正处于创造自我的过程中。因此，在那些外部表现底下，隐藏着一个尚未被成人认识的儿童、一个充满活力的儿童、一个必须获得自由的儿童。教师必须意识到，帮助一个儿童就是要给他提供一个能使他自由发展的环境。其次是精神准备，那就是端正对待儿童的态度。这是全部问题的关键。正是教师身上所存在的那些不好的脾性和内心障碍，使他不能理解儿童。为了做好精神准备，教师必须系统地研究自我，以便发现自己身上的一些缺点，例如傲慢、发怒、偏见等。总之，"新教育要求教师在精神上做好准备。那就是说，他必须检查自己，摒弃他的专制；他必须消除他心里用外壳包住的傲慢和发怒。他必须变得谦逊和慈爱。这些就是教师必须具备的美德。"只有这样，教师才能完成他的神圣使命。

（单中惠）

3 ［苏］马卡连柯
《普通学校的苏维埃教育问题》1938

3
［苏］马卡
连柯《普
通学校的
苏维埃教
育问题》
1938

要尽量多地要求一个人，也要尽可能地尊重一个人。

——马卡连柯

《普通学校的苏维埃教育问题》（*Проблемы школьного советского воспитания*）是苏联教育家马卡连柯的教育代表作。这是一本阐述集体教育和纪律教育理论的著作，对马卡连柯的具有创造性的教育理论进行了系统而概要的论述。

作者简介

安东·谢妙诺维奇·马卡连柯（A.C.Макаренко，1888—1939）1888年3月13日出生于乌克兰哈尔科夫省苏姆斯克县别洛波里镇的一个工人家庭。1904年从市立四年制学校毕业后，他升入该校附设的一年制师资训练班学习。

1905年，年仅17岁的马卡连柯被分派到克留科夫铁路职工子弟学校任教，开始了他的教育生涯。1911年，他又被调到海尔逊省多林斯卡娅车站铁路学校任教。从1914年8月至1917年8月，马卡连柯在波尔塔瓦省师范专科学校学习，毕业时因学习成绩优异还获得了金质奖章。这三年的学习使他在专业知识和教育理论上奠定了扎实的基础。之后，他先后担任了克留科夫铁路职工子弟学校校长（1917—1919）和波尔塔瓦市立第二小学校长（1919—1920）。

为了收容和改造流浪儿，马卡连柯1920年9月被波尔塔瓦省教育厅委任组建"波尔塔瓦少年违法者工学团"（同年底改名为"高尔基工学团"），开始了被苏联文学家高尔基誉为"具有世界意义"的教育实验活动。至1928年9月，他一直是高尔基工学团的主任。根据高尔基工学团的实践，马卡连柯从1925年开始写小说《教育诗篇》，到1935年完成，历经十年，高尔基称之为"是对人的关怀和热爱的结果"。

1927年6月，应乌克兰国家政治保安部的邀请，马卡连柯参与组建设在哈尔科夫的捷尔任斯基公社，并从1928年9月起专门担任该公社的领导工作。根据捷尔任斯基公社的实践，他又从1936年开始写小说《塔上旗》，到1938年完成。

1935年7月至1937年1月，马卡连柯担任乌克兰共和国内务人民委员部工学团管理局的副局长。1937年2月迁居莫斯科后，马卡连柯成为专业作家，同时还经常应邀赴学校、工厂、机关做演讲报告。其中，他于1938年1月向俄罗斯教育人民委员部工作人员做了4次演讲，题为《普通学校的苏维埃教育问题》。1939年1月，他荣获"劳动红旗勋章"。他曾发表100多篇（本）教育小说和论文及文学评论等。1939年4月1日，马卡连柯去世。20世纪50年代时任苏联教育部长的凯洛夫院士这样指出："马卡连柯的教育学与我们教育学方面的其他工作相比较，是更为成熟、更为天才、更为明确和生动。"

除《教育诗篇》《塔上旗》《普通学校的苏维埃教育问题》外，马卡连柯的主要教育著作还有《父母必读》（1937）、《儿童教育讲座》（1940）等。

在长期的教育工作实践基础上，马卡连柯构建了他的以集体教育为核心的教育思想体系。正如他在《我的教育经验中的若干结论》一文中所写的："我在自己从事苏维埃教育工作的16年中，把主要的力量都用在解决集体和集体机构的建立、解决权能的制度和责任的制度等问题上了。"在教育目的上，马卡连柯认为，教育过程的目的应当成为教育工作的主要基础。对于苏维埃学校来说，应当把学生教育成真正有教养的苏维埃人，即一个有用、有技术、有学识、有政治修养和高尚道德的身心健全的公民。在集体教育上，马卡连柯十分重视集体在教育中的作用，认为一切良好的教育都要从组成集体开始并通过集体来进行。集体既是教育的基础和目的，又是教育的对象和手段。在实施集体教育时，教师要遵循教育个别儿童和教育儿童集体同时进行的平行教育影响原则、树立前途理想的远景教育原则以及建立和保持传统的原则。在纪律教育上，马卡连柯提倡自觉的纪律，认为纪律首先是教育的结果，然后才能成为教育的手段。在实施纪律教育时，教师要遵循尊重与要求统一的原则，并能凸现自己的人格力量。在劳动教育上，马卡连柯指出，劳动应当是教育工作中的最基本的因素之一。"正确的苏维埃教育如果不是劳动的教育，那是不能想象的。"但在实施劳动教育时，不要流于表面的肤浅的形式，而要使劳动真正成为一种教育的手段。

内容提要

《普通学校的苏维埃教育问题》是马卡连柯1938年在俄罗斯联邦教育人民委员部所做的四次讲演的速记稿。其中，第一讲最初发表在《苏维埃教育学》杂志1943年第5—6期上，其他三讲则发表在1941年1—2月的《教师报》上。全书分为四讲，具体包括：第一讲，教育方法；第二讲，纪律、生活制度和奖惩；第三讲，个别影响的教育方法；第四讲，劳动教育，集体的关系、作用和步调。

在该书中，马卡连柯主要论述了以下四个问题：

（1）教育方法。马卡连柯认为，他自己从教育工作中得出的结论，不仅适用于流浪儿童的教育，而且适用于所有的儿童集体，因而也就适用于一切教育工作者。但是，必须认识到，教育工作的方法不能从诸如心理学和生物学的命题中引申出来，而只能由经验中获得。因为"教育学，特别是教育理论，首先是在实践上适应一定目的的科学"。尤其要注意，任何的方法体系都不能认为是绝对不变的。由此，马卡连柯明确提出了他的教育信念："一般地说来，教育学是最辩证、最灵活的一门科学，也是最复杂、最多样化的一门科学。"

（2）集体和集体教育。马卡连柯首先提出，集体并不是简单地聚集在一起的一群人，而是过着有组织的生活，追求着一定的目的。集体是有目的的个人集合体，参加这一集体的每个人都是被组织起来的，同时也拥有集体的机构。因此，"只有个人目的和共同目的一致的地方，只有个人和集体没有任何不协调的地方，那里才会有苏维埃集体"。通过正常的教育、积极的教育和具有一定目的的教育，就能很快地使儿童集体变成完全正常的集体。

其次，正确的苏维埃教育应该建立统一的、有力的和有影响的集体组织，因为集体是教育工作的最主要方式。在学校这个统一的集体中，每一个成员都会感觉到他自己对集体的依靠，并重视、忠于和维护集体的利益。儿童集体有少年宫、儿童俱乐部、夏令营、学校等，但"领导儿童教育的统一的儿童集体应当是学校，其他所有的机关都应当服从学校"。

第三，建立苏维埃儿童集体的作风。具体来讲，一是具有真正乐观、愉快和朝气勃勃的情绪，以准备进行有益的、有趣的、有内容的和有意义的活动；二是具有自尊心，它产生于对于自己集体的价值的认识和为自己集体的自豪感。特别应该认识到，"集体的作风上的一切特征和特点，完全是在集体的各部分和生活中培养起来的，但这些特征和特点，也是在外部行为的规则和准则中培养起来的"。也就是说，这是集体的全部工作的自然结果。

第四，集体需要依靠传统来巩固。在马卡连柯工作过的集体中，有好几百个传统。正是从教育工作实践经验中，他坚信："培养传统、保持传统是教育工作中极其重要的任务。一所学校如果没有传统，当然就不会是好学校。"传统能美化儿童的生活。当儿童生活在具有传统的集体中，他们就会感觉到自己是处在一个具有特殊的集体规律的环境中，并因此而自豪和力求改善这种集体规律。总之，没有这样的传统，就不可能有正确的苏维埃教育。

第五，要建立一个教师集体。这是苏维埃教育工作取得成效的必要条件。因为在学校中，最主要的教育手段就是教师集体和学生集体的作用。首先，对于苏维埃教育来说，教师集体是一个最重要的机构。在某种意义上，没有教师集体，就没有儿童集体。在没有教师集体的地方，就没有统一的工作计划和一致的步调，也就没有一致的和正确的对待儿童的方法。其次，教师集体应当合理地组织起来。其中，既有一定数量的有工作经验的年长教师，又有一定数量的没有工作经验的年轻教师。教师集体应当有共同的见解、共同的信念，彼此间相互帮助，互不猜忌妒忌，不追求学生对个人的爱戴。更为重要的是，要把教师团结在教师集体里的中心人物——校长周围。最后，教师集体里的每一个成员不仅要极其勤奋努力，而且要有极强的能力和才干。每一个教师都应当积极而自觉地致力于教育工作，善于组织，善于行动，能让自己的每一个举动都起教育作用。

第六，个别影响的教育。只通过基层集体，那是无法进行集体教育的。为了对个别人进行教育工作，教师就应当了解他和培养他。具体来讲，就是教师和每一个人谈话，说服每一个人。总之，只有当教师教育的是整个集体里的所有人，而不是仅仅教育好个别人时，他才能实现教育的目的。

（3）纪律和生活制度。马卡连柯根据他个人的经验，十分强调纪律以及纪律与生活制度的关系。首先，他认为，纪律既是达到集体目的的最好方式，又能使每一个人的个性得到发展，还能美化集体。在纪律教育中，应该用特别具有说服力的方式对学生讲授系统的道德理论和行为理论，例如，谨慎自持、尊重妇女、尊重儿童、尊重老人、尊重自己以及集体利益高于个人利益等。其次，他认为，纪律与生活制度是相联系的。教育的结果是纪律，而生活制度正是协助教育的一种固定的手段和方法。最后，他认为，惩罚并不真有很大的好处。对于儿童来说，在必须惩罚的情况下，惩罚不仅是一种权利，而且是一种义务。就惩罚的本质而言，它是一个人受到集体的责备，知道自己的行为有了错误。对于教师来说，惩罚是允许的，但最好还是不用它，因

3

[苏] 马卡连柯《普通学校的苏维埃教育问题》1938

为只有不用惩罚的教师才是好教师。

（4）劳动教育。马卡连柯十分强调对儿童的劳动教育，尤其主张让儿童参加真正的生产工作，因为那种不注意创造价值的劳动不会成为教育的积极因素。在某种意义上，这样的劳动教育变成了生产教育，对于儿童性格的培养起了很好的作用。值得注意的是，通过高尔基工学团和捷尔任斯基公社的实践，马卡连柯明确提出："中等教育和七级铣工的技术，这是最好的结合。"因此，在这种教育下培养出来的人，既懂得生产、生产组织和生产过程，又具有中等教育的水平。

《普通学校的苏维埃教育问题》在报刊上公开发表后，在当时的苏联教育界引起了很大的反响。在该书中，马卡连柯一方面结合自己的教育实践，具体阐述了有关苏维埃教育的基本观点，另一方面分析批评了当时苏联教育界所存在一些模糊观点。后来，该书被收入《马卡连柯全集》第5卷。

选文评析

儿童集体的力量

我个人相信这样的情况：譬如说一所普通的苏联学校，把它交给优秀的教师、组织者和教导员，这所学校将办上20年，那么，在这20年的过程中，这所学校在优秀教师的支配下所走过的路程应是非常了不起的，这就是教育方法的体系自始至终，彼此之间是极不相同的。

一般地说来，教育学是最辩证、最灵活的一门科学，也是最复杂、最多样化的一门科学。这种见解就是我的教育信念的基本标志。我并不是说，一切都经过了我的经验的检验，完全不是，我还有许多不能明白、不能确定的问题。我之所以这样说，只是作为工作上的假定，这种假定要随时予以证实。对我个人来说，要亲身用我的经验来证实这种假定，但是，这当然还要用广大的苏维埃社会的经验来予以检验。

同时，我相信我所说的逻辑是不会和我们苏联的优秀学校以及许多优秀的儿童集体和非儿童集体的经验相矛盾的。

这就是我预先要说的总的意见。

现在我们来谈一个最主要的问题——关于确定教育目的的问题：教育目的由谁来确定？怎样确定？什么时候才能确定？什么是教育目的？

我所理解的教育目的就是人的个性的培养计划、人的性格的培养计划，而且，我把个性方面的一切内容都包括在性格的概念中，这些内容就是：外部表现和内心信念的性质、政治教育、各种知识，即人的个性方面的全貌。我以为，我们做教师的应当有这样的人的个性培养的计划，我们应当力求实现这种计划。

我在自己的实践工作中不能没有这样的计划。任何的东西都不能像经验那样地教育人。就在捷尔任斯基公社的时候，曾经交给我几百个人，我看到每一个人的性格中都有深固而可怕的倾向，都有根深蒂固的习惯，我应当想一想：他们的性格究竟是怎样的？为了把这些男女儿童教育成公民，我应当向哪一方面努力？我一经思考，就看到这个问题绝不是几句话所能够回答的。如何培养好的苏维埃公民，还没有人给我指出道路。我应当着手研究关于培养人的个性的更广泛的计划。刚接触到培养个性的计划，我就遇到了这样的一个问题：培养个性的计划对所有的人都应当是一样的吗？我应当把每一种个性都归纳在统一的培养计划中吗？应当把每一种个性都列入一致的标准里，并追求实现这种标准吗？如果这样做的话，那我就要舍弃个性方面的个别的优点、个别的特性以及特殊的美好之处。要是不肯舍弃的话，那我的培养个性的计划能是什么样呢？我不能那样简单地、抽象地解决这个问题，而是在十年的实践工作过程中解决了它。

我在自己的教育工作中，看到了应当有培养个性的一般的"标准"计划，还应当有对这个计划的个别修正案。对我来说，还没有产生过这样的问题：我的学生应当成为勇敢的人呢，还是我应当培养胆怯的人？这里，我假定好了"标准"，即每一个学生都应该是勇敢的、刚毅的、诚实的和爱好劳动的爱国主义者。但是，如果遇到了像天才这样的个性上的细微之处时，那该怎

3 ［苏］马卡连柯《普通学校的苏维埃教育问题》1938

么办呢？有时候，当遇到天才时，会对它产生很大的怀疑。有一个男孩在十年制学校毕业时，我就有过这样的情形，这个孩子的名字叫捷连秋克。他学习很好，成绩是全5分（我们学校当时采用五级制记分法），以后他想进高等工业学校。我早已发现他有很大的演剧天才，而且是非常稀有的喜剧演员的天才，特别机智聪明，有天赋的悦耳的声带，富于表情，是一个聪慧的喜剧演员。我观察到只有在演剧工作这一方面，他才能够取得很大的成就，如果上工业学校，他就是一个平常的学生。但是，当时有那么一种爱好，所有我的"孩子们"都想当工程师。如果说到做教师的话，大家当面就会笑起来。"为什么偏要去做教师？""那就去当演员。""您说到哪儿去了，演员算什么工作？"于是，捷连秋克进了工业学院，我深信我们失掉了一个出色的演员。我让步了，归根结底，我没有权利挽回这件事情。但是，我总是不能释然于怀。他学习了半年，来参加我们的戏剧小组。我想了又想，最后决定召他参加社员大会，我说我要就捷连秋克的问题向大会提出申诉，因为他不服从纪律，上高等工业学校去了。全体大会上大家说："你怎么不害臊？给你说了，而你不服从。"大会最后决定："不许他上工业学院，决定把他送到戏剧专科学校去学习。"他很不高兴地走了，但他不能够不服从集体。他得到了奖学金和公共宿舍。现在，他成了出色的演员，已经在一个有名的远东剧院演出了，在两年中，他获得了一般人十年才能获得的成就。现在，他非常感谢我。

　　但是，如果现在我再遇到这样的问题，我还是没有解决它的把握。谁能了解捷连秋克？我有什么权利硬要用强制办法呢？改变这种志趣的权利对我来说还是一个没有解决的问题。不过，我深信每一个教师都会遇到这样的问题：教师是否有权干涉学生性格的发展，并引向正确的发展方向呢？还是只应当消极地跟随着学生的性格走呢？我以为，问题应该这样解决，那就是：有权干涉。但是，应该怎样做才对呢？个别情况要个别处理，因为，有权利是一回事，而能够做得好是另一回事，这是两个截然不同的问题。今后我们在培养管理者时，很可能就是要教他们怎样做转化工作。培养医师，就应该教他怎样施行穿颅术。在我们现在的条件下，可能将教给教师怎样来做这样的"穿颅术"（也许比我做得更机巧些、更成功些），教他们怎样根据个人的品质、个人的爱好和个人的能力，引导人向他最需要的那个方向发展。

现在我们来谈谈在我的经验中和我的其他同事们的经验中的那些实际工作方式，我认为这些方式最成功地体现在教育工作中。教育工作的最主要方式，我认为就是集体。关于集体问题，在教育著作中似乎已做了不少的论述，但总感到有些不够明确。

什么是集体？我们对集体干预的界限在哪里？现在我正在参观莫斯科和基辅的许多学校，我没能经常看到学生集体。有时能看到班级集体，但我几乎从来没有看到过学校集体。

现在，我简单地说几句，把我和我的同事们所培养出来的集体告诉大家。请注意，我所处的环境和普通学校的环境是不相同的，因为，我的孩子们都过着共同的生活，都从事生产工作，大多数没有家庭，也就是说，没有另外的集体。因此，自然而然，在我所管理的范围内，集体的教育方法就要比普通学校用得更多些。但我并没有因为有了这样的良好条件作基础就松懈起来。当时我有一个学校——工厂（车厢工厂）学校，我这里仍然是有学生集体的。①

············

应当通过建立统一的、有力的和有影响的集体来组织正确的苏维埃教育。学校应当是一个统一的集体，在这里组织全部的教育过程，这个集体的每一个成员也应当感觉到自己对集体的依靠，应当忠于集体的利益，应当维护这种利益，并且首先要重视这种利益。如果让每一个成员选择对自己更适宜、更有益的人，但并没有为此借助自己所属的集体的力量和手段，出现这样的情况，我认为是不对的。这会造成怎样的后果呢？所有的各个城市里的少年宫的工作都做得很好，莫斯科的少年宫做得尤其好。少年宫的许多工作者和工作方法是值得赞赏的。不过，虽然他们这样好好地工作着，虽然我们的社会帮助他们这样好好地工作着，但这还是使有些学校有可能逃避一切额外的

_____

① 马卡连柯这里谈的是他在1920年前的教育经验。1917年9月至1919年9月，他曾在克留科夫站车厢制造厂附设的铁路小学担任校长。——编译者注

51

工作。许多学校中没有少年宫里的那些小组。一般说来,校外工作当真变成"校外的"了,学校也就认为有权拒绝这种工作。不成问题,借口总是可以找到的,比如说:我们没有大厅,我们没有拨款,我们没有专职工作人员,等等。在一个集体里应该组织全部的教育过程,我是赞成有这种过程的集体的。

我个人希望有这样坚强有力、设置完善和装备良好的集体制度,但这仅仅是集体组织的外表形式……

这样的少年宫和儿童俱乐部,可以说,能够和学校一起来进行工作,但其中的组织工作,仍然应当归学校。学校应当对这种工作负责,各学校应当在工作中联合起来。……如果教育过程分散在各个机构和个人之间,而且这些机构和个人没有被相互的责任和一长制联系在一起,这样的过程就不可能带来好处。

我知道,设置完善、装备良好的统一的儿童集体,当然要花很多的钱,但也很有这样的可能,即组织得比较好的儿童集体,也是能够节省出资金的。

这都是有关集体本身组织的问题。总之,我坚决主张,领导儿童教育的统一的儿童集体应当是学校。其他所有的机关都应当服从学校。[①]……

我相信,如果一个集体没有目的,那就不会找到组织这一集体的方法。应当向每一个集体提出总的集体的目的——不是向个别的班级提出,而是必须向全校提出。

　　…………

儿童集体的力量是强大的,其强大程度几乎是无与伦比的。但是,这样的集体,自然也是容易解体的。种种错误、领导的种种更替,能够使集体变为人群。但是,集体存在得越长久,集体变得越坚强,那它就越容易延续下去。

这里,我们要谈一件重要的小事情,这件小事情我是要特别坚持的。这是什么呢?这就是传统。任何东西,也不能像传统那样地巩固集体。培养传统、保持传统是教育工作中极其重要的任务。一所学校如果没有传统,当然

---

① 马卡连柯在这里提出了学校、校外教育机构、家庭和社会团体教育力量的协调问题。他批评了各个教育机构的教育工作者各行其是,互不联系。但他也并不是要求校外教育机构在行政上服从学校的领导。——编译者注

就不会是好学校，而凡是我所见过的好学校——就拿在莫斯科见过的好学校来说——都是具有传统的。什么是传统呢？我曾遇到过反对传统的说法。我们的一些老教育工作者说：一切法令、一切规章都应当合乎情理，应当在逻辑上是明白易懂的，而你却承认已经失去了理智和逻辑的传统。一点也不错，我是承认传统的。例如当我还年轻的时候，当我还没有很多工作的时候，我在公社里每天是早晨六点钟起床，并且每天要做一次检查，也就是说，要同值日队长一起去寝室检查，各队都喊"全队立正"的口令向我敬礼。每天一开始，我检查一次分队人员和分队情况。这时，我是被看作公社的首长，我就可以以首长的身份审查一些事情，并予以惩罚。除我以外，公社里任何人都没有惩罚的权利，当然，全体大会是除外的。但是，我不可能每天都参加检查。我第一次下了通知，明天我不能够做检查，由值日队长担任检查工作。

这种方式，逐渐就变成通常使用的方式了。这样，就形成了传统：值日队长在检查的时候，是被当作首长看待的。起初对此是懂得的，但以后就不清楚了。新来的人都知道值日队长有惩罚的权利，可是，为什么会有这样的权利呢？那就不清楚了。这一点，老人是完全明白的。值日队长说："做两天值日！"大家就回答他："是，两天值日。"如果在其他的时候，不论白天或晚上，这个值日队长要使用这样的权利，那回答他的就是："你是什么人？"这样的传统保持下来了，它对巩固集体起了很大的作用。

············

这样就形成了一个优良的传统，它使工作变得容易进行了。第一，任何一个值日队长都不肯说谎，因为他知道大家都相信他；第二，用不着再因为检查费时间、费精力了。也许，值日队长当真会有错误，但不走运的受屈者还是应当服从的。有一次，一个共产主义青年团团员曾说过：这是什么规则，应当取消它。因为，我去工作时确实没有迟到，而值日队长却在报告里说我迟到了十分钟，并且告诉我说，是不会调查的。这时候，大家就给他作了解释：也许你是对的，也许你确实准时去工作了，但是，对我们来说，对你来说，纪律和信任值日队长，比起你的对来是更为重要的。因此，你还是把自己的

3

［苏］马卡连柯《普通学校的苏维埃教育问题》1938

对牺牲了吧。如果我们要检查每一个值日队长说的是什么，这就不是值日队长，简直是奴才了。而我们需要的正是值日队长。在我的集体里，像这样的传统是很多的，简直可以举出好几百例来。这些传统，我并不全都知道，但孩子们是全部知道的。孩子们知道这些传统，不是得自记载，而是凭借某种直接的感触。这样做是应该的。为什么要这样做呢？因为老社员是这样做的。老社员的这种经验，尊重老社员的逻辑，尊重老社员建立公社的劳绩以及最主要的——尊重集体的权利和集体的全权代表，这是集体的最重要的一种美德，当然，它是要靠传统来维持的。这样的传统，能美化儿童的生活。儿童们生活在这样的传统网里，会感觉到自己是在具有特殊的集体规律的环境中，并因此而自豪，力求改善这种集体规律。我以为，没有这样的传统，要有正确合理的苏维埃教育是不可能的。为什么呢？因为，没有尊重自身美德、感到自己集体面貌的坚强的集体，正确的苏维埃教育是不可能有的。

　　——选自马卡连柯著，吴式颖等编译：《马卡连柯教育文集》下卷，

人民教育出版社1985年版，第15—25页。

评析：

　　在这段选文中，马卡连柯明确指出，教育工作的最主要方式就是集体。经过长期的坚忍不拔和耐心的工作，教育者就能把一群无组织的儿童变成一个儿童集体。这些儿童并不是简单地聚集在一起，而是过着有组织的生活，追求着一定的目的。与此同时，他们还拥有集体的机构和制度。特别是当集体形成了优良传统和工作作风后，它使整个集体的工作变得更加容易进行。马卡连柯甚至强调，没有坚强的儿童集体，就不可能有正确的苏维埃教育。通过这个集体，使得所有的儿童在生活、学习、工作、友谊和思想上固定地结合在一起。正因为如此，马卡连柯得出这样的结论："应当通过建立统一的、有力的和有影响的集体来组织正确的苏维埃教育。""儿童集体的力量是强大的，其强大程度几乎是无与伦比的。……集体存在得越长久，集体变得越坚强，那它就越容易延续下去。"

自觉的纪律

今天我要讲的题目是纪律、生活制度和奖惩。我想再提醒大家一次，我所讲的道理完全根据我个人的经验，这些经验是在比较特殊的条件下，主要是在违法者的工学团和公社里得到的。但是我相信，不仅我发现的一些个别结论，而且我发现的一般方法，都可以应用在正常的儿童集体里。在逻辑上尤其是这样。

在我主持违法者教育机关的16年的工作中，我认为最后的10年——也可以说是12年——是一种正常的工作。全部问题在于，我深信，孩子们所以成为违法者或"不正常的人"，都是由于受了"违法的"和"不正常的"教育的缘故。正常的教育、积极的教育和具有一定目的的教育，能很快地使儿童集体变成完全正常的集体。任何天生的犯过失的人，任何天生的不良性格，是绝对没有的。在我个人的亲身经验中，这种道理的确凿性，达到了100%。

3
[苏]马卡连柯《普通学校的苏维埃教育问题》1938

在捷尔任斯基公社的最近几年里，我是坚决反对认为我的集体是不正常的集体、是违法者的集体的那种想法的。因此，我今天向大家介绍的结论和方法，我个人认为适用于教育正常的儿童。

什么是纪律呢？在我们的实践中，某些教师和教育思想家，有时候往往把纪律说成是教育的手段。我认为，纪律不是教育的手段，而是教育的结果，[①]并且应当和作为教育手段的生活制度有所区别。生活制度是协助教育的一种固定的手段和方法。教育的结果正是纪律。

在这一点上，我以为要把纪律理解得比革命前稍微宽泛一些。在革命前的学校和革命前的社会里，纪律只是表面的现象。这是一种统治的形式，是压制个性、压制个人意志、压制个人志趣的一种形式，最后，在一定程度上，纪律又是一种统治的方法，是使个人屈服于权力的一种方法。所有我们体验

---

① 马卡连柯在逝世前修正了自己的这种观点。1939年3月9日，他在给国立哈尔科夫师范学院所作的讲演中说："纪律首先并不是教育的手段，而是教育的结果，以后才能成为一种手段。"——编译者注

过旧制度的，读过小学、中学和实科学校的人，都是这样看待纪律的。并且大家知道，我们做教师的对纪律也有一种同样的看法，那就是：纪律是必须遵守的一些章则的法典，为了便利，为了秩序，为了纯外表的某种安宁，与其说道德方面的安宁，不如说交际方面的安宁，这些章则是必不可缺的。

在我们的社会里，纪律是一种道德的和政治的现象。但我同时看到一些教师，他们现在还不能抛弃对纪律所持的旧观点。在旧社会里，一个不守纪律的人，不会被认为是没有道德的人，不会被认为是破坏某种社会道德的人。你们也许记得，在旧时代的学校里，我们都把这种不守纪律看作一种英雄行为，看作一种了不得的功绩，或者，至少看作一种聪明活泼的表现。一切调皮捣蛋的行为都被看作是某种活泼性格的表现，或者是某种革命做法的表现，不仅学生，甚至教师都是这样认为的。

在我们的社会里，没有纪律性、不守纪律的人就是反对社会的人，我们看待这样的人，不仅要从表面的技术上便利的观点出发，而且要从政治和道德的观点来看待他。每一个教师对纪律必须持这样的观点，但这只有把纪律看作教育的结果才有可能。

首先，正如大家所知道的，我们的纪律永远应该是自觉的纪律。在20年代，正当自由教育理论——至少是自由教育倾向——大受欢迎的时候，人们广为宣传自觉纪律的公式，认为纪律应当产生于自觉。我从自己以往的经验中已经看到了这种说法只能够遭受失败，也就是说，要用说服一个人的办法使他相信应该遵守纪律，并希望在这种说服的帮助下就能够使他遵守纪律，这意味着要冒只有50%~60%成功的危险。

纪律不能由自觉来决定，因为纪律是整个教育过程的结果，而不是个别的特殊方法的结果。指望用形成纪律的某些专门方法来建立纪律的想法是完全错误的。纪律是教育作用的全部总和的产物，这里既包括教养的过程，也包括政治教育的过程；既包括性格形成的过程，也包括在集体中、在友爱信任过程中和一切教育过程中冲突和纷争发生和解决的过程，同时这里也包括体育和身体发育等过程。

如果指望仅用说教和解释的办法就能够建立起纪律，那就可以说所期待的结果一定是微不足道的。

因此，想借助讨论和说服来培养纪律，那就只能变为一种无穷的争辩。同时，我首先坚决主张：我们的纪律不同于旧的纪律，它是道德的和政治的现象，应当伴随着自觉，也就是说，要充分认识什么是纪律，为什么需要纪律。

用什么方法才能获得这种自觉纪律呢？

在我们的学校里，没有道德理论这一门科目，也没有人讲授道德理论，谁也没有义务根据一定的大纲向儿童传授这种理论。

在旧时代的学校里，这一门课程不仅学生反对，连神父往往也并不赞成，他们看待这一门课程像看待什么不值得尊敬的东西一样。不过，在这一门课程里，同时也包含很多的道德问题，这些问题总是不免要触及课业的。这一理论有没有良好的结果，那是另一个问题，但是，在阐述理论时，要在一定程度上向学生提出道德问题，也就是说，要讲这样的一些问题："不可偷窃，不可杀生，不可辱骂；要尊敬长者，尊敬父母。"基督教道德依靠的是信念，宗教信仰，在阐述理论时揭示了其基督教道德的这些方面，尽管是以旧的宗教形式，但还是向学生提出了道德要求。

我在自己的实践中，深深体会到阐述道德理论对我们是很有必要的。在我们现在的学校里没有这样的一门课程。但全体教师、共青团组长、少年先锋队辅导员如果愿意的话，是有可能对学生讲授系统的道德理论和行为理论的。

我相信，在我们学校的发展中，我们将来必然也要采取这样的方式。我在自己的实践中，已经不得不以一定的方式，以纲要的方式向我的学生提出道德理论。我自己是没有资格教道德这一门课程的，但我亲自编好了一个教学大纲，并利用各种机会，在全体大会上向我的学生们讲述。

——选自马卡连柯著，吴式颖等编译：《马卡连柯教育文集》下卷，

人民教育出版社1985年版，第31—34页。

3
[苏] 马卡
连柯《普
通学校的
苏维埃教
育问题》
1938

评析：

在这段选文中，马卡连柯讨论了自觉纪律的问题。首先，马卡连柯明确指出，集体需要纪律。尽管某些教师和教育家认为纪律就是必须遵守的一些规章制度，把纪律看作教育的手段，但他坚持这样的观点："纪律不是教育的手段，而是教育的结果。"归根到底，纪律是教育作用的全部总和的产物。其次，他认为，纪律永远应该是自觉的纪律。相对那种束缚人的、枯燥无味的、空谈的、强制的和令人厌烦的纪律，自觉的纪律是愉快的、有吸引力的、活泼的、生动的。具有自觉纪律的人能够愉快地去做他自己不喜欢的事情。最后，他强调，要培养自觉的纪律，教师仅用说教和解释、讨论和说服，那是不行的。根据他自己的长期教育工作经验，其关键就是："要尽量多地要求一个人，也要尽可能地尊重一个人。"这是苏维埃纪律的一般公式。具体来讲，教师应该向每一个人提出严格的、切实的和一般的要求，同时也应该对个人表现出极大的、有原则的尊重，把对个人的要求和对个人的尊重结合起来。

（单中惠）

4 ［美］泰勒
《课程与教学的基本
原理》1949

> 在设计任何一项全面的课程计划时，对每一
> 种教育目标的来源都应予以一定的考虑。
>
> ——泰勒

《课程与教学的基本原理》（*Basic Principles of Curriculum and Instruction*）是美国教育家泰勒的教育代表作。这是一本被誉为"西方现代课程理论的基石"的著作，泰勒在书中集中阐述了他的课程开发理论。

作者简介

拉尔夫·温弗雷德·泰勒（Ralph Winfred Tyler，1902—1991）创立了"现代课程研究范式"，被誉为"现代课程理论之父"。1902年4月22日，他出生于美国芝加哥市。1921年从多内学院毕业后，泰勒在南达科他州皮尔市的一所中学教过一年书。1922—1926年，他在内勃拉斯加大学任教，并攻读硕士学位（1923年获文学硕士学位）。后在美国教育家康茨（G. S. Counts）、贾德（C. H. Judd）的指导下学习，1927年他以题为《利用个人判断进行师范课程评价活动的统计方法》的论文在芝加哥大学获得哲学博士学位。

之后，泰勒先后在北卡罗来纳大学（1927—1929）、俄亥俄州立大学（1929—1938）和芝加哥大学（1938—1953）任教。尤其是在芝加哥大学工作期间，他担任过教育系系主任（1938—1948）、社会科学学院院长（1948—1953）。1934—1942年，泰勒在美国进步教育协会发起的历时八年的"三十校实验"中担任评估委员会的主席。从1943年至1953年，他还兼任美国三军学院考试部主任。1953年，泰勒在斯坦福大学创建了"行为科学高级研究中心"并担任主任，一直到1967年退休。

在泰勒的一生中，他担任过许多学术职务，例如，全国合作教育委员会主任（1962—1975）、教育进展评估探究委员会主任（1965—1969）、全国教育科学学院首任院长（1965—1969）、教育总署研究咨询理事会理事长（1967—1970）、社会科学研究理事会执行主席（1971—1972）等。

泰勒培养了许多在课程研究领域和教育评价领域的著名学者，例如，施瓦布（J. Schwarb）、布卢姆（B. Bloom）、古德莱德（J. I. Goodlad）等。鉴于泰勒的学术成就和杰出贡献，全国教育改进基金会1973年在华盛顿特区成立了"泰勒研究"的机构。1981年，美国课程历史研究会第四届年会的主题就是对泰勒的教育著作进行回顾性考察。1986年春，美国《思想杂志》出了专刊，集中探讨了泰勒课程理论对美国教育的影响。

在泰勒的一生中，他写了约700篇（本）教育论著。除《课程与教学的基本原理》（1949）外，他的主要教育著作还有《成绩测验的编制》（1934）、《影响美国教育的社会因素》（1961）、《教育评价：新角色与新手段》（1969）、《测验中的关键问题》（1974）等。

泰勒提出的课程与教学的基本原理把课程编制过程分为四个步骤：（1）确定教育目标；（2）选择学习经验；（3）组织学习经验；（4）评价教育结果。这就是在课程领域众所周知的"课程开发范式"。

内容提要

《课程与教学的基本原理》出版于1949年。它最初是泰勒为1945年在芝加哥大学所开设的一门课程而编写的讲授提纲，旨在为学生从事课程编制过程提供指导。在该书的"导言"中，他这样写道："这本小册子试图阐述观察、分析和解释教育机构提供的课程与教学计划的基本原理。"除简短的"导言"外，全书分为五章。

第一章："学校应该达到哪些教育目标？"在这一章中，泰勒主要论述了三个问题：

（1）对于一所学校来说，确立其教育目标是十分重要的。所谓"教育目标"，也就是学校教师想要达到的目的和期望实现的结果。为了对教育目标做出更加明智的判断，使学校的目标更具有意义和更具有效度，教师需要有广泛的信息来源。在考虑教育目标时，必须考虑三个来源：一是对学习者本身的研究。其目的是要找出教育机构希望学习者发生的各种行为变化。在这种研究中，教师可使用观察、与学生交谈、与家长交谈、问卷、测验、查阅学校记录等方法。二是对校外生活的研究。在这种研究中，必须把校外生活分成健康、家庭、娱乐、职业、宗教、消费、公民等方面，以便在调查的基础上获得对确立教育目标有实际意义的信息。三是学科专家的建议。学科专家熟悉自己的领域，能够根据学科的内容和训练方法指出学科可能对学生做出的贡献，以有助于教育目标的确立。

（2）在选择教育目标时，应该注意运用哲学和学习心理学。一般讲，与哲学相吻合的教育目标可以确认是具有重要价值的目标；与学习心理学相一致的教育目标可以确认是合适的和可以被采用的目标。

（3）在选择教育目标时，最好用一种最有助于选择学习经验和指导教学的方式来陈述这些目标。一个阐述清晰的教育目标一般具有两个维度，即行为和内容，以指明教育的职责。

第二章："如何选择可能有助于达到这些目标的学习经验？"在这一章中，泰勒主要论述了三个问题：

（1）"学习经验"的含义。所谓"学习经验"，指学习者与外部环境条件之间的相互作用。学生的学习主要取决于他自己做了什么，而不是教师做了什么。因此，学习经验既不等同于课程的内容，也不等同于教师的活动，而意味着学生是一个主动的参与者。对于教师来说，他的任务就是通过安排环境的构建情境来控制学习经验，并通过构建多种多样的情境为每个学生提供有意义的经验。

（2）选择学习经验时必须遵循一些原则。因为无论教育目标是什么，还是存在着某种适用于选择学习经验的一般原则。

（3）能有效地达到教育目标的学习经验数量很多，而且特征不同，但教师必须把注意力放在有效学习经验的重要特征上，例如，有助于培养思维技能、获得信息、形成社会态度、培养兴趣等。

第三章："如何为有效的教学组织学习经验？"在这一章中，泰勒主要论述了三个问题：

（1）课程编制中，组织学习经验是一个重要问题。要有效地组织经验并构建一个有效的框架，必须符合三条主要准则：连续性、顺序性和整合性。在组织课程方案时，首先必须确定课程的要素，即学科的基本概念和基本技能；其次必须把各课程的要素组织在一起。

（2）学科课程组织结构分为三个层次：在最高层次上，有学科课程（地理、历史、算术等），广域课程（社会科学、语言艺术、自然科学等），核心课程（把学科课程或广域课程结合起来），是一种完全未分化的课程结构（把整个教学计划作为一个单元）。在中间层次上，有按顺序组织的学程，例如，社会科学Ⅰ、社会科学Ⅱ、社会科学Ⅲ等；以一学期或一学年为单位的学程，例如，十年级的古代史、十一年级的欧洲近代史、十二年级的美国史等。在最低层次上，有课（指每天的教学单位）、课题（一个课题可以持续若干天或者若干周）、单元（每个单元围绕一些问题或学生的主要目标而组织，一般持续若干周）等。

（3）组织课程一般包括以下五个步骤：一是对课程组织的总体框架取得

一致的看法；二是对已确定的每一个学科领域内所要遵循的一般组织原则取得一致的看法；三是对采用的教学单元取得一致的看法；四是制定一些供教师使用的灵活的方案；五是由学生和教师共同设计某一特定的活动。

第四章："如何评价学习经验的有效性？"在这一章中，泰勒主要论述了两个问题：

（1）评价的目的就是要全面地检验学习经验实际上是否起作用，并指导教师去引起所期望的那种结果。从评价过程的实质来看，它是一个确定课程与教学计划实际达到教育目标的程度的过程，也是一个确定学习者实际发生的行为变化的程度的过程。因此，评价的结果将表明，在课程编制上，哪些方面是有效的，哪些方面是有待改进的。

（2）评价是课程编制过程中的一个重要的操作步骤。整个评价过程是分步骤的：第一个步骤是对教育目标进行二维分析，既包括被评估的行为，又包括与行为评估相关的内容；第二个步骤是确定评价的情境，使学生有机会表现教育目标所隐含的那种行为的情境；第三个步骤是了解可行的评价手段，并把它们发展成令人满意的使用形式。客观性、信度和效度是评价手段的三条准则，其中效度是最重要的准则。评价的方法有纸笔测验、交谈、问卷、观察、抽样、记录等。为了更好地反映课程与教学的成效，通过评价而得到的结果应是表明学生目前成绩的一个剖析图或一组综合的描述性术语。

第五章："学校或学院的教师如何从事课程编制工作？"在这一章中，泰勒明确提出，每个教师都要参与课程设计。如果要实施全校性的课程重建，那就需要全体教师的参与。在规模小的学校里，所有教师可以组织一个委员会进行研究；在规模大的学校里，可以组织各种专门委员会分别进行研究。

《课程与教学的基本原理》一书出版后，不仅重印了30多次，而且被译成许多国家的文字。该书被誉为在现代课程领域最有影响的理论著作。泰勒提出的课程理论对世界上许多国家的课程研究产生了广泛的影响，以"泰勒原理"而著称。美国教育学者比恩（J. A. Beane）曾在《课程计划与发展》

63

一书中指出：它"为课程理论领域奠定了基础，这是大家普遍公认的。事实上，它一直被用来指导大多数课程研究的设计"。尽管泰勒的课程理论是特定环境条件下的产物，泰勒本人在20世纪60年代后也对它进行了一些修正和补充，但是，《课程与教学的基本原理》一书的历史影响是广泛而深远的。瑞典教育家胡森（T. Husén）在《国际教育百科全书》中明确写道："泰勒的课程原理已经对整个世界的课程专家产生影响。……不管人们是否赞同'泰勒'原理……如果不探讨泰勒提出的四个基本问题，就不能全面地探讨课程问题。"

选文评析

如何选择学习经验

实质上，学习是通过学习者所具有的经验而发生的，就是说，学习是通过学习者对他所处的环境做出反应而产生的。因此，教育的手段是学习者已有的教育经验。在设计教育计划以达到某些特定目标时，我们面临的问题是：要决定提供哪些特定的教育经验，因为只有通过这些经验，才会产生学习动力，从而才能达到教育目标。

"学习经验"的含义

"学习经验"（learning experience）这个术语，不等同于一门学科所涉及的内容，也不等同于教师所从事的各种活动。"学习经验"是指学习者与他对做出反应的环境中的外部条件之间的相互作用。学习是通过学生的主动行为而发生的；学生的学习取决于他自己做了些什么，而不是教师做了些什么。因此，坐在同一个班上的两个学生，可能会有两种不同的经验。假定教师正在解释某一问题时，一个学生对这个问题非常感兴趣，而且把精力集中在教师的解释上，因而他能看出事物之间的各种联系，并能根据教师的解释，从自己的经验中找出某些例证。与此相反，另一个学生可能正在一心想着即将到来的篮球比赛，他正全神贯注于筹划这场比赛。显然，尽管这两个学生坐在同一个班上，但他们并没有同样的经验。教育的基本手段是提供的经验，而不是向学生展示的各种事物。

经验涉及学生与其环境的相互作用。这一定义意味着：学生是一个主动参与者，学生的环境的某些特征吸引着他的注意力，学生所做的，正是对这些特征的反应。人们可能会提出这样的问题：由于学生必须自己从事某种行动（这是教育经验的基础），那么教师为学生提供教育经验有可能达到多大程度呢？教师可以通过安排环境和构建情境向学生提供教育经验，以激发所期望的那类反应。这意味着教师必须对学生已有的各种兴趣和背景有一定的了解，以便能对某种特定情境引起学生反应的可能性，进而能对引起理想的学习所必不可少的那种反应的可能性做出某种预测。这种学习理论，并没有因为它认为学习者本人的反应将决定他会学到些什么而轻视教师的责任。但是，这种学习理论确实意味着：教师控制学习经验的方法，是通过构建情境——会引发学生做出所期望的那种行为的情境——的方式来控制环境。

4 ［美］泰勒《课程与教学的基本原理》1949

我们还应该注意的是，即使外部条件看来是相同的，但是同班的每一个学生仍然可能具有不同的经验。这就把相当大的责任放在教师身上：教师要构建多方面的情境，以便有可能引发全体学生产生所期望的经验；或者是要使经验多样化，以便提供对班上的每一个学生都可能有重要意义的经验。这样，选择学习经验的问题，是一个确定哪些种类的经验有可能达到既定教育目标的问题，也是一个如何构建将会在学生内部引发或产生所期望的那些学习经验的情境的问题。

选择学习经验的一般原则

适合于达到教育目标的特定学习经验，虽然是随着达到的目标种类不同而有所变化，但无论教育目标是什么，还是存在着某些适用于选择学习经验的一般原则。其中第一条一般原则是：为了达到某一目标，学生必须具有使他有机会实践这个目标所隐含的那种行为的经验。也就是说，如果教育目标之一是要培养解决问题的技能，那么除非提供的学习经验使学生有充分的机会去解决问题，否则是无法达到这个目标的。相应地，如果另一个目标是要使学生对广泛阅读书籍感兴趣，那么除非使学生有机会以一种使他感到满足的方式广泛地阅读书籍，否则是不可能达到这个目标的。因此，重要的是建立的学习经验，必须使学生有机会实践学习经验所隐含的那种行为，这条原则对每一类目标都是适用的。

　　由于一个教育目标的完整的界说，不仅包括对其涉及的那种行为的陈述，而且包括对该行为所涉及的那种内容的陈述，所以，学习经验还必须为学生提供处理这个目标所隐含的那种内容的机会。因此，如果教育目标包括解决健康问题的能力，那么学习经验必须不仅使学生有机会解决问题，而且必须有机会具体处理有关健康的问题。如果一个有关兴趣方面的目标，是要使学生对广泛阅读小说感兴趣，那么重要的是，学习经验不仅要使学生有机会阅读，而且有机会阅读各类小说。这是适用于为所有类型的目标选择学习经验的一条基本原则。

　　第二条一般原则是：学习经验必须使学生由于实践目标所隐含的那种行为而获得满足感。以旨在形成解决健康问题的技能的学习经验为例，重要的是这种学习经验不仅要使学生有机会解决健康问题，而且还应该使学生通过有效解决这些问题而感到满足。倘若这种学习经验不能使学生感到满足，甚至使他们感到厌恶，那么所期望的那种学习是不可能发生的。事实上，学生更有可能形成一种与所期望的目标相悖的行为。旨在形成阅读兴趣的学习经验中也会发生同样的情况。这种学习经验不仅必须使学生有机会从事广泛阅读，而且，为了使学习经验富有成效，还必须使学生从这种行为中获得满足感。这就要求教师对学生的兴趣与需要以及对人类的基本满足有充分的了解，从而能对某些特定学习经验是否有可能使学生感到满足作出判断。

　　有关学习经验的第三条一般原则是：学习经验所期望的反应，是在学生力所能及的范围之内的。也就是说，学习经验应该适合于学生目前的成就水平和心理倾向等方面的条件。这是古谚"教师必须以学生的现状为出发点"

的另一种表述方式。如果学习经验涉及的那种行为是学生目前还做不到的，那就不可能达到其目标。这也就要求教师对学生要有充分的了解，以便确定学生目前的成就、现在的背景和现有的心理定式是否有可能使他们做出所期望的那种行为。

第四条一般原则是：有许多特定的经验可用来达到同样的教育目标。只要教育经验符合有效学习的各项准则，它们便有助于达到所期望的目标。为了达到特定的目标，也许可以想出或拟定出难于确定数目的学习经验。这意味着教师在计划具体工作时，有大量创造的可能性，也意味着某一学校可以拟定范围广泛的教育经验，所有这些经验都旨在达到同样的目标，但又利用了师生双方的各种各样的兴趣。我们不必为了确保实现所期望的目标，在课程中提供一组有某种限制的或规定的学习经验。

第五条一般原则是：同样的学习经验往往会产生几种结果。例如，当学生在解决健康方面的问题时，他同时也获得了有关健康领域的某些信息。他还可能对公共卫生程序的重要性形成某些态度，也可能对健康领域的工作形成兴趣或感到讨厌。每一种经验都有可能引起一种以上的学习目标。从积极方面来看，这无疑是有利的，因为这样可以节省时间。一组设计良好的学习经验，是由那些可以同时有助于达到几种目标的经验组成的。从消极方面来看，这意味着教师必须始终警惕为某种目标而设计的学习经验可能引起的不良结果。所以，某教师为培养学生解释莎士比亚戏剧的技能而做出的努力，可能同时也会产生另一种结果：使学生对莎士比亚形成一种强烈的反感。或者，某教师选择算术题，原来只是为了使学生有机会练习数学运算，但由于疏忽，选择的内容使学生对这些算术题所涉及的生活的某一方面形成了错误观念。

有助于达到各类目标的学习经验的特征例举

由于各种可能的目标的数量非常多，因此，我们不可能对有助于达到每一类目标的学习经验的特征加以全面阐述。于是，我们将只讨论常见目标的样本，并把注意力放在达到这些目标的有效学习经验所必备的重要特征上。

1. 培养思维技能的学习经验

"思维"这个术语有各种不同的用法。但一般说来，思维所隐含的那种行为，是把两个或两个以上的观念联系起来，而不是记忆或重复这些观念。归纳思维涉及从一系列具体资料中得出一般概括。演绎思维涉及把一个或多个概括运用于具体的事例。逻辑思维涉及用一种方式排列各种假设、前提和结论，以形成逻辑论证。在某些情境里，常常需要从事若干种思维，所以教师只集中注意思维的某一方面的情况是极少见的。由于学习经验必须使学生有机会进行上述这些思维，因此，重要的是使教学情境能激发这种行为的发生。对思维领域中学习的研究表明，当学生面临的问题是他们无法立即回答的时候，更有可能引导他们从事各种类型的思维。这意味着发展思维的学习经验要利用各种不同的问题——对学生来说，须是现实的问题，以便激发他们做出反应。此外，这些问题，不应该是学生自己通过查阅教科书或其他各种参考材料就能直接找到答案的问题。这些问题，应该是要求学生把各种事实和观念联系起来，才能获得某一种解决办法的那类问题。而且，这些问题，最好是在学生生活中常常会遇到的那种环境里提出来的。这样更可能使学生把这种问题看作值得努力解决的现实问题。

············

2. 有助于获得信息的学习经验

这类学习经验包括的目标有增进对某些特定事物的理解以及获得有关各种事物的知识等。所要获得的信息通常包括各种原理、规律、理论、实验和支持概括的证据、观念、事实和术语。我们认为，只有把信息看作功能性的东西，也就是说，有助于学生解决问题或有助于指导学生的实践，那么这类目标才具有重要性。我们并不认为信息本身就具有终极的价值。

············

3. 有助于形成社会态度的学习经验

可以归入形成社会态度的教育目标，包括在社会学科、文学、艺术、体育和课外活动等所强调的那些目标。态度可定义为一种反应的倾向，即使这种反应实际上并没有发生。每一个人都体验过想做某些事情的渴望，一种随时准备以某种方式做出反应的情感，这类渴望和情感可能在外显反应之前就有了；而在某些情况下，这种渴望和情感可能被抑制住，所以实际上没有发生外显反应。因此，一个人可能对某个同事持厌恶的态度，但他并没有通过言或行的手段表示出来。态度的重要性可以从这一事实中略见一斑：态度对行为——也就是外显行动有强烈的影响，而且对个人所选择的满意事物和价值的种类也有强烈的影响。

············

4. 有助于培养兴趣的学习经验

在教育上，兴趣既与目的有关，又与手段有关，也就是说，兴趣既是目标，又是与旨在达到目标的经验相关的动机力量。然而，在这里，我们把兴趣看作是一类目标。人们之所以常常强调兴趣是重要的教育目标，是因为一个人对什么感兴趣，在很大程度上决定了他会去注意些什么，而且还常常决定了他会去做些什么。因此，兴趣往往使行为集中在一些特定方向上而不是其他方向上，这种兴趣确实是使一个人成为哪一种人的强有力的决定因素。

4

[美] 泰勒《课程与教学的基本原理》1949

对旨在形成学生兴趣的学习经验的基本要求是：它们要能使学生从为形成兴趣而安排的经验领域中获得满足。因此，为形成兴趣而提供的学习经验，应该使学生有机会探索要他们形成兴趣的领域，并从这些探索中得到满意的结果。满足感可能来源于几个方面。有一些所谓基本的满足，看来对所有人都是必需的。这些基本的满足包括从社会赞许中得到的满足，从适应生理需要（如食物和休息等）中得到的满足，从成功（即实现自己抱负）中得到的满足，等等。因此，学习经验只要有可能为学生提供这些基本满足的机会，都有可能使学生对这些活动产生兴趣。

············

许多学习经验可以用来达到某一特定目标，而同样的学习经验常常可以用来达到多种目标。这一事实意味着设计学习经验的过程，并不是用一种机械的方法为每一个特定目标制定明确规定的学习经验；相反，它是一种比较富有创造性的过程。

——选自泰勒著，施良方译：《课程与教学的基本原理》，

人民教育出版社1994年版，第49—69页。

评析：

在这段选文中，泰勒主要论述了三个方面。首先，学习实际上是通过学习者的经验而发生的，因此，在设计教育计划时决定提供哪些达到教育目标的经验，就是教师所面临的一个重要问题。对于教师来说，他必须把学习经验看成是学生的行动和行为。在某种意义上，选择学习经验的问题，也就是确定哪些经验有可能达到既定教育目标的问题，也是如何构建产生学习经验的情境的问题。其次，教师选择学习经验时必须遵循五条一般原则。第一条原则是：为了达到某一教育目标，所选择的学习经验必须使学生有机会实践学习经验所隐含的那种行为。第二条原则是：学习经验必须使学生由于实践教育目标所隐含的那种行为而获得满足感。因为只有当学生从一种行为中获得满足感，才可能使其学习经验富有成效。第三条原则是：学习经验应该适合于学生目前的成就水平和心理倾向等。第四条原则是：许多特定的学习经验可以用来达到同一个教育目标。只要符合有效学习的准则，各种学习经验都会有助于达到所期望的教育目标。第五条原则是：同一种学习经验可以用来达到多个教育目标，但要警惕为其他某个教育目标而设计的学习经验可能引起的不良结果。最后，教师应该关注那些有效的学习经验，即有助于培养思维技能、获得信息、形成社会态度和培养兴趣的学习经验。总之，设计学习经验的过程，并不是一个机械的过程，而是一个富有创造性的过程。

如何有效组织学习经验

为了使教育经验产生累积效应，必须对它们加以组织，使它们起互相强化的作用。组织之所以被认为是课程编制中的一个重要问题，是因为它极大地影响着教学的效率，以及极大地影响主要教育变化发生在学习者身上的程度。

在探讨学习经验的组织时，我们可以"从一个时刻到另一个时刻""从一个领域到另一个领域"这两种角度来考察学习经验之间的关系。这两种关系被称为纵向关系和横向关系。当我们考察五年级地理课与六年级地理课所提供的学习经验之间的关系时，我们就是在探讨纵向组织（vertical organization）；当我们考察五年级地理课与五年级历史课所提供的学习经验之间的关系时，我们则是在探讨学习经验的横向组织（horizontal organization）。这两个方面的关系，在确定教育经验的累积效应方面是重要的。倘若六年级地理课提供的学习经验，是适当地建立在五年级地理课学习经验基础上的话，那么学生在掌握地理学的概念和技能等方面便会更深、更广。倘若五年级地理课的经验是与五年级历史课的经验恰当联系的，那么这两种经验便可以互相强化，提供更有意义和更统一的观点，从而成为一种更有效的教育计划。反之，如果这两种经验是相互冲突的，那么它们便有可能相互抵消；或者，如果这两种经验没有明显的联系，那么学生便会形成一些支离破碎的学识，当他们在处理自己日常生活时，便不能用任何有效的方式把这些学识相互联系起来。

············

在编制一组有效地组织起来的学习经验时，必须符合三项主要的准则。它们是：连续性（continuity）、顺序性（sequence）和整合性（integration）。连续性是指直线式地重申主要的课程要素。例如，在社会学科中，如果认为培养学生阅读社会学科方面的材料的技能是一个重要目标，那么，在课程安

4 ［美］泰勒《课程与教学的基本原理》1949

排上，必须使学生有机会反复地、连续地练习这些技能，从而掌握这些技能。这意味着要让学生在一段时间里连续操练同样的技能。同样，如果科学学科的一个目标是要掌握"能量"这个概念的意义，那么，重要的是在科学学程的各个部分中一遍又一遍地涉及这个概念。因此，连续性被认为是有效的纵向组织的一个主要因素。

顺序性与连续性有关，但又超越连续性。如果完全只是在同一水平上一遍又一遍地重现一个主要的课程要素，便不可能使学生在理解、技能、态度和其他某些因素方面有不断的发展。作为一个准则，顺序性强调：重要的是把每一后继经验建立在前面经验基础之上，同时又对有关内容作更深入、广泛的探讨。例如，在社会学科中培养学生阅读技能的顺序，包括：提供逐渐复杂的社会学科的材料；逐渐扩大阅读这些材料时所涉及的技能操作的广度；逐渐增加分析的深度，使六年级社会学科的教学计划，不仅仅是重复五年级已涉及的那些阅读技能，而是要对这些技能作更广泛、深入的处理。相应地，自然科学中"能量"这个概念的顺序性发展，要求在后面每一次提及"能量"概念时，都要有助于学生更广泛和更深入地理解"能量"这个术语所包括的更广和更深的含义。顺序性强调的不是重复，而是在更高层次上处理每一后继的学习经验。

整合性是指课程经验的横向关系。这些经验的组织应该有助于学生逐渐获得一种统一的观点，并把自己的行为与所学习的课程要素统一起来。例如，在算术课中固然要培养学生处理数量问题的技能，但重要的是，还要考虑到在社会学科、科学、购物和其他场所，可以有效地应用这些技能的方式。培养这些技能，不是作为仅仅用于某一学程的孤立行为，而是使它们逐渐成为学生全部能力的一部分，以便用于日常生活的各种情境中去。相应地，在形成学生社会学科中的概念时，重要的是要让学生了解如何使这些概念与其他学科领域正在进行的工作联系起来，从而使学生的看法、技能和态度逐渐统一起来。

——选自泰勒著，施良方译：《课程与教学的基本原理》，

人民教育出版社1994年版，第84—96页。

评析：

在这段选文中，泰勒主要论述了两个方面。首先，组织学习经验并使它们起互相强化的作用是课程编制中的一个重要问题。它不仅极大地影响着教学的效率，而且极大地影响着学习者的变化。因此，在探讨学习经验的组织时，教师应该从纵向和横向两个角度来考察学习经验之间的关系。其次，在有效地组织学习经验时，必须符合三条主要准则：一是连续性，指直线式地重申主要的课程要素；二是顺序性，指每一后继的学习经验都建立在前面的学习经验的基础之上，同时又在更高层次上处理每一后继的学习经验；三是整合性，指各种学习经验的横向关系，它不仅有助于学生逐渐形成一种统一的关系，而且使学生把他们自己的行为与主要的课程要素统一起来。

（单中惠）

4 ［美］泰勒《课程与教学的基本原理》1949

5／［美］布鲁纳
《教育过程》1960

　　如果你理解知识的结构，那么这种理解会使你可
以独立前进……

——布鲁纳

　　《教育过程》(*The Process of Education*) 一书是美国心理学家和教育家布鲁纳的教育代表作。这是一本对当代西方课程改革产生重要影响的著作，集中阐述了布鲁纳的结构主义教育理论。

作者简介

　　杰罗姆·西摩·布鲁纳 (Jerome Seymour Bruner, 1915—2016) 是西方"学科结构改革"的倡导者之一。1915年10月1日，他出生于美国纽约一个中上阶层的家庭。1937年，布鲁纳从杜克大学毕业，随即又进入该校心理学研究生院学习。翌年，他转学到哈佛大学。初到哈佛大学时，布鲁纳的兴趣主要集中于研究动物的知觉。第二次世界大战爆发后，他的兴趣开始转向社会心理学。

1941年，布鲁纳获得了哈佛大学心理学博士学位。1941—1944年，他在部队服兵役。1945年，布鲁纳回到哈佛大学，先后担任心理学讲师、副教授（1948）、教授（1952）。在哈佛大学任教期间，他从个性动力和社会心理学的角度研究知觉。为了进一步研究知觉中的推论，布鲁纳和同事于1951年拟订了"概念形成"的五年研究计划。这项计划以1965年出版《思维的研究》一书而达到高潮。

1959年赴欧洲学习时，布鲁纳与瑞士心理学家皮亚杰相识。1960年，他和米勒（George Miller）一起创办了"哈佛大学认知研究中心"，并担任该研究中心的主任，直到1972年。在此期间，布鲁纳主要从事学校环境中儿童认知学习与智慧成长的研究。他出版了《论认知》（1962）、《认知发展的研究》（1966）等著作，成为认知心理学派的一个重要代表人物。

受1957年苏联成功地发射第一颗人造卫星上天的影响，美国在1958年颁布了《国防教育法》。美国"全国科学院"也于1959年在伍兹霍尔召开了中小学数理学科教改会议。布鲁纳在此时介入了美国的教育改革。他主持了这次学科教改会议，并在会后发表了《教育过程》（1960）。随后，他又陆续出版了《教学理论的探讨》（1966）、《教育适应性》（1971）等著作。1971年，布鲁纳又发表了《教育过程再探》一文。1972—1978年，布鲁纳去英国牛津大学担任心理学客座教授，从事婴儿期技能发展的研究。在此期间，他在原来研究《婴儿认知发展的过程》（1969）的基础上，出版了《婴儿技能活动的结构》（1974）等论著。1978年回国，退休后的布鲁纳仍从事科学研究和教学工作。

作为当代西方结构主义教育理论的主要代表，布鲁纳对结构主义教学论的发展和完善做出了突出的贡献。他不仅在教学理论系统化方面进行了有益的尝试，而且积极推进教育心理学化的发展。在认知、发展、教育相统一的教育观的基础上，布鲁纳以教学理论、学科课程论和发现学习法为主体，构筑了"布鲁纳式"的教育思想体系。在教学理论上，布鲁纳认为，教学理论是规范性的应用科学，必须阐明获得知识和技能的最佳方案法则。他还以此为出发点，详细阐述了教学理论的四个研究主题：学习心理倾向、知识结构、教学程序和学习反馈。在学科课程论上，布鲁纳提出了他的课程改革思想："学科的基本结构""学习准备观念的转变"和"螺旋式的课程组织"，揭示了学科基本知识的稳定性和可转换性、学科知识与儿童认知学习的矛盾统一性。在发现学习法上，布鲁纳论证了儿童学会学习的重要性；阐释了发现学习所涉及的问题，具体包括学习态度、动机、新旧知识的联系和发现技巧四个方面。

内容提要

《教育过程》出版于1960年，并于1977年再版。布鲁纳在"再版新序"中指出："《教育过程》一书，就教育的过程来说，只是一本书的一部分，因为它大量谈到的是学生和他们的学习过程。"除"序言"外，全书分为六章，具体包括：第一章，引论；第二章，结构的重要性；第三章，学习的准备；第四章，直觉思维和分析思维；第五章，学习的动机；第六章，教学辅助工具。

全书"按照结构主义表达知识观"和"按照直觉主义表达研究认识过程"，阐述了课程改革的四个中心思想：（1）学习任何学科，主要是使学生掌握这一学科的基本结构，同时也要掌握研究这一学科的基本态度和方法；（2）任何学科的基本原理都可以用某种形式教给任何年龄的学生；（3）过去在教学中只注意发展学生的分析思维能力，今后应重视发展直觉思维能力；（4）学习的最好动机乃是对所学材料本身发生兴趣，不宜过分重视奖励、竞争之类的外在刺激。正如布鲁纳在第一章"引论"中所指出的："总起来说，我们将集中于四个题目和一个设想：结构、准备、直觉和兴趣四个题目，以及在教学工作中怎样最好地帮助教师这个设想。"

在《教育过程》一书中，布鲁纳主要论述了四个问题：

第一，在课程设计思想上，布鲁纳提出了结构主义的课程论。它既不同于经验主义的课程论，也不同于学科中心的分科课程论。它强调要学生学习各学科的"基本结构"，即各种基本概念、基本原理及其它们相互间的规律和联系，强调学生参与知识的建构、结构的学习过程，掌握知识的整体和事物之间的普遍联系，而不是掌握零星的经验、事物或知识的结论。

第二，在学习的准备上，布鲁纳提出了一个大胆的和必要的假设："任何学科都能够用在智育上是诚实的方式，有效地教给任何发展阶段的任何儿童。"这个假设涉及儿童智力的发展、学习的行为和"螺旋式的课程"。

第三，在教学方法思想上，布鲁纳强调了直觉思维（即直接了解认知）的重要性，认为它是学术生活和日常生活中创造性思维的重要特征。与此同时，他倡导广泛使用"发现法"。教师要在教学中尽可能保留一些使人兴奋的观念系列，引导学生自己去发现它；要求学生像数学家那样思考数学，像历史学家那样思考历史，亲自去发现结论和规律，使自己成为一个发现者。

第四，在学习动机上，布鲁纳认为，这是使发现学习能有效进行所必须注意的重要方面。他主张应激发学生的内在动机，而用奖赏或竞争等外在动机的收效则是有限的，也不能持久保持。由此出发，他主张围绕兴趣组织儿童的学习，引发其学习动机。教师应当基于儿童对所学材料产生积极主动的兴趣来引发其学习动机，在教学过程中努力把所要授给学生的事物作为他们自己的思维对象，使教学过程积极化，创造必要条件发展学生智力才能和进行创造性思维的能力。

此外，布鲁纳在该书的第六章中还论述了教学辅助工具及其与教师作用的关系。教学辅助工具有四类：替代经验的装置；模型装置（可称之为"程序设计"）；戏剧式装置；自动化装置（可称之为"教学机器"）。但是，教育辅助工具的使用并不是否定教师的作用，两者并不冲突，因为教学的主导者是教师，而不是教学辅助工具。

《教育过程》一书出版后，在美国教育界产生了广泛的影响，几乎每年都重印一次，到1978年时已重印了16次。美国一家杂志曾发表文章说："对渴望用明白易懂的文笔来合理评价教育的人来看，布鲁纳的著作是无可指责的。"1981年，《教育过程》被美国课程论专家评为对当代美国课程产生最重要影响的一本著作。布鲁纳在这本著作中提出的结构主义教育理论，强调把学校教育教学的重点转到儿童的智力和能力的培养上，促进儿童智力发展，无疑具有时代的特色和很强的生命力。正因为如此，该书对20世纪后半期西方教育改革运动产生了极大的影响，成为第二次世界大战后美国以课程革新为中心的教育改革运动的理论指导。布鲁纳在1971年发表的《教育过程再探》一文中这样指出："十年以后，我们才认识到《教育过程》是革命的开端。人们还无法估计它将走多远。"《教育过程》一书还被译成二十多种文字，在世界各国得到广泛传播。但是，应该看到，《教育过程》中的某些观点是有一定的局限性的，例如，片面强调知识结构论、过分夸大"发现"学习等。所以，在《教育过程再探》中，布鲁纳在对科学教育改革进行回顾和总结的同时，也对自己的教育理论进行了修正和充实。

选文评析

结构的重要性

任何学习行为的首要目的，在于它将来能为我们服务，而不在于它可能带来的乐趣。学习不但应该把我们带往某处，而且应该让我们日后再继续前进时更为容易。学习为将来服务有两种方式。一种方式是通过它对某些工作（这些工作同原先学做的工作十分相似）的特定适应性。心理学家把这种现象称为训练的特殊迁移；也许应该把这种现象称作习惯或联想的延伸。它的效用好像大体上限于我们通常所讲的技能。已经学会怎样敲钉子，往后我们就更易学好敲平头钉或削木片。毫无疑问，学校里的学习使学生掌握了某种技能，这种技能可以迁移到以后不论在校内或离校后所遇到的活动上去。先前学习使日后工作更为有效的第二种方式，则是通过所谓非特殊迁移，或者，说得更确切些，是通过原理和态度的迁移。这种迁移，从本质上说，一开始不是学习一种技能，而是学习一个一般观念，然后这个一般观念可以用作认识后继问题的基础，这些后继问题是开始所掌握的观念的特例。这种类型的迁移应该是教育过程的核心——用基本的和一般的观念来不断扩大和加深知识。

由第二种类型的迁移即原理的迁移所产生的学习连续性，有赖于掌握前一章所讲的教材的结构。这就是说，一个人为了能够认识某一观念对新情境的适用性或不适用性，从而增广他的学识，他对他所研究的对象的一般性质，必须心中有数。他学到的观念越是基本，几乎归结为定义，则这些观念对新问题的适用性就越宽广。真的，这几乎是同义反复，因为"基本的"这个词，从这个意义上来理解恰恰就是一个观念具有既广泛而又强有力的适用性。学校课程和教学方法应该同所教学科里基本观念的教学密切结合起来。当然，这样说明是够简单的。但是随着这样的说明而来的问题却不少，其中多数只能靠大量的进一步的研究工作去解决。我们现在转而讨论这方面的一些问题。

首要的和最明显的问题是怎样编制课程，使它既能由普通的教师教给普通学生，又能清楚地反映各学术领域的基本原理。这个问题是双重的：第一，怎样改革基础课和修改基础课的教材，给予那些和基础课有关的普遍的和强有力的观念和态度以中心地位。第二，怎样把这些教材分成不同的水平，使之同学校里不同年级、不同水平的学生的接受能力配合起来。

关于忠实于教材基本结构的课程的设计问题，过去几年的经验至少已使我们得出一个重要的教训，这个教训就是：必须使各学科的最优秀的人才参加到课程设计的工作中来。决定美国史这门学科应该给小学生教些什么或算术这门学科应该给他们教些什么，这种决断要靠该学术领域里有远见卓识和非凡能力的人士的帮助才能做出。要断定代数的基本观念是以交换律、分配律和结合律的原理为基础的，他必须是个能够评价并通晓数学原理的数学家。当学龄儿童还不能分清美国历史的事实和趋势时，是不是要求他们理解像弗雷德里克·杰克逊·特纳①的关于边疆在美国史上的作用的观念，这又是一个决断，它同样需要对美国历史有深刻理解的学者的帮助。在设计课程时，只有使用我们最优秀的人士，才能把学识和智慧的果实带给刚开始学习的学生。

这样，问题就来了："在设计小学和中学课程时怎样取得我们能力最卓越的学者和科学家的帮助？"答案早已知道，至少已经部分地知道。中小学数学研究小组、伊利诺伊大学的数学设计中心、物理科学研究委员会和生物科学课程研究小组，确实已经取得各方面知名人士的帮助：他们通过暑期规划，增聘一部分休假长达一年的某些有关的重要人物来进行这项工作。在这种规划工作中，他们还得到优秀的中小学教师的帮助，为了特殊的目的，还得到职业作家、电影制片者、设计师以及这一复杂事业所需要的其他人士的协助。

即使按照前面指出的方向进行大规模的课程改革，至少还有一个重要问题需要解决。掌握某一学术领域的基本观念，不但包括掌握一般原理，而且包括培养对待学习和调查研究、对待推测和预感、对待独立解决难题的可能性的态度。正像物理学家对于自然界的基本秩序抱着确定的态度并深信这种秩序能够发现那样，年轻的物理学学生，如果想把他的学习组织好，以使所学到的东西在他思想上有用和有意义，也需要具备一些关于这些态度的正确见解。要在教学中培养这些态度，就要求比单纯地提出基本观念有更多的东西。靠什么来完成这样的教学任务呢？这需要做大量的研究工作才能知道。但看来，一个重要因素是对于发现（discovery）的兴奋感（sense of excitement），即由于发现观念间的以前未曾认识的关系和相似性的规律而产生的对本身能力的自信感。曾经从事于自然科学和数学课程设计工作的各方面人士，都极力主张在提出一个学科的基本结构时，可以保留一些令人兴奋的部分，引导学生自己去发现它。

---

① 特纳（Frederick Jackson Turner，1861—1932），美国历史学家，著有《美国历史上的边疆》等书。——译者注

特别是伊利诺伊大学的中小学数学委员会和算术设计中心，已经强调发现的重要性，把它作为教学的一种辅助手段。他们积极地在设计方法，以便让学生自己去发现蕴藏在某种特殊的数学运算中的通则。他们还将这种发现法同"断言和证明法"（method of assertion and proof）相对比。所谓"断言和证明法"，就是先由老师讲述，然后由学生加以证明，这样来找出通则。伊利诺伊小组也曾经指出：由于发现法需要向学生提示他们必须学习的数学的全部内容，因而消耗的时间可能太多。如何在两者之间取得恰当的平衡这个问题，不是完全清楚的，正在进行研究来阐明这个问题，尽管需要做更多的研究。归纳法对原理的教学是一种比较好的技巧吗？它对学生的态度有良好的效果吗？

哈佛认知设计中心（Harvard Cognition Project）就社会学科所进行的一些实验，说明发现法不必只限于在数学和物理学这样的高度形式化的学科中使用。一个已经学习了东南各州的社会和经济地理这个传统单元的六年级实验班，开始学习北方中央地区，学生要在一幅绘着自然特征和天然资源但没有地名的地图上找出这个地区主要城市的位置。最后在课堂讨论中，学生很快地提出许多有关城市建设要求的似乎合理的理论：一个水运理论，把芝加哥放在三个湖的汇合处；一个矿藏资源理论，把芝加哥放在默萨比山脉附近；一个食品供应理论，把一个大城市放在衣阿华的肥沃土地上；等等。实验班在兴趣的浓厚程度和概念的完善程度方面都远远超过控制班。然而，最显著的则是儿童的态度。对他们来说，城市的位置第一次成了一个问题，并且是能够经过思考发现答案的问题。不仅在研究一个问题时会使人感到愉快和兴奋，而且，最后，至少对于过去想当然地看待城市现象的市区儿童来说，这种发现是有价值的。

我们怎样安排基础知识才符合儿童的兴趣和能力呢？这个题目我们将在以后回过头来叙述。这里只需要简单谈一下。要在揭示自然现象或其他任何现象时，做到既是令人激动的、正确的，又是有益的、可以理解的，这就需要把深刻的理解同详细正确结合起来。例如，我们查阅了物理学的某些教材，发现在陈述时虽然非常详细而正确，但因为作者对他们所介绍的学科缺乏足够深入的理解，所以结果等于零。

通常，在解释潮汐性质的尝试中，可以发现一个恰当的例证。要大多数中学生解释潮汐现象，他们会说出月球对地球表面的引力以及引力如何把海水拉向月亮一边，以致海水上涨出现涨潮。现在，问他们为什么在地球背着月球的那一面也有小潮？通常他们几乎不能说出令人满意的答案。或者问他们，就地球和月球的相对位置来看，什么地方出现大潮？他们的回答常常是：在最接近月球的地球表面某一点上。如果学生知道有迟潮，他通常不懂得为什么会那样。这两种情况下的失败，起因于对引力如何作用于自由转动的弹性物体描述得不恰当，同时，没有把惯性观念和引力作用的观念联系起来。总之，在解释潮汐现象时缺乏一股由于领会了牛顿对万有引力及其作用方式的伟大发现而产生的兴奋感。正确而有启发性的说明，比部分正确因而过于复杂和过于拘束的解释并不是更难理解，而是往往更加容易理解。实际上，所有一直在从事课程设计的人们都同意，教材编得有兴趣和材料介绍得可靠绝不是矛盾的；真的，一个正确的概括说明常常是最有兴趣的。在前面的讨论中，至少有四个有助于教授学科基本结构的一般论点，这些论点需要进行详细的研究。

第一点是，懂得基本原理可以使得学科更容易理解。我们在物理学和数学中，曾扼要地说明了这个道理。不仅物理学和数学中是这样，而且社会学科和文学中也完全是这样。一个民族为了生存，必须进行贸易。只要抓住了这个基本观念，那么美洲殖民地三角贸易这个似乎特殊的现象就更容易理解：它不单纯是在违反英国贸易规定的气氛下进行糖浆、甘蔗、甜酒和奴隶的商业。只有引导学生领会梅尔维尔①的小说是突出地以罪恶和追踪那条"要命的鲸鱼"的人的困境为主题的著作，才能使阅读《莫贝·迪克》的中学生更深入地理解这部小说。如果再进一步引导学生懂得小说所写的人间困境是相

---

① 梅尔维尔（Herman Melville，1819—1891），美国作家，《莫贝·迪克》是他最有名的一部小说，副题《鲸鱼》。——译者注

对少数，他对文学的理解就会更好。

第二点要涉及人类的记忆。关于人类记忆，经过一个世纪的充分研究，我们能够说的最基本的东西，也许就是，除非把一件件事情放进构造得很好的模式里面，否则就会忘记。详细的资料是靠简化的表达方式保存在记忆里的。这些简化的表达方式，具有一种特性，可以叫作"再生的"（regenerative）特性。长期记忆所具有的这个再生的特性，能够在自然科学中找到好的例子。科学家不去记忆落体在不同的重力场中不同的阶段时间内所通过的距离，而是记住一个公式，这个公式使他能够在不同的准确度上，再生出比较容易记得的公式所依据的细节。他谙记 $S=L/2gt$ 这个公式，而不去熟记关于距离、时间和重力常数的手册。同样的例子，《吉姆爷》中评论员马洛所说的关于主人公困境的话，人们未必会去确切地记住它，而是只记住他是个沉着的旁观者，是个试图理解而不能判断是什么曾把吉姆爷引入他所在的海峡的人。我们记忆公式，记忆那对事件具有意义的生动情节，记忆那代表一系列事件的平均数，记忆那保持本质的素描或图景——所有这一切都是简约和表达的技巧。学习普遍的或基本的原理的目的，就在于保证记忆的丧失不是全部丧失，而遗留下来的东西将使我们在需要的时候得以把一件件事情重新构思起来。高明的理论不仅是现在用以理解现象的工具，而且是明天用以回忆那个现象的工具。

第三，正如早些时候所指出的，领会基本的原理和观念，看来是通向适当的"训练迁移"的大道。把事物作为更普遍的事情的特例去理解——理解更基本的原理或结构的意义就在于此——就是不但必须学习特定的事物，还必须学习一个模式，这个模式有助于理解可能遇见的其他类似的事物。如果学生完全能够从人性的角度领悟百年战争结束时欧洲的厌倦，能够领会签订那个可以实行但在意识形态上并不完美的威斯特伐利亚条约的背景是怎样的，他也许更能理解东方和西方之间意识形态的斗争——虽然这种比较绝不

① 《吉姆爷》（Lord Jim）是英国作家康拉德（Joseph Conrad，1857—1924）的一部小说。
——译者注

是确切的。一种仔细地形成的理解同样也应该使他能认识概括的限度。把"原理"与"概念"作为迁移的基础这个观点原不是新的观点。非常需要更多的专门研究，以提供怎样在不同年级中最好地进行不同学科的教学的详尽知识。

经常反复检查中小学教材的基本特性，能够缩小"高级"知识和"初级"知识之间的差距。这是要在教学中强调结构和原理的第四个论点。现在由小学经中学以至大学的进程中所存在的部分困难，不是由于早期所学材料过时，就是由于它落后于该学科领域的发展太远而把人引入迷途。这个缺陷，可以依靠在前面讨论中所提出的在教学中强调结构和原理的办法来弥补。

现在，研究一下在伍兹霍尔讨论相当多的几个特殊问题。这些问题之一涉及"科学通论"（general science）这个麻烦的题目。实际上，在所有各门自然科学中都有某种反复出现的观念。如果在一门学科中把这些观念概括地学好了，就会使得在别的学科中以不同的形式再来学习它们时，容易得多。各方面的教师和科学家提出了这样的疑问：是否应该不使这些基本观念"孤立"起来，而要更明确地用使它们脱离特定的科学范围的方式来教。典型观念是容易加以具体说明的。例如，分类法和它的用途，测量单位和它的发展，自然科学知识的间接性和给观念下操作定义的必要性，等等。就最后一个例子来说，我们不直接看见压力或化学键，只是凭一些测量去间接推断它。量体温是这样，体会别人的忧虑也是这样。能不能在低年级就用各种具体实例把这些以及类似的观念有效地揭示出来，以便为儿童后来在各种专门学科的学习中领会这些观念奠定较好的基础？把这样的"科学通论"当作高年级严密的科学入门来教是不是明智？为了以后比较容易学习，应该怎样教他们？我们又能合理地期望些什么？在这个有前途的课题上，需要进行许多研究工作，不仅要研究这样一种学习途径的用处，还要研究可能要教的普通科学观念的类别。

的确，很可能有某些对自然科学或文学的一般态度或学习途径，可以在低年级教，而且与后来的学习有很大的关系。事物是互相联系的而不是孤立的这个看法就是一个适当的例子。人们确实能够在设计一些幼儿园游戏的时候，有意使儿童更加主动地察觉事物怎样互相影响或互相联系——这是对自然界和社会中事件多重决定论这个观念的一种入门学习。任何一个有成效的科学家通常都能谈些思想方法或态度，那是他的职业的一部分。历史学家在他们自己的学科领域，相当广泛地论述了这个题目。文学家甚至发展了一类写作，谈论有助于提高对文学情趣和活力的感受性的形式。在数学中，这个题目有个正式名称，叫作"启发"，用以说明解决难题的途径。有人很可能会主张，就像那些很不相同的学科的人们在伍兹霍尔主张过的一样：应估量什么样的态度或启发的方法最具普遍性和最有用；应该做一番努力，把初步的态度和启发的方法传授给儿童，这种态度和启发的方法随着他们在学校的成长可能进一步提高。再者，读者将会意识到，主张这样一种学习途径有个前提，那就是假定一个学者在他的学科的最尖端所干的工作与儿童初次接触这个学科时所干的工作之间是有连续性的。这不是说，这个任务是简单的，只是说，它值得慎重地考虑和研究。

5
[美] 布鲁纳《教育过程》1960

有的人反对教一般原理和一般态度。持这种观点的人，其主要论点也许是：第一，通过特殊来研究一般，也许好些；第二，使工作态度保持内隐比使它外现要好些。例如，生物学中关于有机体的主要概念之一，是一再提出的这样一个问题："这个东西有什么功用？"这个问题是以"凡是有机体中的东西都有某种功用，否则它大概不会继续存在"这个假定为前提的。其他的一般观念都同这个问题有联系。生物学学得好的学生，知道把这个问题提得越来越细，并把越来越多的事物同它联系起来。下一步他就要问，某一特殊结构或过程根据有机体整体作用的需要，有什么功用？他为了弄清楚功用的一般观念，进行测量和分类。然后，他可能进一步依据更加广泛的功用观念来组织他的知识，而注意到细胞结构或系谱比较。要学习一般概念的实用意义，可能需要用某一特殊学科的思想方式做背景；所以，给"功用"的意义作一个一般的介绍，可能比在生物学的范围内教它的效果还要差。

谈到"态度"教学，甚至谈到数学的启发教学，现有的议论是，如果学生过分注意自己的态度或学习途径，他就可能在工作中变得呆板，不然就会要花招。还没有证据能证明这一点；在采取这个方法来教学以前，必须进行研究。在伊利诺伊，人们正在训练儿童，使之有更高的效能来提出一些关于物理现象的问题；可是需要更多得多的知识，这个问题才能弄明白。

人们时常听说"行"与"知"之间的差别。例如，一个大抵懂得了某一数学观念的学生，却不知道在计算中怎样运用它，就是这样的差别。尽管这个差别可能是个假象——因为，除了看到学生干什么之外，怎能知道他懂得什么呢？——但却说明在教和学中所强调的方面是很不同的。这样，在关于解决难题的心理学的某些经典书籍(例如马克斯·韦特默的《创造性思维》)中，在"机械练习"同"理解"之间就划了一道鸿沟。事实上，练习并不一定必须是机械的，而强调理解却可引导学生巧于舌辩。中小学数学研究小组成员的经验指出，计算的实践可能是达到理解数学概念的必要步骤。同样，让中学生读不同作家的作品以资对比，可能把文体的知识教给他，但是要他能够彻底通晓文体，只能靠他自己亲手用不同的文体动笔写作。做某件事能帮助人了解那件事。真的，这句话是上实验课的根本前提。在伍兹霍尔，一位心理学家的发言中有句名言："在我还没有意识到我要做什么之前，我怎能知道我想什么呢？"这句话有一定真理。无论如何，这个差别对我们并没有很大帮助。更加中肯的问题是，在某一特定的领域里，哪种练习方法最可能给予学生精通教材的感觉。在数学各部门中，什么是能应用得最有成效的计算习题？努力模仿亨利·詹姆斯[①]的文体来写作，会使人特别通晓那个作家的文体吗？要理解这些事情，也许须从研究教学成功的教师所用过的方法开始。所汇集的资料肯定能对教学技术问题，或者说对一般地教授复杂知识的技术问题，提出大量值得进行的实验研究项目。

最后，关于考试，需要说几句话。显然，如果考试强调的是学科的琐碎方面，那就不好。这样的考试会鼓励无连贯性的教授和机械式的学习。然而，往往被忽略的是，考试也能成为改进课程和教学的斗争中的同盟军。不

---

① 亨利·詹姆斯（Henry James，1843—1916），美国小说家。——译者注

论考试是属于包含多题任选的"客观"（objective）形式，还是属于论文形式，都能够设计得着重于理解该学科的一般原理。的确，即使考试琐细的知识，也能按照要求学生理解具体事实之间的联系的那种方式去做。国家的考试组织，如教育测验服务处内部，目前正在进行共同的努力，去设计那些强调理解基本原理的考试。这样的努力能够有很大用处。还可以给地方学校系统另外的帮助：给他们编写一本合用的手册，手册中叙述了设计各式各样考试的方法。探索性的考试是不容易设计的，如果编写一本关于这个题目的考虑周到的手册，是会受到欢迎的。

下面扼要地重述一下这一章的主题，一门学科的课程应该决定于对能达到的、给那门学科以结构的根本原理的最基本的理解。教专门的课题或技能而没有把它们在知识领域更广博的基本结构中的脉络弄清楚，这在几个深远的意义上说来，是不经济的。第一，这样的教学，使学生要从已学得的知识推广到他后来将碰到的问题，就非常困难。第二，不能达到掌握一般原理的学习，从激发智慧来说，不大有效果。使学生对一个学科有兴趣的最好办法，是使这个学科值得学习，也就是使获得的知识能在超越原来学习情境的思维中运用。第三，获得的知识，如果没有完满的结构把它联在一起，那是一种多半会被遗忘的知识。一串不连贯的论据在记忆中仅有短促得可怜的寿命。根据可借以推断出论据的那些原理和观念来组织论据，是降低人类记忆丧失速率的唯一的已知方法。

按照反映知识领域基础结构的方式来设计课程，需要对那个领域有极其根本的理解。……

——选自布鲁纳著，邵瑞珍译：《教育过程》，

文化教育出版社1982年版，第36—48页。

评析：

在这段选文中，布鲁纳从四个方面阐释了结构的重要性。首先，理解学科结构是学生学习的最为重要的方面。学习有两种目的：一种目的是通过学

习完成对某些工作的特定适应性；另一种目的是通过学习达到原理和态度的迁移，这种迁移是学习的一种重要方式。从本质上说，就是学习一个一般概念，然后把这个概念作为后续认识的基础。这个一般概念，也就是我们通常所理解的"学科基本结构"。后一种类型的迁移应该是教育过程的核心——用基本的和一般的观念不断扩大和加深知识。对基本学科结构的成功理解，能使学生的学习具有连续性。其次，学校课程和教学方法应该同所教学科的基本概念的教学密切结合。其中，首要的问题就是合理地设计和编制课程。使得这种课程既能由普通的教师教给普通的学生，又能清楚地反映各学术领域的基本原理。具体来讲，一方面，需要改革基础课并修改基础课的教材，给予那些与基础课相关的普遍的和强有力的观念和态度以中心地位；另一方面，需要把这些教材分成不同的水平，使之与学校不同年级、不同水平的学生的接受能力相匹配。再次，掌握某一学术领域的基本观念，不仅包括掌握一般原理，而且包括培养对待学习和调查研究、推测和预感、独立解决难题的可能性的态度。所以，应该在教学中培养这些态度。其中一个重要因素是培养学生对于"发现"的兴奋感，即是那种因发现以前未曾认识的关系和相似性规律而产生的对自身能力的自信感。在提出一个学科的基本结构时，应该引导学生自己去发现其中一些令人兴奋的部分。最后，在教学中教授学科基本结构的四种理由是：其一，懂得基本原理可以使学科更容易理解。其二，这种学习能帮助记忆。其三，领会基本的原理和概念是"训练迁移"的重要途径。其四，能够缩小"高级"知识和"初级"知识之间的差距。

学习的准备

我们一开始就提出这个假设：任何学科都能够用在智育上是诚实的方式，有效地教给任何发展阶段的任何儿童。这是个大胆的假设，并且是思考课程本质的一个必要的假设。不存在同这个假设相反的证据；反之，却积累着许多支持它的证据。

为了搞清楚含义是什么，我们来考察一下三种普通的观念。第一种，涉及儿童智力发展的过程；第二种，涉及学习的行为；第三种，则和前面介绍过的"螺旋式课程"这个概念有关。

智力的发展

儿童智力发展的研究突出了这个事实：在发展的每个阶段，儿童都有他自己的观察世界和解释世界的独特方式。给任何特定年龄的儿童教某门学科，其任务就是按照这个年龄儿童观察事物的方式去阐述那门学科的结构。这个任务可以看作是一种翻译工作。刚才所说的一般假设是以下面这个经过深思熟虑的判断为前提的，即任何观念都能够用学龄儿童的思想方式正确地和有效地阐述出来；而且这些初次阐述过的观念，由于这种早期学习，在日后学起来会比较容易，也比较有效和精确。为了证明并支持这个观点，我们在这里稍微详细地描绘智慧发展的过程，同时就儿童智力发展不同阶段的教学提一些建议。

皮亚杰和其他一些人的著作中提出，一般来说，儿童的智力发展可以划分为三个阶段。[①]第一个阶段，不需要我们详述，因为这主要是学前儿童表现的特征。这个阶段，大约到五六岁为止（至少就瑞士的学龄儿童来说是如此的），儿童的脑力活动主要是建立经验和动作之间的联系；他关心的是通过动作去应付世界。这个阶段大致相当于从语言的开始发展到儿童学会使用符号这段时期。在这个所谓前运算阶段，使用符号的主要成就是儿童学会怎样凭借由简单的概括而建立的符号去重现外部世界；而事物由于具有某些共同性质而被看成相同的。但是，在儿童的符号世界里，并未将内部动机和感情作为一方和外部现实作为另一方之间划分清楚。太阳转动，因为上帝在推

---

① 根据皮亚杰关于儿童心理发展的理论，儿童从出生到15岁的智力发展划分为四个阶段：一是感觉运动阶段（出生—2岁），二是前运算阶段（2—7岁），三是具体运算阶段（7—12岁），四是形式运算阶段（12—15岁）。——本书编者注

它；星星，像儿童自己那样，不得不上床睡觉。儿童不大能够把自己的目标和达到目标的手段区分开来。再者，儿童在对付现实的尝试失败后，就得纠正自己的活动；这样的做法，与其说是依靠符号的运算，不如说是依靠那种所谓直观的调节；直观的调节，也不是进行思考的结果，而是带有粗糙的尝试错误（trial-and-error）的性质。

这个发展阶段中所缺乏的，主要便是日内瓦学派[①]所称的可逆性概念。当物体的形状改变了，例如，把一个黏土塑成的泥球形状改变一下，前运算期儿童不能够掌握可以立刻恢复球的原状这个概念。由于缺乏这个基本概念，儿童就无法理解作为数学和物理学基础的某些基本观念：数学的观念，如即使当他把一组东西分成若干小组时，他仍保持了它们的数量；物理的观念，如纵使他改变了某物体的形状，他仍保持了它的质量和重量。不用说，教师向这个阶段的儿童灌输概念受到很大限制，即使采用高度直观的方法也是这样。

发展的第二个阶段——此时儿童已经入学——称为具体运算阶段。这个阶段叫作运算阶段是同前一个阶段全是动作相比较而言的。运算是动作的一种形式：它能得以实现，是直接依靠用手操作物体，或是在头脑内部操作他头脑中代表事物或关系的那些符号。运算大体上是记取现实世界的资料并在头脑里加以改造的一种手段，由于这种改造，才能在解决难题时有选择地组织和运用这些资料。假定给儿童看一架弹子机向墙壁射出一颗弹子，弹子反跳离墙，构成一定的角度。我们来研究一下儿童对于入射角和反射角的关系懂得多少吧。年幼儿童看不出问题：在他看来，弹子按弓形前进，途中碰到墙壁。稍大一些的儿童，就说10岁的儿童吧，粗略地看到两角之间的关系——一角改变，另一角也跟着改变。更大些的儿童，才开始掌握这两个角之间有个固定的关系，而且常常说得出是个直角。最后，十三四岁的儿童，常常看准机器直接向墙壁射出弹子，又看到射出的弹子向机器反弹回来，因而获得

① 当代瑞士心理学家皮亚杰（J. P. Piaget）所创立的心理学派。——本书编者注

了入射角和反射角相等的观念。每一种观察现象的方式都表示在这个意义上运算的成果，同时儿童的思维受他把观察到的现象聚拢起来的方式的限制。

运算同简单动作或受目标指导的行为的区别在于，它是内化的和可逆的。"内化的"（internalized）意味着儿童不再需要依靠公开的尝试错误来着手解决难题，而能够在头脑中实际地进行尝试错误。可逆性出现了，因为，看来运算具有所谓"完全补偿"（complete compensation）的特色，也就是说，这种运算能够用逆运算作为补偿。例如，如果把石弹子分成若干小堆，儿童能凭直觉懂得，再把这些小堆合拢起来就可以恢复为原来那堆石弹子。儿童在天平盘上加个砝码，致使天平盘倾斜得很厉害，他于是就有次序地寻找一个较轻的砝码或其他东西，用它使天平重新平衡。儿童可能把可逆性拉扯得太远，例如，假设一张纸一旦烧掉了，也能恢复原样。

由于到了具体运算阶段，儿童据以进行运算的内化结构就发展了。在天平的例子中，结构便是儿童头脑中所想的许多依次排列的砝码。这样的内部结构是关于本质的。它们是内化的符号系统，儿童据以重现这个世界，犹如弹子机及入射角和反射角这个例子。如果儿童需要掌握某些观念，一定要把这些观念转译成为内部结构的语言。

可是，具体运算尽管受类别逻辑和关系逻辑的指导，但它是只能构思直接呈现在他面前的现实的一种手段。儿童能够赋予遇到的事物以一定的结构，不过，他还不能够轻易地处理那些不直接在他面前或事前没有经历过的可能发生的事物。这不是说，儿童在进行具体运算时没有能力去预料不在眼前的事情。的确，他们并不具备系统地想象在任何指定时间内所能存在的、非常广泛的交替可能性的运算能力；他们不能有系统地超出所提供的知识范围去描述可能发生的其他情况。10岁到14岁左右，儿童进入发展的第三个阶段，这便是日内瓦学派所谓的"形式运算"阶段（stage of "formal operations"）。

此刻，儿童的智力活动好像是以一种根据假设性命题去运算的能力为基础，而不再局限于他所经验的或在他面前的事物。儿童能够想到可能有的变化，甚至会推演出后来通过实验或观察得到证明的潜在关系。智力的运算似乎是根据像逻辑学家、科学家或抽象思想家所特有的那种逻辑运算来做的。正是在此刻，儿童有能力对先前指引他解决难题但不能描述或无法正式理解的具体观念予以正式的或公理式的表达。

早些时候，当儿童处在具体运算阶段时，他能够直觉地和具体地掌握数学、自然科学、人文科学和社会科学的许多基本观念。可是，他能这样做，只是依据具体运算罢了。可以举例说明如下：五年级儿童能够仿照非常高等的数学规则玩数学游戏；真的，他们可以归纳得出这些规则，还学会怎样利用它们来工作。然而，如果有谁硬要他们对他们已经在做的工作进行正式的数学描述，他们将会心慌意乱，尽管他们完全能够利用这些规则指导自己的行为。在伍兹霍尔会议期间，我们荣幸地看到一堂示范教学。在这堂课上，五年级儿童很快地掌握了函数论的中心思想；虽然，如果教师企图向他们解释什么是函数论，他是终于要失败的。往后，到了发展的恰当阶段，给以一定量的具体运算实践，那么向他们介绍必要的形式论的时机便成熟了。

教授基本概念最重要的一点，是要帮助儿童不断地由具体思维向在概念上更恰当的思维方式的利用前进。可是，试图根据远离儿童思维样式且其含义对儿童来说又是枯燥无味的逻辑进行正式说明，肯定徒劳而无益。数学课的许多教法就是这个样子。儿童学到的，不是对数序的理解，而是搬用呆板的方法或秘诀，但不懂得它们的意义和连贯性。它们并没有转译成他的思想方法。有了这种不恰当的开端，容易使儿童相信：对他来讲，重要的事情是"准确"——尽管准确性同数学的关系，比起同计算的关系来要少些。这类事情中最突出的例子，也许要算中学生初次接触欧几里得几何学的情况了。学生不具备关于简单几何图形的经验和据以进行学习的直观手段，因此把几何学看作一套公理和定理。要是早一点在儿童力所能及的水平上，采用直观几何学的方式教给他概念和算法，说不定他就可以好得多，有能力深刻地掌握往后向他揭示的公理和定理的意义。

可是，儿童的智力发展不是像时钟装置那样，一连串事件相继出现；它对环境，特别对学校环境的影响，也做出反应。因此，教授科学概念，即使是小学水平，也不必奴性地跟随儿童认知发展的自然过程。向儿童提供挑战性的但是合适的机会使发展步步向前，也可以引导智力发展。经验已经表明：向成长中的儿童提示难题激励他向下一阶段发展，这样的努力是值得的。正像初等数学界最有经验的教师之一戴维·佩奇曾经评论过的："从幼儿园到研究院的教学中，使我感到惊讶的是各种年龄的人在智慧方面的相似性；虽然，跟成人相比，儿童也许更有自发性、创造性和更生气勃勃。就我个人的经验而论，只要根据年幼儿童的理解力给以任务，他们学习任何东西几乎都比成人快。很有趣味的是，如果按照他们的理解力提供教材，结果，他们就自己去学习数学，而他们对教材越熟悉，就越能把他们教好。我们提醒自己，给任何特殊课题一个绝对难度，要十分审慎，这是合适的。当我告诉数学家们，四年级学生可以学习'集合论'的时候，其中少数人回答说'当然'，多数人却大吃一惊。后面这些人完全错误地认为'集合论'是真正困难的。当然，或许没有什么事是真正困难的。我们只是必须等待到适当的观点和表达它的相应语言的出现而已。在教某种教材或某个概念时，容易问儿童琐细的问题或引导儿童提出琐细的问题，也容易问儿童不可能回答的困难问题。这里的诀窍在于发现既能答得了又能使之前进的难易恰当的适中问题。这是教师和教科书的大事。"有人借助精巧的"适中问题"去引导儿童更快地通过智力发展的各个阶段，更深刻地通晓数学、物理和历史的原理。能够达到这一步的做法，我们必须了解得更多。

学习行为

学习一门学科看来包含三个差不多同时发生的过程。第一是新知识的获得（acquisition）。新知识，往往同一个人以前模模糊糊地或清清楚楚地知道的知识相违背，或者是它的一种替代。至少可以说，是先前知识的重新提炼。因此，教学生牛顿的运动律，会违反感官的证据。或者，教学生波动力学，会破坏学生关于机械的碰撞是真实的能量转换的唯一来源这个信念。或者，向学生介绍物理学上所断言的能量不灭的守恒定理，会违背"消耗能量"这种说法和这种说法所含的思想方法。更常见的是不那么极端的情况，比如在给学生讲循环系统的详情时，学生已经模糊地或直觉地知道血液循环。

学习的第二个方面，可以叫作转换（transformation）。这是处理知识使之适合新任务的过程。我们学习"揭露"或分析知识，把它安排好，使所得的知识经过外插法（extrapolation）、内插法（interpolation）或变换法（conversion），整理成另一种形式。转换包含着我们处理知识的各种方式，目的在于学得更多的知识。

学习的第三个方面是评价（evaluation）。核对一下我们处理知识的方法是不是适合于这个任务。概括得恰当吗？外插得合适吗？运算得正确吗？教师在帮助学生进行评价中常常具有决定性的作用。但许多评价的做出，仅靠似真性（plausibility）的判断，不能够真正严格地检验我们的努力是否正确。

在学习任何一门学科时，常常有一连串的情节（episode），每个情节涉及获得、转换和评价三个过程。光合作用可能合理地包括生物学里一个学习情节的材料，这个情节是更广泛的学习（例如通常关于能量转换的学习）的一部分。学习情节运用得最好时，可以反映以前已经学过的东西，而且可以举一反三，超过前面的学习。

一个学习情节，时间可长可短，包含的观念可多可少。学习者愿意一个情节持续多久，这取决于此人期望从他的努力中获得什么，是为了获取像等第这样的外部事物，还是为了提高理解能力。

我们经常通过控制学习情节来安排教学，以适应学生的学习能力和需要。其方法如下：缩短或延长情节；采取表扬或给以金星的方式增加外来的奖励；在学生对材料充分理解时老师像演戏似的用惊异的神情加以肯定。一门课程中的单元意味着承认学习情节的重要性，尽管许多单元拖得很长而且没有理解上的高潮。关于怎样在不同学科里为不同年龄的儿童非常高明地设计合适的学习情节，研究之贫乏实在令人诧异。……

"螺旋式课程"

如果尊重成长中儿童的思想方法，如果想方设法把材料转译成儿童的逻辑形式，并极力鞭策诱使他前进，那么，就很可能在他的早年介绍这样的观念和作风，以使他在日后的生活中成为有教养的人。我们不妨问一下：在小学里所教的任何学科的准则，如果充分扩展的话，是否值得成人知道？而如果童年时懂得了它，是否成年时会更高明？倘若对这两个问题的答复都是否定的或含糊的，那么这种材料就会造成课程的混乱。

如果本章介绍的假设——任何学科可按照某种正确的形式教给任何儿童——是正确的，那么跟着而来的论点便是：课程建设应当围绕着社会公认为值得它的成员不断关心的那些重大的问题、原理和价值。试考虑两个例证：文学教学和自然科学教学。例如，假如承认使儿童认识人类悲剧的意义而且使之产生同情感是合适的，难道就不可能在很早的恰当的年龄用启发而不用恫吓的方式进行悲剧文学的教学吗？有许多行得通的方法可以开始进行，如：通过复述很出色的神话，通过采用儿童文学名著，通过放映和评论经过检验的影片。恰好什么年龄该用什么材料，有什么效果，是有待于研究——各种各样的研究——的题目。我们可以先问儿童关于悲剧的概念；在这里，不妨采用皮亚杰和他的同事们在研究儿童的自然界因果关系概念、道德概念、数概念等时所采用的同样的方法。只有在用这些知识把我们武装起来的时候，我们才能够知道儿童怎样将我们给他的任何东西变成他自己的主观术语。我们也不需要等到有了全部研究成果后才开始行动，因为一个技能高的教师也能进行试验，他试着去教在直观上似乎切合于不同年龄儿童的那些材料，在前进中不断加以修改。到一定时候，一个人可能进而学习同一种文学的更复杂的作品，也可能仅仅重复阅读早些时候读过的同样几本书。重要的是后来的教学建立在早期对文学的反应上，它寻求产生一种对悲剧文学更清晰和更成熟的理解。任何伟大的文学形式都能够按照同样的方法被掌握；任何重大的主题——不论喜剧形式还是个性主题、个人忠诚以及其他——也是这样。

5
[美]布鲁纳《教育过程》1960

自然科学亦复如此。如果认为对于数目、测量和概率的理解在探索自然科学中具有决定性的作用，那么这些学科的教学就应该尽可能早开始并采用智育上正确的形式，而且应该同儿童的思想方式相符。要让这些课题在以后各年级中扩展、再扩展。这样，如果大多数儿童准备选学十年级的生物学单元，难道他们需要把这门学科一下子就都学完吗？必要的话，用起码的正式实验操作，以一种或许不太精确然而较为直观的精神尽早向他们介绍一些主要的生物学观念，难道不可能吗？

许多课程最初设计时的指导思想，颇像我们在这里提出的那样。但是当课程实际上实施的时候，当它们发展和改变的时候，它们常常会失去它们最初的形式，陷于不大成样子的局面。督促人们亲自再审查现行课程是否符合前面指出过的连续性和发展的论点，这决不错误。我们无法预计修改课程可能采取哪些确切形式，直率些说，目前有用的研究确实太少，不可能提供合适的回答。我们只能建议，应该用最大力量尽快地着手进行适当的研究工作。

——选自布鲁纳著，邵瑞珍译：《教育过程》，

文化教育出版社1982年版，第49—66页。

评析：

在这段选文中，布鲁纳首先提出了一个在西方教育界十分著名的假设："任何学科都能够用在智育上是诚实的方式，有效地教给任何发展阶段的任何儿童。"由此，他认为，学习的准备涉及儿童智力的发展、儿童的学习行为和"螺旋式课程"三个方面的准备。首先是关于儿童的智力发展。在儿童智力发展的每个阶段，儿童都有他自己的观察世界和解释世界的独特方式。给任何特定年龄的儿童教授某门学科，其任务就是按照这个年龄儿童观察事物的方式正确地和有效地阐释那门学科的基本结构。布鲁纳从研究中发现，只要根据儿童的理解力分配任务，他们学习任何东西几乎都比成人快。如果按照儿童的理解力提供教材，那么儿童对教材越熟悉，教师就越能把他们教

好。其次是关于儿童的学习行为。学习一门学科必然包含三个差不多同时发生的过程。其中，第一个过程是新知识的获得，也可以说是对先前知识的重新提炼。第二个过程叫作"转换"，即处理知识并使之适合新任务的过程。转换包含着我们处理知识的各种方式，其目的在于学得更多的知识。第三个过程是评价，即核对一下我们处理知识的方法是否适合于任务。学习任何一门学科都是由一连串的情节组成的，每个情节都涉及知识获得、转换和评价三个过程。第三是关于"螺旋式课程"。要使儿童成为一个有教养的人，首先应该尊重成长中的儿童的思想方法，然后想方设法地把材料转译为他的逻辑形式，并激励他前进。具体表现在课程上，那就要围绕社会认为值得它的社会成员所关注的那些重要问题、原理和概念，采用螺旋式的编排形式，在各个年级中得到不断的扩展。

5 ［美］布鲁纳《教育过程》1960

（杨　梅）

6 ［苏］苏霍姆林斯基《把整个心灵献给孩子》1969

> 我生活中什么是最重要的呢？我可以毫不犹豫地
> 回答说：爱孩子。
>
> ——苏霍姆林斯基

《把整个心灵献给孩子》（Сердце отдаю цетям）是苏联教育家苏霍姆林斯基的教育代表作。这是一本充分体现教师无私奉献精神的著作，是苏霍姆林斯基对自己多年的"快乐学校"教育工作经验的总结。

作者简介

瓦西里·亚历山大罗维奇·苏霍姆林斯基（В.А. Сухомлинский，1918—1970）1918年11月28日出生于乌克兰列明楚格市帕夫雷什镇附近的一个农民家庭。1926年从农村七年制学校毕业后，他进入克列明楚师范学校学习。1935年，年仅17岁的苏霍姆林斯基回到母校担任小学教师，开始了他的教育生涯。在工作的同时，他参加了波尔塔瓦师范学院语言文学系的函授学习，进一步提高自己的专业知识和教育理论水平。1939—1941年，苏霍姆林斯基在奥努夫列耶夫卡镇完全中学任教。卫国战争爆发后，他应征赴前线作战。1942年7月他因伤重返教育岗位，担任乌德摩尔特共和国乌瓦工人村一所学校的校长。

从1947年起，苏霍姆林斯基担任帕夫雷什中学校长一直到去世，历时23年。在他坚持不懈的努力下，帕夫雷什中学不仅成为苏联的一所著名中学，而且在世界上享有很大的声誉，吸引了国内外无数的来访者。

1950年，苏霍姆林斯基开始在职研究生学习，并以一篇题为《中学的教育集体》的论文获得了副博士学位。1957年，年仅39岁的苏霍姆林斯基被选为俄罗斯教育科学学院通讯院士。两年后，他又获得功勋教师的称号。因为其出色的工作成就，包括波尔塔瓦师范学院在内的乌克兰各师范学院都邀请他去工作，但他都婉言谢绝了。他说："我要留在农村，这是我的誓言，也是我的信念，我不能违背自己的誓言，也绝不能背叛自己的信念。"（《苏霍姆林斯基的一生》）1968年2月，苏霍姆林斯基再次被选为苏联教育学院通讯院士。同年6月，他还被选为全苏教师代表大会代表。1970年9月2日，苏霍姆林斯基去世。

6 ／ [苏] 苏霍姆林斯基《把整个心灵献给孩子》1969

苏霍姆林斯基一生撰写了40多本专著、600多篇论文。除《把整个心灵献给孩子》（1969）外，他的主要教育著作还有《要相信孩子》（1960）、《学生的精神世界》（1961）、《和青年校长的谈话》（1965—1966）、《给教师的一百条建议》（1965—1967）《帕夫雷什中学》（1969）《给儿子的信》（1970）、《公民的诞生》（1971，中译本名为《让少年健康成长》）等。

在长期的教育实践经验基础上，苏霍姆林斯基提出了全面和谐发展的教育理论。它以"全面发展"为主体，把"全面发展""和谐发展"和"个性发展"三者融合在一起，实现个性全面和谐发展的目标。在教育目的上，苏霍姆林斯基认为，通过全面和谐发展的教育，应该使学生在身体、品德、智力、劳动和审美等方面都得到发展。要做到这一点，其关键在于学生自身的精神状态。因此，自我教育应该是学校教育中一个极重要的因素，没有自我经验也就没有真正的经验。在教育内容上，苏霍姆林斯基认为，全面和谐发展经验包括体育、德育、智育、劳动教育和美育五个部分。体育的目的在于使学生的全部体力和精神力量达到彻底的和谐。德育的目的是使学生确立坚定的道德观念、养成良好的道德习惯、培养高尚的道德情感和树立崇高的道德理想。智育的目的是传授知识、发展智力和培养技能。劳动教育的目的在于既能更多地创造社会财富，又能使人的精神生活更加充实。美育的目的是使学生认识美，并培养美的素养。在学校管理上，苏霍姆林斯基认为，对于一所学校来说，好的校长就是一个好的组织者。校长在领导学校时，首先是教育思想上的领导，其次才是行政上的领导。

内容提要

《把整个心灵献给孩子》出版于1969年。该书具体而生动地描述了苏霍姆林斯基与一个班级的31个学生朝夕相处的五年生活。他本人在该书的"前言"中写道："这部著作是多年学校工作的总结，是沉思、焦虑、担忧和不安心情的总结。……我把自己的一生献给了孩子们，所以考虑很久之后给这本书题名叫《把整个心灵献给孩子》。……我生活中什么是最重要的呢？我可以毫不犹豫地回答说：爱孩子。"在该书的最后，他又深情地写道："五年来，我拉着你们的手一步一步向前走，我把整个心都给了你们。"除简短的"前言"外，全书分两个部分，共辑录41篇短文。该书与在它以后出版的姐妹篇《公民的诞生》和《给儿子的信》被汇集成"三部曲"（即中译本《育人三部曲》）。

第一部分："快乐学校"（17篇短文）。在这一部分中，苏霍姆林斯基强烈呼吁，要还给孩子一个快乐的童年。实际上，"快乐学校"的诞生是他的一个成功的创举。苏霍姆林斯基希望孩子们成为头脑清醒、心地善良、双手灵巧、情操高尚的人。为此，必须让孩子们在进入学校这个世界之后不断享受到新的欢乐，使认识活动不至于变为枯燥的教学，而能充实他们的智慧、情感和意志。但是，也不能把上学变成没完没了、表面热闹而实际空虚的玩乐。"蓝天下的学校""幻想之角""到劳动世界的旅行""健康乐园"等都是引导孩子们去观察大自然和欣赏大自然，并在大自然中发展他们的思维和增强他们的思考力。苏霍姆林斯基指出，正是通过这样的生活，大自然既成为孩子们身体健康的源泉，也成为他们心灵高尚和精神结合的源泉。尤其重要的是，教育的目的就在于使学校教会孩子在美的世界中生活，使美的世界能在孩子的身上创造美。无论什么季节，给孩子们提供的活动都应该是充满欢乐的。

在阅读和书写的学习上，苏霍姆林斯基强调指出，在"快乐学校"中，"对学生评分的最主要的要求，就是它的乐观主义和富有乐趣的原则"。尤其是在教孩子阅读和书写的时候，应当让他置身于美、游戏、童话、音乐、图画、幻想、创作的世界里。教师在教育上的英明，就是不要让孩子感到疲劳和失掉信心，如同筋疲力尽地挑着重担的人迈着艰难的步子。

在品德的培养上，苏霍姆林斯基提出，"快乐学校"要让孩子们心中有他人。如果孩子对他的同学、朋友、亲人以及他所遇到的任何一个同胞的境况都毫不关心，如果孩子不善于从别人的眼神中观察他们的心情，那么，他就永远不会成为一个真正的人。但是，教人体察情绪是教育中最难的事情。因此，"快乐学校"从开办之初就是一个家庭般的集体，充满了亲切、热诚、爱抚、相互关心、相互信任和相互帮助的气氛。因为如果让孩子在冷漠无情的环境中长大，他就会变成一个对于善和美都无动于衷的人。

第二部分："儿童时代"（24篇短文）。在这一部分中，苏霍姆林斯基总结了他的小学教育思想。第一，小学最重要的任务，就是授予学生一定范围的巩固的知识和技能。其中，首先应当教会学生怎样学习。其目的是把他们培养成具有好奇心、创造性和不断探求的人。但教师更要认识到，在小学学习的那几年正是孩子在道德、智力、情感、体力和美感等方面的一个发展时期。因此，小学教育的目标是努力使学习成为丰富多彩的精神生活的一部分，促进学生的发展，丰富学生的才智。

第二，对健康的关注。其中包括养成做早操的习惯、提供合乎健康要求的伙食、在新鲜空气中进行丰富多彩的活动、重视体育游戏等。因为只有在身体健康的情况下，学生才能有丰富的精神。

第三，把学习作为精神生活的一部分。要做到这一点，就必须把知识与积极的活动紧密联系在一起，而不是把知识变成一堆死东西。

第四，使大自然成为教育的强有力的源泉。学生对大自然的生动的直觉并不是最终目标，而仅仅是手段，因为在大自然的各种表现形态中隐藏着千百个问题。在对这些问题的思考中，学生从形象思维转向用概念进行思维。因此，凡是阅读过"大自然的书"的学生，其对周围世界的积极认识都会反映在他们的智力发展、学习方式和智力志趣的多方面性上。

第五，进行环球"旅行"。教师要力求使学生的视野逐渐从故乡的田野、森林扩大到整个国家和全球的大自然及生活图景。

第六，学好祖国语言。语言是人民的精神财富。对于一个人来说，借助于语言，能看到周围世界的丰富多彩；而且语言修养正是他的精神修养的一面镜子。祖国语言这一手段的教育作用非常大，因为正是祖国语言的美好、伟大、力量和表现才促使学生的感情、精神、思想和体验变得高尚。

第七，不要让分数成为束缚学生的枷锁。给学生评分实际上体现了教师正确对待每一个孩子的能力，而评分的不公就是对他们心灵的摧残。教师应当使学生意识到分数是在智力上作出努力的结果，并用恰如其分的分数奖励他们每一次进步的取得和每一次困难的克服，但不能滥用分数。

第八，激励学生做好事和唤起学生对劳动的乐趣。为人们做好事，这是陶冶学生情操的巨大道德力量。要使学生做好事，最主要的是要发展他们的内在力量。与此同时，使劳动成为学生精神生活的需要，变成一种巨大的教育力量。劳动给学生带来的乐趣越多，他们就越清楚地认识到自己在劳动中所做的努力。

《把整个心灵献给孩子》一书生动而具体地描述了苏霍姆林斯基本人的教育活动及其经验。正如他自己所写的：这本书是阐述孩子世界的，但要进入这个神秘之宫的门，他在某种程度上变成了一个孩子。该书出版后曾在苏联国内引起了巨大的反响，被重版六次，广大教师都从中汲取了极其丰富的精神养料。苏联《真理报》1970年1月曾刊载文章高度评价了《把整个心灵献给孩子》一书。该书曾获得乌克兰共和国国家奖（1974）、乌克兰教育协会一等奖（1973）等。与此同时，该书出版后被译成了23种文字在世界各国发行。

选文评析

如何做校长

6
［苏］苏霍姆林斯基《把整个心灵献给孩子》1969

我任教十年之后被任命为帕夫雷什中学的校长。在头十年的教育工作中我逐渐积累起来的信念就在这里形成。我希望就在这里目睹我的信念化为生气勃勃的创造性事业。

我越努力把自己的信念体现在实践之中，就越清楚地感到，对教学教育工作的领导——这就是把全校范围的思想和组织问题同个人在工作中的身体力行恰当地加以结合。如若教师们从校长的工作中能看到一个具有高度教育学素养的孩子们的直接教育者的榜样，他作为教学集体的组织者的强大作用将会是无可估量的。

教育——这首先是教师跟孩子在精神上的经常接触。伟大的俄罗斯教育家 К.Д.乌申斯基把校长称为学校的主要教育者。然而，在什么情况下才能发挥主要教育者的作用呢？

通过教师去教育孩子，充当教师的教师，教授教育工作的科学和艺术——这是非常重要的，但这只是学校多方面领导工作中的一个方面。如果主要教育者只是教别人怎样教育而并不直接接触孩子，他就不再是一个教育者了。

头几周校长工作的事实就已证实，如果我跟孩子们没有共同兴趣、爱好和意愿，那么我那通向孩子心灵的道路将永远被截断。我作为校长若不对孩子直接施加教育影响，就会失去教育者最重要的品质——感受孩子们精神世界的能力。当时我非常羡慕那些班主任：他们总是和孩子们在一起。他时而进行推心置腹的谈话，时而准备带学生到森林或河边去，带他们到田间去劳动。孩子们迫不及待地盼望着去远足旅行的日子，到时候他们将架锅做饭，下河摸鱼，将在野外露天夜宿，将凝视繁星闪烁。而校长则犹如一个局外人。他不得不只是做做组织工作，提提建议，只是说说缺点并加以纠正，鼓励好事和制止坏事。当然，这些也都是不可缺少的，但是我对自己的工作总感到不满足。

我认识许多积极参加教育工作的好校长，其中有契尔卡什州斯米良斯克中学校长 Г.П.米海连科、基罗夫格勒州鲍格丹诺夫中学校长 И.И.特卡钦科、亚历山大第十三中学校长 И.А.舍甫钦科、戈麦利州克尔缅斯克寄宿学校校长 М.А.德米特里耶夫、克拉斯诺亚尔斯克第八八年制学校校长 Л.Н.什里亚耶娃、基辅第十四寄宿学校校长 А.Г.卡里尼切夫等。他们称得上是办教育的能手。他们的讲课堪为教师学习的典范。他们积极参加少先队和共青团组织的生活和活动。不论教师还是班主任或者少先队辅导员，都可以从他们那里学到东西。不过我觉得，教育技艺的最高阶段——这就是学校校长直接而且长时间地参与学生的一个基层集体的生活，我这个信念现在变得越发坚定。我总是想和孩子们待在一起，跟他们同欢乐共忧愁，亲密无间，这种亲昵感对于教育者是创造性劳动中的一种极大享受。我曾时时试图参与孩子们某个集体的生活：同孩子们一起去劳动或到故乡各地去远足，去参观旅行，帮助他们获得一些不可多得的欢乐，缺少了这种欢乐就难以想象能有完满的教育。

不过，不论是我还是孩子们都感到这种关系中有某种不自然的东西。使我感到不安的是教育方面那种人为的局面：孩子们始终忘不了，我只是一时同他们在一起。教师只有在共同的活动中长时间做孩子们的朋友，做具有共同思想的志同道合的同志，才会产生真正的精神上的共性。我感到，我需要这种共性并非仅仅为了得到创造性劳动的欣慰，而且也是为了教给我的同事们进行教育的科学和艺术。跟孩子们进行活跃的、自然的、不间断的交往，这是思想、教育上的发现，是欢乐、忧虑和失望的来源，我们的劳动中缺少了这些，就不能想象有什么创造。我的结论是：主要教育者应当是一个不大的儿童集体的教育者，是孩子们的朋友和同志。我对这一点的信念是以早在帕夫雷什学校工作之前就已形成的那些教育观念为基础的。

　　在我任教最初的几年间就已明确，真正的学校并不仅仅是儿童获取知识和技能的场所。学习是儿童精神生活中非常重要但不是唯一的领域。我对我们惯常所说的教学教育过程观察越精细，就越确信，真正的学校，就是儿童集体丰富多彩的精神生活，而教育者和被教育者都在其中被许许多多志趣和爱好结合在一起。一个只在上课时隔着讲桌跟学生会面的人是不会了解儿童心灵的；而不了解儿童，就不可能成为教育者。对这样的人来讲，孩子们的思想、情感和意愿都是不可理解的。教师的一张讲桌有时会变成一堵高大的石墙，教师在墙后向他的"敌人"——学生发动"进攻"；但更多的情况则是讲桌变成被包围的堡垒，"敌人"围攻它，而躲藏在里面的"指挥官"则感到手足无措。

　　令人痛心地看到，只因师生之间没有任何精神纽带的维系，而孩子则丝毫不向教师披露自己的心灵，即使精通自己科目的教师所进行的教育有时也会变为一场残酷的斗争。个别学校师生之间存在着令人不能容忍的不正常关系，其主要原因就在于教师有时感受不到儿童隐秘的内心活动，不能同孩子们休戚与共，不能在思想上把自己置身于孩子的地位。

　　杰出的波兰教育家亚努什·柯尔恰克在一封信里提示道，必须提高到孩子的精神境界上来，而不是去俯就它。这是一种很微妙的想法，我们当教师的应当深入到它的实质中去。一个真正的教师不能把孩子理想化，不能妄加一些美妙特性于他，但不能不考虑到孩子对世界的感知、孩子对周围现实的情绪反应和精神反应有其独特的鲜明性、细微性和天真性。亚努什·柯尔恰克发出的要提高到孩子的精神境界上来的号召，应当理解为对儿童的认识世界——思想上和心灵上的认识——作最细致的理解和体验。

　　我十分坚信，确实有那么一些精神品质，一个缺少了它们就不可能成为真正的教育者，而其中首要的便是深入儿童精神世界的本领。只有那些始终不忘记自己也曾是一个孩子的人，才能成为真正的教师。许多教师（孩子们把他们称为"面包干")的不幸就在于他们忘记了：学生首先是正在进入进行认识、进行创造和处理人与人之间相互关系的世界的一个朝气蓬勃的人。

教育中没有孤立地对人起作用的零散的东西。上课是学生认识世界过程的最主要的组织形式。孩子们怎样认识世界，他们形成什么样的信念，决定着他们的整个精神生活体系。但是认识世界并非只是掌握知识。许多教师的问题就在于他们只是凭成绩和分数来衡量和评价孩子的精神世界，根据孩子学不学功课把他们分为两类。

然而如若一个片面理解多方面精神生活的教师处境是如此不美妙的话，那么一个把自己的使命仅仅归结为监督教员们的工作、及时下达"一般指示"和做些批准与否的决定的校长又该如何呢？他的处境更加不妙。扮演这样的角色使我感到苦闷。使我苦闷的是，往往当你来到学生这里时，他们却正与自己的老师在一起为某种事物所吸引，当你跟他们打招呼时，他们却没有察觉你：孩子们同他们的老师过着很丰富的精神生活，他们有他们自己的秘密。需要这样的校长吗？不，不需要。革命前学校里形成的那套领导方式方法——当时的校长实质上是凌驾于教员之上的督学，是一个行政官吏，职责就是监督教师，看他是否按大纲正确讲课，是否讲了什么题外的或不对头的东西——而今已成为旧时代的残余。

现代学校领导的实质在于，要在教育这项最困难的工作中使那种体现先进教育思想的好经验得以在教师心目中创立、成熟和扎根。而这种经验的创造者，他的劳动可作为其他老师的榜样的人，就应当是学校校长。今天的学校没有这样一位作为最优秀教育者的校长，那是不可想象的。教育——这首先就是人学。不了解孩子——不了解他的智力发展，他的思维、兴趣、爱好、才能、禀赋、倾向——就谈不上教育。如同一个主治医师没有自己的患者就不可能是一个真正的医生一样，一个校长如果没有自己的学生也就不可能领导老师。所谓自己的，意思是指：他要从孩子进校之初起到取得中学毕业证书止，一直跟他一起随级而上，直接关注着学生的智力、道德、审美能力、情感和身体的发展，同他有着共同的精神情趣，并向他传授自己的精神财富。

学校的中心人物是谁？校长应当在教育过程的哪个领域里作其他老师的榜样？学校的主要人物是儿童基层集体，即班集体的老师。他既是给学生传授知识的教师，又是孩子的朋友，又是他们多方面的精神生活的指导者。教学，这只不过是广义概念的教育这朵花上的一片花瓣而已。教育中没有主要次要之分，犹如在构成美丽花朵的许多花瓣之中没有主要花瓣一样。教育中一切都是主要的——不论是课堂上的课，还是课外对儿童多方面兴趣的发展，以及集体中学生之间的相互关系，都是主要的。

我当了六年校长之后成为班集体的老师。我要解释一下：这并不是校长和学生直接进行精神接触的唯一途径。但是在当时的具体条件下，这是一条对我最适宜的途径。我把直接担任儿童集体的教育者的工作看成是在自然条件下进行的长期实验。

在转而讲述若干年来做了些什么和如何做的之前，我还要讲讲在相当程度上决定实际工作内容和方针的另一条重要原则。童年岁月，学龄前和学龄初期在人的个性形成中起着极其重要的作用。伟大的作家和教育家列夫·托尔斯泰[1]十分正确地断定，孩子在从出生到5岁这段年龄期之内，他的理智、情感、意志和性格从周围世界中所摄取的，要比他从5岁到一生终了所摄取的多许多倍。苏维埃教育家马卡连柯也阐述过同样的意思，他说，人在5岁之前是个什么样的人，将来也就是那样一个人。

具有非凡美德的亚努什·柯尔恰克在《当我返老还童之时》一书中写道，谁也不知道，当学生看着黑板时获得的是不是比那不可抗拒的力量（即太阳使向日葵随着它转的那股力量）促使他窥视窗外时所得的多。在那个时刻，什么对他更有益、更重要，是压缩在教室黑板上的逻辑世界，还是游动在玻璃窗外的那个世界？不要去强迫人的心灵，要细心观察每个孩子自然的发展规律，体察他的特点、志向和需要。

那本波兰文灰皮书里的这些话使我终生难忘。当我在战后不久得知柯尔

6 ［苏］苏霍姆林斯基《把整个心灵献给孩子》1969

---

① 托尔斯泰（1828—1910），俄国文学家和教育家。——本书编者注

恰克的英雄事迹之后，他的话对于我就成了指导终生的遗训。亚努什·柯尔恰克曾任犹太区孤儿院的教养员。希特勒分子要烧死这些不幸的孩子们。他们让亚努什·柯尔恰克选择：或者离开孩子们而保全性命，或者和孩子们同归于尽。他毫不犹豫地选择了死。盖世太保对他讲："戈尔德施米特先生，我们知道你是一位好医生，你不必一定去进焚尸炉了。"亚努什·柯尔恰克回答说："我决不拿良心做交易。"英雄同孩子们一起去就义了，并安慰他们，竭力设法不使幼小的心灵被即将降临的死亡所折磨。亚努什·柯尔恰克的生平，他那高洁完美品德的力量，给我以极大的鼓舞。我懂得了：要成为孩子的真正教育者，就要把自己的心奉献给他们。

乌申斯基写道："我们可能深深地爱一个和自己经常生活在一起的人，却直至某种不幸把我们对他的深切爱恋和盘托出之前都觉察不出这个感情。如果不是某一机遇，例如长时期的远离，把一个人对祖国的热恋予以显露的话，他可能一生都不会知道他这种情感有多么强烈。"

每当我长时间见不到孩子们，感受不到他们的欢乐与苦恼时，就记起这些话来。年复一年，在我头脑中越发增强了这样一个信念：对孩子的依恋之感——这是教育素养中起决定性作用的一种品质。但是如果说对感情，按 **K**.斯坦尼斯拉夫斯基的话说"不能下命令"的话，那么培育教师、教养员的情感便是高度教育素养的实质所在了。

教师跟孩子没有精神上的经常交流，彼此在思想、情感和感受上不相互渗透，就不能想象会有情感素养这个教育素养的血肉了。培养教师情感的最主要的源泉是，教师不仅作为一个教导者，也作为一个朋友和同志，在一个团结友爱的集体里同孩子们结下的多方面的情感联系。如果教师只是在课堂上跟学生见面，学生也只是在班里才感受到老师的影响的话，就不能想象有情感联系。

当然，不能把"压缩在教室黑板上的世界"同"浮动在玻璃窗外的世界"对立起来。甚至不能在思想上认为，义务教育是对人的心灵的强制，教室的黑板是对儿童自由的压制，而窗外世界则是真正的自由。

到帕夫雷什学校任职前的年月中，我多次深切地认识到低年级老师在孩子生活中所起的巨大作用。他对孩子来说应当是一个与生母一般亲昵可爱的人。学生对老师的信赖，师生之间的相互信任，孩子在老师身上所看到的人道的典范，这些都是基本的，同时也是最复杂、最明智的教育规则，教师掌握了它们就能成为真正的精神导师。教育者最可贵的品质之一就是人性，对孩子们深沉的爱，兼有父母的亲昵温存和睿智的严厉与严格要求相结合的那种爱。

童年是人生最重要的时期，这不是对未来生活的准备时期，而是真正的、灿烂的、独特的、不可重现的一种生活。所以，今天的幼儿将成为什么样的人，起决定性作用的是如何度过童年，童年时代由谁携手领路，周围世界中哪些东西进入了他的头脑和心灵。人的性格、思维、语言是学龄前和学龄初期形成的。很可能，孩子从书本、从教科书、从课堂上所吸收的一切之所以被吸收，恰恰是由于除书本以外周围还存在着一个世界。幼儿从出生直到他自己能打开书本阅读时为止，就是在这个世界里相当艰难地向前迈步的。

6 ［苏］苏霍姆林斯基《把整个心灵献给孩子》1969

童年时代就开始了对那些成为共产主义道德基础的可贵品德——对祖国的无限热爱，为祖国的幸福、伟大、强盛而献身的精神，对祖国敌人不共戴天的仇恨——的漫长认识过程，这种认识过程既是思想上的，也是心灵上的。

我在33年的过程中研究了早、中、晚各年龄期的儿童以及成人的词汇。在我面前展现出一幅令人惊讶的图景。一个出身于集体农庄普通庄员家庭的7岁孩子（父母受过中等教育，家里有300—400本藏书）到入学的时候已能理解和感受本族语言的3000—3500个词的情感色彩，其中1500多个词已成为他的积极词汇。而一个具有中等教育程度的45—50岁的工人、庄员则可理解和感受本族语言的5000—5500个词的感情色彩，其中成为他的积极词汇的不超过2000—2500个词。这个事实十分清楚地说明，童年岁月在人的一生中具有多大的意义。

确信学龄前期和学龄初期阶段在很大程度上预先决定一个人的未来，丝毫也不否定在较大的年岁中进行再教育的可能性。苏维埃教育家马卡连柯以他的实践出色地证明了再教育的威力。但他认为极其重要的恰恰就是幼年。正确的教育道路并不在于去纠正在童年早期阶段造成的错误，而在于不犯这些错误，预先防止进行再教育的必要性。

在我任校长期间，我痛心地看到，有时由于教师把教育看成是尽量多地往孩子头脑里灌输知识，孩子正常的生活就被打乱。

看到孩子的正常生活不仅在上课时而且也在长日班里遭到破坏，不能不令人感到极大的内心痛苦。遗憾的是，有这样的学校，孩子们上过五六节课之后还要留在学校四五个小时，留校不是让他们做游戏、休息和在大自然中活动，而是又坐下来念书。孩子在校的时间变为漫无止境的、令人生厌的上课。决不能再这样下去了！长日班和长日制学校就其用意而言，是很有价值的一种教育形式。正是在这里才能为老师同孩子进行精神上的经常接触创造有利条件，没有这种接触就无法想象培养高尚情操。问题在于美好的想法往往被曲解：在长日班里逗留的时间常常仍然用于上课，仍然让孩子在课桌旁从上课铃坐到下课铃，搞得孩子们筋疲力尽。

为什么会这样呢？

因为，带领孩子们去草地，同他们一起在森林、在公园里逛逛比上课要麻烦。

很可惜，一些优秀长日制学校的好经验被出色地作了总结并发表在教育书刊上，可是许多学校却很少去运用。其主要原因在于（狭义概念的）教育工作总的状况不佳。

在我们生活的这个时代，不掌握科学知识，就不可能劳动，就无法具备与人相处的基本修养，就履行不了公民义务。学习不可能只是给人以享乐的轻松愉快的游戏。正在成长的公民的生活道路也不会是平坦小径上的轻松散步。我们应当培养具有高深知识的、热爱劳动的、坚毅顽强的人，他们应有决心克服不亚于他们的父辈、祖辈和曾祖辈曾克服过的困难。70—90年代年轻人的知识水平将比前些年代青年的水平高得多。需要掌握的知识范围越大，就越要照顾到人的飞快成长、发育和形成时期，即童年时代人体的本性。人曾是而且永远是大自然之子，因此，应当把他同大自然的血肉联系利用来向他介绍精神文化财富。儿童周围的世界，首先就是那包含无穷现象和无限美的大自然的世界。这个大自然是儿童理性的永恒源泉。而与此同时，同人们的社会关系、同劳动相关联的那些环境因素的作用也在逐年增长。

对周围现实的认识过程乃是无可取代的对于思想的情绪刺激。这种刺激对学龄前和学龄初期儿童起着非常重要的作用。概括周围世界事物和现象的真理，只有在它体现为作用于感觉的鲜明形象时，才能变为儿童的信念。让儿童能通过周围世界去认识最初的科学真理，让自然现象的美和无限的复杂性成为思想源泉，把孩子逐渐引入社会关系和劳动世界中去，这些都是非常重要的。

我在帕夫雷什学校任职之初就对早期学龄儿童，特别是一年级学生发生了兴趣。孩子们在学习的最初日子里怀着多么激动的心情跨进学校门槛，怀着多么深切的信任注视着老师的眼睛！为什么往往在几个月之后甚至在几周之后，他们眼神中的光彩便会消逝？为什么学习对某些孩子来说是苦恼的事？要知道，所有的教师都真诚地希望保持住孩子的天真，保持住对世界的欢快感受和发现，希望学习对孩子能成为有鼓舞作用的、饶有兴味的劳动。

如做不到这一点，这首先是因为孩子入学之前教师对他们每个人的精神世界很少了解，而被学习所限制、被铃声所规定的学校生活又似乎在磨灭孩子们的差异，迫使他们向同一个标准看齐，不让那丰富多彩的个人世界展现出来。那种必须在师生相互关系中显示其实质的重要教育思想，只有当它像一座建造在校内的、结构匀称的大楼一样矗立在全体教师面前时，才能变得显而易见。正因为如此，我才着手打算要做十年的一个班集体的教育工作。

——选自苏霍姆林斯基著，唐其慈等译：《把整个心灵献给孩子》，

天津人民出版社1981年版，第3—14页。

6
[苏] 苏霍姆林斯基《把整个心灵献给孩子》1969

评析：

在这段选文中，苏霍姆林斯基论述了他自己在校长工作实践中逐渐形成的信念。首先，校长要在学校工作中做到身体力行。如果教师能从校长的工作中看到一个好的榜样，那校长作为教学教育集体的组织者就会产生无法估量的作用。要成为孩子的真正教育者，就要把自己的整个心灵献给他们。其次，校长应当直接与孩子接触。对于校长来说，如果他不对孩子直接施加教育影响，那么，他就失去了教育者最重要的品质（即感受孩子们精神世界的能力），就会截断通向孩子心灵的道路。因此，校长应当直接而且长时间地与一个学生基层集体生活。具有深入儿童精神世界的本领，无疑是教育技艺的最高阶段。最为典型的例子是，苏霍姆林斯基曾花费一两年的时间和精力对3700个学生进行了跟踪研究，对他们在整个学习时期的情况一一做了记录。对此，他自己这样写道："3700页笔记记载了我的全部教师生活。每一页我都献给一个人——我的一个学生。"最后，校长作为一位最优秀的教育者应当是体现先进思想的好经验的创造者；同时，能使这些好经验在教师心中确立、成熟和扎根。为此，校长应该有自己的学生，即一直跟他随级而上的学生，否则他就不可能领导老师。总之，对于一所学校来说，没有一位作为最优秀教育者的校长是不可想象的。尤其给人以启示的是，苏霍姆林斯基作为一位校长语重心长地告诫我们：千万不要让学校生活压抑孩子们的个性发展，千万不要使课堂学习隔断孩子们与周围世界的联系。

学习——精神生活的一部分

极其重要的一点是不要把孩子入学前生活于其中的大自然、游戏、美、音乐、幻想和创作的令人神往的世界关在教室门外。在学校生活的头几个月和头几年里，学习不应成为唯一的活动形式。只有当教师大量给予他们入学前的那种欢乐时，他们才会爱上学校。同时又不能使学习迁就孩子们的兴趣，仅仅为了不使孩子感到枯燥而有意地减轻学习。应当逐步地培养孩子习惯于从事整个人类生活中最主要的工作——严肃认真、坚毅顽强和埋头苦干的劳动,进行这种劳动必须紧张地思索。

我把逐步培养儿童进行紧张和创造性的脑力劳动的习惯当作重要的教育任务。在把全副智力用于达到教师或自己提出的目标时,孩子应当善于不受周围的干扰。我力求使孩子们习惯于这样专心致志。只有这样,脑力劳动才可能成为心爱的工作。

小学的任务——逐渐教会学生不仅克服体力劳动方面的困难,而且克服脑力劳动方面的困难。孩子们应当懂得脑力劳动的本质所在,那就是紧张的智力活动,对物体、事实和现象的种种复杂性和细微之处以及细节和矛盾的深入理解。在任何情况下都不能让学生感到什么都是轻而易举的,不知道什么叫困难。在掌握知识的进程中,还要培养脑力劳动的技能和自我纪律。智力方面的训练——属于教育者的影响有机地与自我教育相结合的那种精神生活的范畴。意志力的培养是从自己内心提出目标、集中智力、领会和自我监督开始的。我觉得重要的教育任务就是要让孩子在脑力劳动中感受到什么叫困难。

如果孩子在学习中觉得什么都很容易,他就会逐渐滋长思想上的惰性,这种惰性会腐蚀人,促使他对生活持轻率的态度。说来也怪,有才能的孩子如果在学习过程中没有相当的困难需要他去克服,那他们往往就会滋长思想上的惰性。而且思想上的惰性最常见于低年级,因为低年级时,有才能的孩子很容易就掌握了别的孩子需要进行一定的紧张智力活动后才能掌握的东西,实际上,他就游手好闲了。不让学生游手好闲——这也是一项特殊的教育任务。

我们的一年级是在一间单独的小房子里。我们在一间宽敞、明亮的房间里学习,房间的窗子朝东和朝南;教室里光线总是很充足。窗下栽着核桃树,核桃树后面是苹果树、梨树、杏树,再过去就是一小片橡树林。不仅我们这所小房子,学校其他的建筑物也都淹没在绿荫之中。树叶使空气中富有氧气。

6 [苏]苏霍姆林斯基《把整个心灵献给孩子》1969

校园中经常一片寂静。我们的教室挨着一条宽大的走廊，走廊里有一扇门通向另一间屋子：我们想在这儿成立一个童话室。

············

当时我就觉得一年级和二年级在单独一幢房子里学习比较合适。他们，特别是一年级学生，有他们自己特殊的学习、劳动和休息的作息制度。特别不要让低年级学生处于人数众多的集体常有的那种叫嚷、拥挤的状况之中。要尽可能让低年级学生更多地享受安静，这是充分发展智力所必不可少的。多年的观察使我深信孩子对他在学校生活头几天中所投入的环境会感到茫然。他们与其说由于脑力劳动而感到疲劳，不如说由于课间休息时和上课前的叫喊、乱跑、推挤所引起的长时间的奋亢而感到疲劳。在五年的过程中，我对大休息后的一年级学生进行了观察。孩子们在半小时内同大量学生在一起喧闹、叫喊、推挤。课间休息结束后，学生们进入教室，即使有经验的教师也得把课内头十分钟花在使孩子们安静下来的工作上。如果一年级学生课间在自己的小集体里单独休息，出现的就是另一番情景了。使孩子们安静下来，摆脱奋亢的状态，花不了两分钟时间。

毫无节制的叫喊、乱跑——这不是学校的好迹象。孩子欢乐的河流不管水位有多高，它总应当有河岸来挡住冲动和愿望。

……孩子们急不可待地等着真正的上课——他们这么称呼课堂上的学习。

我对这种愿望深感欣喜，并想道："孩子们，你们可知道，你们那些在空气憋闷的教室里疲惫不堪的同龄人是如何焦急地等着下课铃响……"

按部就班地使孩子们做好课堂学习的准备——这是合乎要求的劳动教育、德育、体育和智育的必要条件。其最终目的是教会一个人在各种不同的条件下进行工作。课堂学习并不是一件令人沮丧、想摆脱而又摆脱不了的事。这是最好的脑力劳动的环境，但应当逐步使孩子适应这种环境——给低年级学生上课的特点就在于此。如果一下就强迫孩子们每天在教室里学习4小时，那么这种本应对脑力劳动有利的环境，也会严重危害孩子的健康。

在班上，我们读识字课本、画圆圈、画直道、写字母、编习题和解习题，这一切都是逐渐进入孩子们丰富多彩的精神生活的，并没有因为单调而使他们感到腻烦。我们无须一遍又一遍地去反复读识字课本上那几个字母，所有的孩子都已熟悉字母了，而为了训练阅读技巧，我采用了多种积极的活动方式。孩子们编写非常短小的描写大自然的作文，这对发展阅读能力的帮助比反复朗读课本上同一课文要大得多。

我密切注意使每个孩子都练出必要的阅读技巧来。不去练习，不订出一定的阅读标准，那会一无结果。只认识字母、只会念音节和单词，那是不够的。阅读——这是通向世界的窗口，是很重要的学习工具，阅读应当流畅和迅速——只有达到这一步，这个工具才能发挥作用。我力求做到以多种积极活动的形式——表情朗读、书写、绘画——将阅读变成半自动化的过程，使孩子们在二年级的时候就能把多音节的词作为一个统一的整体来感知。我之所以采取编写短小的描写大自然的作文的做法，极力激起孩子们对这种活动的积极兴趣，实际上无非是使用一招"教育巧计"来达到一个目的——教会孩子们好好阅读。

课堂上采取多样化的活动形式，可算是"巧计"之一。经验证明，一年级的开始阶段，不应当进行"纯粹的"阅读课、书写课和算术课。单调能使孩子很快就感到腻烦。孩子们刚一感到疲劳，我马上转用新的活动方式。绘画是一种使上课形式多样化的有效手段。我一看到阅读开始使孩子们感到厌烦时，就说："小朋友们，打开你们的画本，把我们读到的那个童话画出来。"疲劳的一些征候就会消失，孩子们的眼睛里闪烁起欢乐的火花，单调的活动便为创造性活动所代替……算术课上也有类似的情况：我发现孩子们难于理解留独立的作业的习题条件，就用创造性活动——绘画——来帮忙。孩子们再一次念那道习题，把它"画"出来。那些原来似乎绝对不可理解的依赖关系变得可以理解了……长时间的听讲也能使学生厌烦。……

…………

相当一部分的课在大自然的环境中、在新鲜的空气中、在蓝天下进行，这对孩子具有特殊的意义。上课的时候，孩子们觉得精力充沛、兴趣盎然，从不头昏目眩。

············

年幼儿童的注意力——这是难以对付的"玩意儿"。我觉得它像一只胆怯的小鸟，你刚想接近它的窝，它就飞开了。当你终于抓住了这只小鸟，你只能把它捧在手里或放在笼子里。如果它觉得自己是一个囚徒，那你别想听到它的歌声。幼小的儿童的注意力也是如此：如果你把它当作囚禁的小鸟似的死死抓住，那它是不会好好帮你忙的。

有这样的教师，把在课内能使孩子"始终处于智力紧张的状态"当作自己的成绩。这通常是通过那些对儿童注意力起驾驭作用的外在因素达到的：频频提醒（要注意听讲），急剧地从一种活动转为另一种活动，预先讲解后可能马上要进行知识考核（更准确地说是威胁：如果你不听我讲，就给你打2分），在阐明某一理论原理后，要求立即完成实际作业。

初看之下，这些方法给人以积极脑力劳动的印象：上课形式像万花筒似的千变万化，孩子们聚精会神听着教师说的每一个字，教室中一片紧张的寂静。然而这一切是以何种代价换来的，会导致何种后果？为了集中注意力和不漏掉任何东西而始终处于紧张的状态之中，——可是这种年龄的儿童还不能强使自己集中注意力——就会使神经极端疲劳，引起神经衰弱和神经不安。在课内不放过一分钟、一刹那，一直要学生积极进行脑力劳动——在教育人这样细致的工作中，还有什么能比这么干更为愚蠢的呢。教师对工作抱着这样的目的，简直就是要榨干儿童全部的精力。在上了这样"效果卓著"的课后，孩子们疲惫不堪地返回家去。他们容易发怒和激动。本来应当好好休息，可是他还有家庭作业，于是他看到装着课本和练习本的书包时就腻烦了。

············

在学校集体生活中有一种难以捉摸的东西，可以称之为精神上的平衡。在这一概念中我放进了这样的内容：让孩子们感到生活充实、思想明确、对自己的力量充满信心、相信可以克服困难。精神平衡的典型特征是有一个安静的环境进行有目的的劳动，相互之间保持平稳的、同志式的关系，从不勃然大怒。没有精神上的平衡就不可能正常地进行工作；这种平衡遭到破坏的地方，集体的生活就变成地狱：学生欺侮和激怒自己的同学，学校里充满了神经质的气氛。用什么办法创造——这特别重要——并保持精神上的平衡？优秀的教育工作者的经验使我深信，在这一非常细致的教育范畴中，最主要的是使经常性的思维活动不要过累、不要突击、不要赶任务、不要使精神过度紧张。

············

在到大自然去"旅行"的时候，要把主要的注意力放在观察动物和禽鸟的生活上。在我们眼前展现出一个全新的奇异世界。在秋天平静的日子里，我们窥视一窝小刺猬怎样从窝里来到饮水处饮水，母刺猬又怎样保护着自己的小崽子。春天我们观察了小野兔。孩子们看到，母兔离开了刚生下的小兔后再也不回来了，而小兔等着偶然来到的母兔来喂它。七月份，孩子们观察雨蛙。有一天，我们在一个偏僻的地方找到了一个狐狸洞。孩子们看到老狐狸怎么领着小狐狸出来散步，教它们跑，同它们玩。在森林的一个僻静的角落里，我们观察了海狸。

我们的"旅行"和观察丰富了思想，发展了想象力和语言。孩子们在途中和在参观中产生的问题愈多，当上课时谈到大自然现象、劳动和遥远的异国时，求知欲和好奇心就表现得愈明显。每当我观察孩子们到大自然"旅行"归来后的情绪，我就更深一步地相信下面这一古老谚语的正确性：思索始于惊异。

············

教学应当与应用智力和体力的多方面的游戏紧密地结合起来，使这种游戏能激起鲜明和激动人心的感情而使周围世界像一本引人入胜的书一样展现在孩子们面前。除了到大自然去"旅行"和游戏以外，体力劳动也提供了发展智力和体力的广阔天地。没有充满欢乐和激情的劳动，就难以想象真正的和幸福的童年。经验使我深信，体力劳动对幼小的儿童来说——不仅是一定

6 ［苏］苏霍姆林斯基《把整个心灵献给孩子》1969

的技能和技巧的获得，不仅是德育，而且还是无边无际和无比丰富的思想的世界。这一世界能激起道德方面的、智力方面的和审美方面的感情，没有这些感情，就不可能认识世界，也就是说不可能进行教学。与学习交叉进行的体力劳动在我看来是孩子到幻想和创作世界中去的引人入胜的旅行。正是在体力劳动过程中形成了我的学生们的最为重要的智能方面的品质：好奇心、求知欲、思想的灵活性、鲜明的想象力。

············

当知识与积极的活动紧密联系在一起的时候，学习才能成为孩子精神生活的一部分。很难做到使孩子自然而然地对乘法表或计算矩形面积的公式本身感兴趣。只有当知识成为达到创造性活动和劳动目的的手段时，知识才能成为儿童要求得到的东西。我极力设法使儿童在低年级时就对体力劳动发生兴趣，使劳动能给他们表现机敏性和发明才能的机会。学校最重要的任务之一就是教会学生使用知识。由于在低年级阶段，脑力劳动按其性质而言，主要是同不断获取新的技能和技巧联系在一起的，所以正是在这个阶段，有把知识变成一堆死东西的危险。如果只掌握这些技能和技巧而不在实际中应用它们，学习就逐渐脱离孩子精神生活的范畴，就不能吸引他和使他感兴趣了。教师想预先防止这种现象，就必须注意让每一个孩子创造性地应用自己的技能和技巧。

——选自苏霍姆林斯基著，唐其慈等译：《把整个心灵献给孩子》，

天津人民出版社1981年版，第137—155页。

评析：

在这段选文中，苏霍姆林斯基论述了学习与精神生活的关系。首先，他认为，学校教师既要使学习充满欢乐，又不要为了使学生感到枯燥而有意地减轻学习。但更重要的是，教师教学工作的目的绝不是要榨干儿童全部的精力。通过小学的学习，逐渐教会学生不仅克服体力劳动方面的困难，而且要克服脑力劳动方面的困难。其次，对于学生来说，课堂学习是最好的脑力劳

动的环境。但是，他们每天上课的时间不能太长，以免损害其健康。特别是不要让低年级学生的负担过重，使追求好分数成为他们幼小心灵的沉重负担。一切学习活动都是逐渐进入学生们丰富多彩的精神生活的，但学习可以采取多样化的活动形式，尤其要注意用创造性活动代替单调的活动。长时间的听讲往往会使学生感到厌烦，如果教师发现学生们的眼神黯然无神，他就不应当再讲下去而应告一段落。第三，学习可以结合对大自然的观察来进行。例如，在编写大自然的画册时，学生们会这样写道："苹果垂到地面"，"苹果在阳光下取暖"，"红苹果藏在绿叶中"，"阳光爱抚着苹果，树枝摇晃着苹果"，"我们到苹果家作客"，等等。这种观察大自然的活动已成为学生不可缺少的欢乐。随着这种欢乐，学习就进入了他们丰富多彩的精神生活之中。确实，相当一部分的课可以在大自然的环境中、在新鲜的空气中、在蓝天下进行。这样，学生们会觉得精力充沛和兴趣盎然。最后，在学习中要逐步培养学生独立进行脑力劳动的习惯。其中，重要的是教学生集中注意力。但是，教师绝不能像万花筒似的不断变换上课方式以抓住学生的注意力。总之，最好的方式就是从情绪上激发理智，使学习成为学生们深感兴趣和富有吸引力的事情。

（王晓宇）

6
［苏］苏霍姆林斯基《把整个心灵献给孩子》1969

7 ［法］朗格朗
《终身教育引论》1970

> 教育和训练的过程并不是随学习的结束而结束，
> 而是应该贯穿于生命的全部过程。
>
> ——朗格朗

《终身教育引论》（*An Introduction of Lifelong Education*）是国际知名教育家、成人教育理论家和实践家朗格朗的教育代表作。这是一本在世界教育领域引起一场教育观念革命的著作，系统而简要地阐述了朗格朗的终身教育理论。

作者简介

保尔·朗格朗（Paul Lengrand，1910—2003）是终身教育理论的主要奠基者和终身教育运动的积极倡导者，被誉为"终身教育之父"。1910年12月12日，他出生于法国加来的康普兰。父亲从事酿造业，家境殷实。在反对"双轨制"和提倡新教育的呼声中，他度过了其小学和中学时代。他根据家人安排进入巴黎大学先学习法律，后因迷上法国学者阿兰（Alain）的作品而改学文学。巴黎大学毕业后，朗格朗相继在小学、中学任教多年，获得了丰富的教育实践经验，并成为教授拉丁语的专家。

20世纪30—40年代，朗格朗为了验证他的社会理想和教育观念，在法国东南部的一个小城镇建立了一个职工教育中心，并担任主任，这个机构主要为工会培养负责人。同时，他也成立了一个文化中心，以适应发展中的文化需求。为了把这项工作做得更好，他又专门成立了"民众与文化协会"，并亲自担任会长。"民众与文化协会"成立不久随即迁往巴黎，并在那里活动了近30年，在法国产生了广泛影响，后来终因政治原因被迫解散。正是在"民众与文化协会"的工作实践中，朗格朗奠定了他的成人教育思想的基础。

第二次世界大战后，朗格朗曾到加拿大蒙特利尔的麦吉尔大学任教。1948年，他到联合国教科文组织秘书处工作，专门负责成人教育方面的事务。1951—1968年，朗格朗先后担任过联合国教科文组织教育局成人教育科、继续教育科和终身教育科科长一职。1965年12月，朗格朗在联合国教科文组织于巴黎召开的成人教育会议上做了题为"终身教育"（Education Permanente）的报告。1970年，这份报告作为国际教育年的专著出版。1967—1968年，他担任联合国教科文组织教育研究所的代理所长。1971年从联合国教科文组织卸任后，朗格朗继续从事终身教育的理论研究和实践工作。20世纪70年代中期后，他又继续担任了设在汉堡的联合国教科文组织教育研究所的专职研究员。2003年，朗格朗去世。

除《终身教育引论》（1970）外，朗格朗的主要教育著作还有《成人教育与终身教育》（1969）、《终身教育的前景》（1979）、《以终身教育为基础的学习领域》（1986）、《终身教育：概念的发展》（1989）等。

20世纪以来，人类生存经受着严峻的考验。为了寻求一条通往人类幸福的光明大道，许多睿智的人士都把目光投向了教育，朗格朗也不例外。朗格朗认为，教育是应对挑战的希望，因此必须对教育进行革新。正是在这种理念的支撑下，朗格朗开始形成他的终身教育思想。他认为，终身教育是一种全新的教育，它应包括终身教育的性质、终身教育的意义、终身教育的目标、终身教育的范围和内容、终身教育的方法和手段以及终身教育战略六大方面的内容。其中，成人教育应该是终身教育体制的"火车头"，但它又不能完全地等同于终身教育。同时，学校教育在终身教育体系中的作用也是巨大的，它与成人教育的关系同样值得肯定。朗格朗始终坚信，任何国家建立终身教育模式必须遵循一个总的原则：使教育成为生活的工具，成为使人成功地履行生活职责的工具。

《终身教育引论》一书出版后，立即引起了世界上各界人士的普遍关注。仅到1983年时，该书已被译成了18种文字广为流传。其最为重要的贡献在于，随着它的出版，终身教育思想开始日益深入人心，并在世界教育领域引起了一场广泛而深刻的革命。朗格朗在《终身教育引论》中提出的"终身教育"理念已成为当代一种国际性教育思潮。前瑞士联合国教科文组织全国委员会秘书长赫梅尔（C. Humuel）曾在《今日的教育为了明日的世界》一书中这样指出："可以与哥白尼学说带来的革命相媲美的终身教育概念的发展，是教育史上最惊人的事件之一。"因此，可以说，要想理解终身教育理念，首先应该读一读《终身教育引论》。

内容提要

《终身教育引论》出版于1970年。其原书"序"指出："本书旨在阐述终身教育思想的不断发展的重要意义，说明促使它产生和发展的各种力量，探讨它的含义和内容，指出它对人类整个教育活动的影响和将会产生的后果。"朗格朗在该书的"前言"中也指出，该书的"读者对象不只是教育专家，而且包括一般公众，因为教育的未来已成为他们极其关切的问题"。除"前言"及"终身教育探索"外，全书分为两个部分。

第一部分：全面综述。这一部分是全书的重点。它试图说明终身教育在各个阶段中的逻辑的和有机的发展，并全面地阐述了现代人面临的各种挑战，起作用的力量，终身教育的重要意义、内容、范围和目标，以及关于终身教育战略的建议。

就现代人所面临的各种挑战而言，自 20 世纪初以来，人类生存面临着很多严峻的考验。在这些挑战面前，人们的压力有增无减，人的行为也变得更加复杂和难以解释。归纳起来，在当代社会中人类面临的挑战主要是以下九个方面：

（1）社会变化加快。世界正处于不断的变动之中，并且变化呈现出新的特点——变化的速度越来越快。世界变化的广泛程度和复杂程度将直接动摇整个教学观念和教学方法的传统基石。传统的教育体制和方法已经严重失灵，教育过程的作用本身和它的传统功能已成了批判性评估和调查的对象，教育已不得不寻求新的道路。

（2）人口增长。人口的急速增长是大部分国家现在面临的一个主要问题。随着人口的增长，社会对教育的需求也不断增长。但是，传统教育制度的成就已经远远不能满足人们的现实需要了。只有通过超越教育的传统功能，并大规模地求助于现代技术手段来传播知识和提供训练，才能设法满足人们对教育质量和数量的需求。

（3）科学知识和技术的进步。科学的进步和技术的改进正在逐步地影响着整个人类。面对科学技术日新月异的变化，教育的目标也应该转变为教会学生如何学习，培养学生活到老学到老的学习态度，并使之迅速调整自己，不断更新自身的知识和技能，以适应明天的技术。

（4）政治挑战。政治现实在世界上被公认为人们生活中一个十分重要的因素。政治与教育的关系常常十分微妙。一方面，相对于教育，政治选择只能起间接的作用；另一方面，在社会分化过程中，教育也不起决定性作用。但教育对政治并不是没有作为的，一个国家不能只通过颁布新的宪法和建立新型的行政机构来影响人们的行为，它还必须通过教育的力量改变人们的思想、道德风尚和人与人之间的关系。

7 ［法］朗格朗《终身教育引论》1970

（5）信息。我们生活在一个全球化的时代，通过报刊特别是通过广播和电视，所有人的现在都与世界上的每个重大事件联系在一起。每个人，不管他愿不愿意，都与其他人紧密地联系在一起。面对这如潮而来的信息，教育要做的最为重要的和首要的事就是培养人们对信息的批判力和选择力。

（6）闲暇。现代社会人们的闲暇时间越来越多。如何有效地利用闲暇时间，就成为教育关注的普遍话题。教育工作者可以在闲暇时间，给人们提供无数场合和机会，提供认识、思维和表达思想感情的手段，使之获得文化教养。

（7）生活模式和相互关系的危机。在现代社会，生活模式本身已经发生了动摇。面对急剧变化的生活模式，传统的教学内容已不能适应现代生活的需求，而需要做出相应的调整。教学内容可以是教人处理各种关系、情感方面的问题、与人友好相处等。

（8）身体。人类的整个文明与人类身体息息相关。可以说，各种形式的教育的首要任务就是通过了解身体的存在，减少对其有害的影响，吸取对其有益的东西，使人过一种更和谐、更充实、符合生命真谛的生活。

（9）思想意识形态的危机。当今，单一信仰遭到怀疑主义的破坏，而不断出现新的主张和互相矛盾的观点。人们对信念和学术的矛盾漠然处之，却从自己的角度考虑和研究问题，他们也为此承担责任。

第二部分：论证和实例。这一部分是全书的补充与说明，旨在提出若干建议，同时也阐释前一部分中需要进一步说明的一些问题。具体包括：与终身教育相联系的各项目标、内容和方法；正规教育；着眼于企业管理的学校教育与终身教育。

朗格朗指出，直到现在，教育家们所掌握的方法还十分有限，但教育这个概念在我们所处的时代中已经发生了深刻变化，过去的方法显然已经不能完全满足教育的需求。因此，必须根据一种新的方法论，提出一整套新的方法和手段。

从课程到学习环境、动力和功能的性质、小组学习以及创造性和非指导性的方法四个方面，朗格朗构建了他的新方法论体系。第一，在学习环境中，必须重视教育的基础——小组或个人、年轻人或不太年轻的人。第二，教育的主要动因是处于受教育过程之中的人，是个人对学习的兴趣和爱好。教育功能与教育动力相辅相成，为学习提供巨大的动力。第三，通过小组学习，把每个人的才智、技能和知识都集中起来，以达到共同获得知识、共同进步的目的。小组学习适用于最广泛的场合，具有最大的活力，对校外教育和成人教育起的作用更为明显。第四，创造性是教育过程的本质之所在，而传统的教育却扼杀和压抑人们的创造性。

关于教育上运用的方法和手段，朗格朗分别从选择的标准、言语和形象、革新与传统、范围和深度、现有手段的分析、传统的方法和小组活动等七个方面进行了阐述。这七个方面彼此之间也是相互关联、互相依存、密不可分的。其中，选择的标准、言语和形象是其基础和前提，革新与传统、范围和深度是其核心。

选文评析

终身教育的意义

一个人有了一定的知识和技能以后便可以终生应付裕如，这种观念正在迅速过时并处在消失之中。由于内部需要的压力，同时作为对外部需求的回答，教育正处于实现其真正意义的过程之中，这种意义不在于获得一堆知识，而在于个人的发展，在于作为连续经验的结果得到越来越充分的自我实现。

鉴于这种情况，可以把教育的当前的责任确定如下：

首先，组织适当的结构和方法，帮助人在一生中保持他学习和训练的连续性。

其次，培养每个人通过多种形式的自我教育在真正的意义上和充分的程度上成为自己发展的对象和手段。

在这个总的范畴中，以下诸因素值得特别注意：

年龄和教育

如果人们一致同意教育过程必须持续地贯穿在人的一生之中，那么，就不可能有理由认为某个年龄阶段是专门用于教育的。尽管如此，人的一生中也可能有若干时期是需要做出特别的努力进行训练的。同样，也可能有些时期比其他时期对学习更为有利。

....

……人们在一生中的每个阶段，都可以接触和学习许多形式的智力、体力方面的知识技能，它们的大门是敞开着的。

学习的过程也是一种习惯，任何一个在青年时期掌握了一定技艺的人可以在任何时候成为新的技能的初学者和实践者。实际上，某些形式的活动只要经常不断地使用，就非但不会随年龄的增长而退化，相反会不断地提高，比如口语和文字的使用就是这样，或推而广之，凡是判断起重要作用的行为和过程也都是这样。

但是，问题的真正本质并不在此；因为当我们对学习的能力提出疑问的时候，我们是基于对教育过程的一种有限的、部分是错误的认识。

对于实行终身教育的前景及其必要性，不应从其他人，或从学生外部的、一定量的知识来加以判断，而应从特定个人的个性发展来着眼。

....

……任何训练、研究、学习或其他旨在提高认识和增进与他人关系的各种努力，都只有与一个连续的建设性过程联系起来才有自己的地位和意义，而在这个建设性过程中教育是必不可少的工具。

如果说正像我们已见到的那样，教育的训练在人的整个一生中都占有一定地位，那么，在任何个人生活中出现的关键时刻，教育就更是必不可少的了。

....

青年人和成年人

终身教育也是作为解决当代社会的一个重要问题的一种合理方法而出现的，这个重大问题就是从几代人的关系中产生出来的问题。有充分的证据表明，青年一代和老年一代之间的交流和交往处于一种不良状态，以致在很多情况下父子之间、教授和学生之间的关系到了实际没有对话的程度，而这种交流和交往无论对于双方的互相增进知识和丰富生活还是对于社会的平衡都是非常宝贵的、不可缺少的。

归根结底，这种危机状态的主要责任还在年长的一辈，因为别的且不论，他们毕竟都是从年轻人过来的，而年轻人却从未当过成年人；因此，需要由年长的一代在互相理解、适应、革新和设想等方面做出主要的努力，没有这些，相互的交往将仍然是不可能的。

首要的是，权威的确认应从以地位和名望为基础迅速变为以能力和对其他人的坦率、开明为基础。

换言之，如果成人要使自己得到别人的听从，如果他要向年轻一代传授所积累的知识和发号施令，那么，他自己就必须不断地学习。如果成人想要得到自己希望得到的下一代的看重，那么，他就必须为不断的训练和进步、为不懈的自我探索、为自己知识和经验的增长付出应有的代价。看来，这将是通向重建对话和生气勃勃地开展对话的唯一途径。

方法和内容

"学会学习"这句话现在已是人们用俗了的套语，人们把它作为一种最佳的解决办法加以滥用从而使它变得乏味了。但是，它的意义是名副其实的。从此以后，在任何学习过程中，重点不能再放在必然局限、安排刻板的内容上；它必须着眼于理解的能力、吸收和分析的能力、把学得的知识加以条理化的能力、应付裕如地处理抽象与具体之间的关系和一般与特殊之间关系的能力、把知和行联系起来的能力以及协调专业训练和学识广博的能力。

在终身教育的条件下，这也就是要用一种方法来武装人们，使他们能在自己的整个求知道路上和文化生涯中得心应手地运用这种方法。这意味着，教育活动，无论是严格意义上的讲授还是更广意义上的教学和训练，其要旨必须是养成习惯和条件反射，获得多种能力。因此，应通过各种方法在完全名副其实的意义上把重点放在能增进以上种种能力的实践上。

在这里，在校外环境中获得的经验也是有教益、有帮助的。不管我们关注的是不是大脑的训练、身体的发育、与其他人的各种关系、口语和书面语的传授、各种语言的译解、对音乐和造型艺术的介绍，我们在校外经验中都能发现大量成就、实验和研究，整个教育能够而且应该从中获益。

培养与选拔

终身教育的发展遇到的一个严重的障碍，就是选拔的问题。现状是人所共知的：通过种种考试和证书文凭，在教育的各个阶段都进行着筛选和淘汰；在教育的结束阶段，在合格者和不合格者之间，在教育制度的"得宠者"和"失意者"之间，这种筛选和淘汰表现得更为尖锐和突出。因此，优劣成败便以一种通常是无可改变和挽回的方式被制度化了。

....

尽管如此，我们还是不可能不考虑选拔、劳动分工和任务分配等的必要性。

这个问题是有关终身教育的所有思想和活动的一个中心问题。怎样使教育制度保持开放状态？在竞争的压力下，我们怎样才能使工业、农业、政府（更不用说家庭的雄心）的要求，适应我们公开宣称要达到的机会均等和个人按个性、志愿、能力和谐发展的目标？

在这里，我们面临着一连串的问题，这些问题的解决自然与教育本身有关，与教育范围内的教学过程有关，而且也影响着现代社会的精神、结构和职能发挥。有一点看来很清楚，这就是：如果我们要根据真正的、有效的民主原则实现机会平等，那么，在学习、资格、训练、专业进修等方面扩大人们的前景就应成为上述问题的必然答案的有机组成部分。

教育过程的统一性和连贯性

终身教育是以个人不再与自身相冲突的方式努力统一和协调这些不同阶段的训练。它注重个性发展的统一性、全面性和连续性，由此提出的课程和教育手段就能在职业生活、文化形式、一般发展和个人为了自己的完善、实现自己抱负的种种外部环境等方面的需要和学习内容之间造成连续不断的交流。

....

在任何这样一种概念中，教育将在生活的各个方面获得自己的地位，将贯穿于个性发展的始终；基于这种概念，现在把各类各级教育活动加以密封式相互隔绝的许多障碍将不得不消除，让位给充满生气的、有目的的相互交流。从今以后，就能把教育看成是一个统一的有机体，其中的每一部分都有赖于其他部分，而且只有在与其他部分发生联系时才具有意义。如果失去一个部分，那么这个有机结构的其他部分就会失去平衡，而且没有哪一个部分能代行其分担的具体职能。因此，我们无论在理论方面还是在实际的成就方面，都必须进行一系列协调工作。

由此可见，终身教育显然并不是传统教育的简单延伸。它包含着对每个人生活的基本问题采取新的态度、新的观点和新的方法，首先表现在对人的生存的意义问题上。终身教育使我们能够理解和认识个人在其中显示出新的意义的整整一系列基本情况；它为影响着个人和社会命运的某些重大问题带来了新的答案。

教育是人在不断的进取中有意识、有计划、有良好精神和物质条件的活动，而这种不断进取是所有人类的规律。我们当然不应过高估计教育在实现某种或某些目标中的地位和作用。虽然坚持认为做出这一努力绝对必要这一点是正确的，但是，我们不能反复地回忆这样一个事实，就是既存在促进个性发展的教育结构，也有抑制个性发展的教育结构。体力上的贫困产生并保持道德上和智力上的贫困，生活在生存边缘的人也生活在人性的边缘。

——选自朗格朗著，周南照、陈树清译：《终身教育引论》，

中国对外翻译出版社1985年版，第44—53页。

7/［法］朗格朗《终身教育引论》1970

评析：

在这段选文中，朗格朗从年龄和教育、青年人和成年人、方法和内容、培养和选拔以及教育过程的统一性和连贯性五个方面分别论述了终身教育的重要意义。第一，年龄和教育。教育过程持续贯穿在人的一生中，人生的任何时期都可以接受教育，都可以接触和学习许多形式的智力、体力方面的知

识技能。对于人们接受教育的标准，应该依据特定个人的个性发展来着眼。第二，青年人和成年人。虽然教育是一个连续的过程，但它所采取的形式却因青年和成年而异。他们除了在生理、心理的成熟程度等方面的差异以外，在地位和环境上也存在明显差异，各自承担的义务和获得的自由也有所不同。未来的教育就其整体和自我更新的能力来看，将取决于成人教育的发展。第三，方法和内容。"学会学习"是终身教育的一贯主张。在任何学习过程中，重点不必局限于安排学习内容，而必须着眼于理解的能力、吸收和分析的能力、把学得的知识条理化的能力、处理抽象与具体之间关系和一般与特殊之间关系的能力、把知和行联系起来的能力以及协调专业训练和学识广博的能力。第四，培养和选拔。终身教育的发展遇到的一个严重的障碍，就是选拔的问题。由此而引起的那些问题的解决与教育本身有关，与教育范围内的教学过程有关。第五，教育过程的统一性和连贯性。终身教育注重个性发展的统一性、全面性和连续性，把教育看成是一个统一的有机体，其中的每一部分都有赖于其他部分，而且只有在与其他部分发生联系时才具有意义。由此，朗格朗明确提出，终身教育不是传统教育的简单延伸。

关于终身教育战略的建议

要提出一种模式的终身教育是不可能的。每个国家都有自己的体制、结构，自己的传统，自己的禁忌，自己的便利条件。而且，历史的进程总是这样：在一个社会的历史上，任何时候总是有一个问题在重要性上超过所有其他问题而必须予以优先考虑。比如，我们可以设想，而这实际上也是发生了的，一个国家在发生革命以后的很长时期内，会用主要的力量来发展成人教育，而同时把其他教育问题或多或少地暂搁一边。资源的相对缺乏使人不得不进行选择，不得不做出牺牲。这对发展中国家来说尤其如此，它们缺乏合格劳动力与物力，就和缺乏财力资源一样。

尽管如此，阻止理想计划实现的障碍，不应影响这些国家根据终身教育原则所阐明的主要方针来寻求实际的解决办法，这些原则就是：

　　·要保证教育的连续性以防止知识过时；

　　·使教育计划和方法适应每个社会的具体要求和创新目标；

　　·在各个教育阶段都要努力培养新人，使之能适应充满进步、变化和改革的生活；

　　·大规模地调动和利用各种训练手段和信息，这种训练和信息超出了对教育的传统定义和组织形式上的限制；

　　·在各种形式的行动（技术的、政治的、工业的、商业的行动等）和教育的目标之间建立密切的联系。

　　在这些原则的基础上可以建立多种多样的模式，这些模式都考虑到各种不同的方面，但都服从同一个条件，这就是使教育成为生活的工具，成为使人成功地履行生活职责的工具。

7

[法] 朗格朗《终身教育引论》1970

　　…………

　　从长远观点看，终身教育是以……全面而彻底地改造教育制度为其先决条件的，这一点已经愈来愈明显。这项任务将是一项长期的任务，其最终目的就是达到一种对于人性和人的愿望更加尊重的更有效和更开放的社会。

　　然而，考虑到所有的先决条件绝不可能在同一时刻具备，因此不能等到这样一个社会的所有先决条件都具备之后再采取行动。

　　因此，现在正是采取各种措施来满足目前的需要并有助于使制度朝着保证终身教育得以实现的结构方面来演变。

　　从近期的情况来看，一项合理的教育政策，要达到以下目标：

　　成人教育的发展：

　　1. 由于本书第一章所列出的一系列挑战所产生的教育方面的要求可以得到满足。

　　2. 如果没有精心安排的成人教育结构网，那么，就不可能对学校教育进行认真的改革，因为需要向学生提供百科全书性的知识。

3. 成人教育为最终决定一种不拘泥于传统形式的教育结构与方法提供了独特的实验室。

4. 成人教育对于在教育领域有决定性发言权的个人，即家长，具有十分重要的影响，这种影响能够达到改造其教育对象智力和行为方式的程度。

5. 成人教育使各代人之间得以建立建设性的关系。

教师的培训：

在任何终身教育的体制中，对教师的作用必须加以根本的改变。教师作为知识传递者所发挥的作用在重要性和影响两方面都将消失；由于他能够在相当大的程度上把这项任务移交给技术媒介，就尤其如此。另一方面，他作为教育者的作用将要加强。人们不久将会承认这样的情况令人难以置信，即向孩子这样宝贵的具有各种性格与希望的教育对象，竟然听任个人——教师去安排，而这个人却不具备完成这项棘手的任务所要求的能力。一个孩子并不仅仅是名册上的一个数字、一个好学生或坏学生、在算术上或在语法上没有才能的学生，他首先是一个具有个性的人。他有自己的心灵、他的社会学意义、他在一系列事物中的地位、他的冲动和抑制，有些道路向他开放，而有些则对他封锁。对孩子拥有这么大支配权力的成年人没有能力去理解孩子、理解情况与他相同的人，不去指导而是去裁决，不去找出在每个人身上的长处而是去惩罚他们的每个缺点，这种状况难道是可以想象的吗？所有这些要求彻底的理论与实践准备，包括普通心理学和智力研究以及在整个社会的广泛意义上和在集团社会学的狭隘意义上的社会学。这里所需要的是，为了使教师完成其任务，要立即开展对他们必不可少的最低程度的培训，以便消灭浪费并为终身教育打下基础。

——选自朗格朗著，周南照、陈树清译：《终身教育引论》，
中国对外翻译出版社1985年版，第65、74—76页。

评析：

在阐述现代人所面临的各种挑战以及分析终身教育的重要意义之后，朗

格朗在这段选文中就终身教育战略提出了他的一些建议。首先，由于体制、结构、传统、资源以及条件的差异，每个国家都应该根据自己的国情考虑和提出其终身教育的模式。与此同时，尽管终身教育可以建立多种多样的模式，但它们都必须"使教育成为生活的工具，成为使人成功地履行生活职责的工具"。其次，终身教育应该考虑以下一些原则：保证教育的连续性，使教育适应每个社会的具体要求的创新目标，教育要努力培养新人，广泛利用各种训练手段和信息，在教育与其他行业之间建立密切的联系，等等。第三，终身教育既有长期目标又有短期目标。其长期目标是"达到一种对于人性和人的愿望更加尊重的更有效的和更开放的社会"；其短期目标是成人教育的发展和教师的培训。对于终身教育来说，它是以全面而彻底地改造教育制度为先决条件的。尽管朗格朗认为终身教育离完全达到目标还相差甚远，但他坚信终身教育将是大有希望的，因为新的道路已经打通。

（杨　梅）

7 / [法]朗格朗《终身教育引论》1970

8 / [巴西] 弗莱雷
《被压迫者教育学》1970

> 没有了对话，就没有了交流；没有了交流，也就
> 没有真正的教育。
>
> ——弗莱雷

《被压迫者教育学》（*Pedagogy of the Oppressed*）是巴西教育家弗莱雷的
一本最重要的教育著作。这是一本批判教育学的奠基性著作，集中阐述了弗
莱雷的以批判意识为基础的教育理论。

作者简介

保罗·弗莱雷（Paulo Freire, 1921—1997）是巴西教育家。1921年9月19日，
他出生于巴西伯南布哥州累西腓市的一个普通军士家庭。1940年大学毕业后，
弗莱雷在一所中学里担任葡萄牙语教师。在任教的四年中，他对"语言与交往"
的问题表现出极大的兴趣。随后，他开始从事工会工作，不仅与工人们进行了广泛的接触，而且积极投入民众文化运动和成人扫盲活动。

1959年，弗莱雷在累西腓大学以题为《当代的巴西教育》的论文获得博士学位，首次表达了他对教育哲学的看法，并留校任教。1963年，他被当时的巴西教育部任命为巴西国家扫盲运动成人教育计划的总协调员，在全国各地组织和协调扫盲工作。

1964年巴西发生军事政变后，弗莱雷在短期监禁后被驱逐出境，开始了长达16年的流亡生活。他先后到过玻利维亚、智利、坦桑尼亚、赞比亚、几内亚比绍等国，参与发展中国家的成人扫盲教育工作，与伊里奇（I. Illich）等一些著名教育家有过接触。1973年，他曾在瑞士日内瓦创办文化行动学院。在此期间，他撰写了最重要的一本著作——《被压迫者教育学》（1970），开始形成自己的解放教育理论，并在世界上产生了广泛的影响。

20世纪80年代初，在巴西人民强烈要求重新民主化的呼声下，军人政权开始允许被流放在国外的人士回国。这样，弗莱雷于1980年回到巴西，结束了他的流亡生活。在巴西圣保罗天主教大学和卡皮那斯大学担任教授的同时，他继续投身于巴西民众教育事业。为了重新认识巴西，他到全国各地访问，并开设讲座，与人们进行交谈。1989—1991年，弗莱雷担任巴西圣保罗市的教育局长，在推动中小学教育改革的同时，还发起了成人识字培训运动，在巴西全国产生了很大的影响。之后，他继续自己的著述工作。

由于他的教育理论和教育实践活动影响广泛，弗莱雷在20世纪70年代后先后被比利时卢汶大学、美国密执安大学、瑞士日内瓦大学等授予名誉博士学位。1986年，他还获得了联合国教科文组织颁发的"教育和平奖"。弗莱雷的一生是充满激情的一生，他自己曾这样说："我是一个充满激情的教育者，因为我无法想象没有激情我会怎样生活。"1997年5月2日，弗莱雷去世。

弗莱雷一生的著述很多。除《被压迫者教育学》外，他的主要教育著作还有《作为自由实践的教育》（1967）、《批判意识的教育》（1969）、《发展中的教育学：给几内亚比绍的信》（1980）、《扫盲：阅读文字与世界》（1987）、《解放教育学》（1987）、《城市教育学》（1993）等。一位西方教育学者科尔（H. Kohl）这样评价弗莱雷：他也许是近半个世纪之内世界上最重要的教育家。

内容提要

《被压迫者教育学》出版于1970年，是弗莱雷最有影响的一本教育代表作。在该书的"序言"中，弗莱雷开门见山地写道：这些章节"是我长达16年之久的政治流亡生活期间的观察所得。这些观察充实了我此前在巴西从事教育活动所积累的观察资料"。他还特别提到："单单靠思想和研究不能产生《被压迫者教育学》。这本书植根于具体的情景，描写了（农村或城市的）劳动者和中产阶级人民的种种反应，我在教育工作过程中对他们进行了直接或间接的观察。"

除"序言"外，全书分为四章。

在第一章中，弗莱雷主要论述了人性化问题。这是他的整个解放教育理论的基石。弗莱雷认为，人性化是人的使命，但这种使命一直被否定了。因为有了压迫的现实，所以，也就有了压迫者与被压迫者的对立。面对这种情况，人们应该通过改造行动去创造一个新的环境，即一个可以使追求更完美的人性成为可能的环境。通过对被压迫者与压迫者关系的阐述，弗莱雷明确指出，被压迫者教育学必须伴随被压迫者（无论个人还是民族）在长期争取重获人性的斗争中一起锤炼，而不应该是替被压迫者锻造好；这种教育学在斗争中产生，并在斗争中得到改造。在这种人性化的教育学中，方法体现了学生自己的意识，而不再是老师借以操纵学生的手段。由于教师和学生都是主体，通过共同的反思和行动来获得有关现实的知识，因此，他们发现自己都是知识的永久再创造者。总之，解放不是一种恩赐，也不是一种自我实现，而是一个互动的过程。

在第二章中，弗莱雷主要论述了灌输式教育和提问式教育，并在对两者进行分析的基础上强调"注重对话"。首先，在灌输式教育中，师生关系的基本特征就是讲解。这种讲解引导学生机械地记忆所讲解的内容，尤为糟糕的是，讲解把学生变成了"容器"，变成了可以任由教师灌输的"存储器"。总之，教育变成了一种存储行为，从而否认了知识获得是一个不断探究和批判的过程。就灌输式教育的实质而言，它反映了压迫社会的面貌。其次，在提问式教育中，师生关系的基本特征就是交流。因为只有通过交流，人的生活才具有意义；真正的解放（人性化的过程）不是一种灌输。教师不能替学生思考，也不能把自己的思考强加给学生。这种提问式教育克服了教师与学生的矛盾，使教师不再仅仅是授业者，因为他们在与学生的对话中也受到教益，学生在受教育的同时也在教育教师。提问式教育通过克服权威主义和理智主义，不仅使教师和学生成为教育过程的主体，而且使人们克服对现实不正确的认识。

在第三章中，弗莱雷主要论述了对话理论。弗莱雷认为，对话关系是作为自由实践的教育的精髓。就对话而言，它是人与人之间的接触，以世界为中介，旨在命名世界。在一切教育活动中，对话是最为有效的方法。但是，几个世纪以来，在统治者的文化压制下，使得人民不能产生对话的需要，从而阻止他们表达自己的思想。通过对"生成主题"的调查分析，弗莱雷还指出，生成主题只有放在人与世界的关系中才能被理解；在提问式教育中，教育与主题调查只是同一过程的不同环节。主题调查具体包括观察、评估、解码对话等阶段。因此，为了进行有效的交流，教育工作者和政治家必须要懂得人民的思想和语言构成的结构条件。

在第四章中，弗莱雷主要论述了反对话行动理论与对话行动理论。弗莱雷认为，人类活动是理论和实践的结合，是反思和行动的结合。反对话关系与对话关系是两种相互对立的文化，前者作为压迫的手段，后者作为解放的手段。弗莱雷还指出，就反对话行为理论来说，其特点是征服、分裂、操纵及文化侵略；与此相反，对话行动理论的特点是合作、团结、组织及文化合成。这充分表明，压迫者为了压迫需要一套压迫行动的理论，同样被压迫者为了获得自由也需要一套解放行动的理论。

《被压迫者教育学》一书出版后在世界上产生了巨大的影响，引起了强烈的反应。据统计，该书现已被译成20多种文字；1972年英译本在美国问世以来，重印20多次并售出75万多册。该书第一版"前言"的撰写者肖尔（R. Shaull）曾这样写道："近年来，巴西教育家保罗·弗莱雷的思想和作品从巴西的东北部传遍整个美洲大陆，不仅在教育领域，而且在争取国家发展的整个斗争中都产生了深远的影响。""我们正逐步认识到保罗·弗莱雷的工作……如果仔细考虑一下，我们就会发现，他的教育哲学以及他的方法论对我们和那些被剥夺了应有权利的拉美人同样重要。……正因为如此，我认为《被压迫者教育学》英语版的出版意义非凡。"在这本书中，弗莱雷进一步阐述了他的解放教育理论。正如有的学者所说的，如果说《作为自由实践的教育》是弗莱雷解放教育理论的"序言"的话，那么，《被压迫者教育学》便是弗莱雷解放教育理论的"正文"。2002年，在《被压迫者教育学》一书在美国出版三十周年纪念版的"引言"中，弗莱雷生前的合作者、美国马萨诸塞大学教授马塞多（D. Macedo）结合他自己第一次读到《被压迫者教育学》的情景指出，该书给予他内在的力量以及必不可少的反思和理解的工具。他最后还指出，《被压迫者教育学》教人们如何去解读这个世界。正因为如此，一位西方学者阿罗诺维茨（S. Aronowitz）认为，作为一本经典著作，该书"超越了它自己的时代和作者的时代"。《阅读保罗·弗莱雷：他的生平与著作》一书的作者加多特（M. Gadott）指出："无论我们是否接受弗莱雷的思想，其思想在巴西乃至国际教育界是一个里程碑。"确实，每一位意识到教育变革与社会变革联系的教师都应该读一读这本书。

选文评析

灌输式教育与提问式教育

仔细分析一下校内或校外任何层次的师生关系，我们就会发现，这种关系的基本特征就是讲解。这一关系包括讲解主体（教师）和耐心的倾听客体

（学生）。在讲解过程中，其内容，无论是价值观念还是从现实中获得的经验，往往都会变得死气沉沉，毫无生气可言。教育正承受着讲解这一弊病的损害。

教师谈论现实，就好像现实就是静态的、无活力的、被分隔的并且是可以预测的。要不，他就大谈与学生生活经历相去甚远的话题。他的任务是向学生"灌输"他的讲解内容——这些内容与现实相脱离，与产生这些内容并能赋予其重要性的整体相脱节。教师的话被抽去了具体的内核，变成空洞的、遭人厌弃的和让人避而远之的唠叨。

这种讲解教育的显著特征是冠冕堂皇的言辞，而不是其改造力量。"四乘四等于十六；帕腊州的州府是贝伦。"学生把这些语句记录在案，把它们背下来，并加以重复。他们根本不明白四乘四到底意味着什么，也不知道"州府"在"帕腊州的州府是贝伦"这个句子中的真正意义是什么，也就是说，他不懂得贝伦对帕腊州意味着什么，而帕腊州对巴西又意味着什么。

8
［巴西］弗
莱雷《被
压迫者
教育学》
1970

讲解（教师是讲解人）引导学生机械地记忆所讲解的内容。尤为糟糕的是，讲解把学生变成了"容器"，变成了可任由教师"灌输"的"存储器"。教师越是往容器里装得完全彻底，就越是好教师；学生越是温顺地让自己被灌输，就越是好学生。

于是，教育变成了一种存储行为。学生是保管人，教师是储户。教师不是去交流，而是发表公报，让学生耐心地接受、记忆和重复存储材料。这就是"灌输式"的教育概念（"banking" concept of education）。这种教育让学生只能接收、输入并存储知识。无疑，他们的确是有机会对所存储的知识进行收集或整理。但归根结底，在这种（最多是）误导的制度下，倒是人们自己因为缺乏创造力，缺乏改革精神，缺乏知识而被淘汰出局。因为离开了探究，离开了实践，一个人不可能成为真正的人。知识只有通过发明和再发明，通过人类在世界上、人类与世界一道以及人类相互之间的永不满足的、耐心的、不断的、充满希望的探究才能出现。

在灌输式教育中，知识是那些自以为知识渊博的人赐予在他们看来一无所知的人的一种恩赐。把他人想象成绝对的无知者，这是压迫意识的一个特征，它否认了教育与知识是探究的过程。教师在学生面前是以必要的对立面出现的。教师认为学生的无知是绝对的，教师以此来证实自身存在的合理性。类似于黑格尔辩证法中被异化了的奴隶那样的学生，他们接受自己是无知的说法，以证明教师存在的合理性。——但，与黑格尔辩证法中的那位奴隶不同，他们绝不会发现他们同时也在教育教师。

另一方面，解放者的教育的存在理由在于其调解的倾向。教育必须从解决教师与学生这对矛盾入手，通过调解矛盾双方，让他们同时互为师生。

这种解决方法不是（也不能）在灌输式教育中找到，相反，灌输式教育通过以下各种态度和做法，维持甚至激化这种矛盾。这些态度和做法整体上反映了压迫社会的面貌：

（1）教师教，学生被教；

（2）教师无所不知，学生一无所知；

（3）教师思考，学生被考虑；

（4）教师讲，学生听——温顺地听；

（5）教师制订纪律，学生遵守纪律；

（6）教师做出选择并将选择强加于学生，学生唯命是从；

（7）教师做出行动，学生则幻想通过教师的行动而行动；

（8）教师选择学习内容，学生（没人征求其意见）适应学习内容；

（9）教师把自己作为学生自由的对立面而建立起来的专业权威与知识权威混为一谈；

（10）教师是学习过程的主体，而学生只纯粹是客体。

灌输式教育认为人是可以适应现状、可以控制的存在，这不足为奇。学生对灌输的知识存储得越多，就越不能培养其作为世界改造者对世界进行干预而产生的批判意识。

他们越是原原本本地接受强加于其身上的被动角色，就越是只能适应世界的现状，适应灌输给他们的对现实的不完整的看法。

把学生的创造力降到最低甚至抹杀其创造力，并使学生轻信，灌输式教育的这种能力符合压迫者的利益。压迫者既不关心这个世界被揭露，也不关心这个世界被改造。压迫者利用他们的"人道精神"来维持其有利可图的地位。因此，几乎是出于本能，他们反对任何教育试验，只要这种教育试验能激发批判能力，不满足于对现实的不完整看法，却又总是试图找出一个方面与另一方面、一个问题与另一问题之间的联系。

…………

那些运用灌输式教育的人，不论是否有意（因为有无数出于善意的银行职员式的教师意识不到，他们所做的只会使人非人性化），没有觉察到存储物本身包含着关于现实的矛盾这一点。但这些矛盾迟早会使原先被动的学生转而反对对他们的驯化，反对驯化现实的企图。他们也许会通过现实的经验发现，他们当前的生活方式与他们追求完美人性的使命格格不入。他们可能从自身与现实的关系中觉察到，现实实际上是一个过程，经历着不断的改造。如果人是探索者，并且他们的本体使命是使人人性化，那么他们迟早会觉察到试图控制他们的灌输式教育所存在的矛盾，然后投身到解放自身的斗争中去。

但是，人道主义的革命教育工作者不能坐等这一可能性的实现。从一开始，教师必须与学生一起努力，进行批判性的思考，追求双方的人性化。教师的努力必须充满着对人及人的创造力的深信不疑。为了达到这一目的，在与学生的交往中，教师必须成为学生的合作伙伴。

灌输式教育不容许这样的合作伙伴关系存在——而且必须这样做。为了解决教师与学生这对矛盾，把存储者、发号施令者、驯化者的角色变换成学生中的共同学习者这一角色，会削弱压迫的力量并为解放推波助澜。

隐含在灌输式教育背后的是人与世界可以分离的假设：人仅仅是存在于世界中，而不是与世界或其他人一起发展，个人是旁观者，而不是再创造者。由此看来，人不是意识的存在，确切地说，是意识的拥有者而已:空洞的"头脑"被动地接收着来自外部现实世界的存储信息。比方说，我的课桌、书本、咖啡杯,我面前的所有物体——我周围世界零零碎碎的东西——都在我的"内部"，正如我现在置身于书房之内一样。这种观点混淆了容易接近意识与进入意识两者之间的区别。不过，这种区分是必要的：我身边的各种物体只是容易为意识所接近，并非存在于意识之中。我知道它们，但它们并不在我之内。

从意识的灌输概念中可以顺理推出，教师的职责在于规范世界"进入"学生大脑的方法。教师的任务是对已自发出现的过程进行组织，把学生认为能构成真正知识的信息存储物"灌输"给学生。[①]另外，由于人们把世界作为被动的实体来"接受"，因此教育应当使他们更加被动，并使之适应这个世界。受过教育的个体是经过改造的人，因为他更"适合"这个世界。在实践中，这一观念与压迫者的目的非常合拍。因为他们的安宁取决于人们在多大程度上适应其造就的压迫世界以及在多么小的范围内对这世界提出质疑。

大多数人越是完全地适应由占统治地位的少数人为他们设定的各种目的（统治者由此可以随意剥夺大多数人的权利），占少数的统治者就越容易继续发号施令。灌输式教育的理论和实践非常有效地服务于这一目的。语言课、阅读要求[②]、衡量"知识"的各种方法、教师与被教育者之间的距离、提升的标准：这一现成的方法中的一切都是为了消除思考。

银行职员式的教师意识不到，在他过于复杂的职责中没有真正的安全感。他也意识不到，一个人要生存就必须与其他人和衷共济。一个人不能强迫自己，甚至不能只是与学生一起生存。和衷共济需要真正的交流，但是教育工作者的指导观念却惧怕甚至禁止交流。

然而，只有通过交流，人的生活才具有意义。只有通过学生思考的真实性，才能证实教师思考的真实性。教师不能替学生思考，也不能把自己的思考强加给学生。真正的思考，即是对现实的思考，不是发生在孤立的象牙塔中，而只能通过交流才能产生。如果思想果真只有当作用于世界之时才产生意义，那么学生便不能屈从于教师。

---

① 这一观点与萨特所说的"有助消化的"或"有营养的"教育观相一致。萨特认为教师将知识"喂"给学生并使他们"充满知识"。参见 Jean-Paul Sartre，"Une idee fundamental de la phenomenologie de Husserl：L'intentionalite." Situations I（Paris，1947）

② 比如一些教授在其阅读书目中明确规定，一本书从第10页到第15页为必读内容，以此来"帮助"学生。

　　真正投身于解放的人必须彻底摒弃灌输式教育，代之以接受人是有意识的存在这一观念，这里的意识是针对世界的意识。他们必须放弃储存信息的教育目标，代之以把人类与世界的关系问题提出来的教育目标。"提问式"教育（"problem-posing"education），与意识的本质，即目的性相呼应，它摒弃公报，体现交流。它概括了意识的具体特征：有意识，不仅仅是对事物的态度，也是对贾斯帕斯"分裂"说中与外界隔绝的意识自身的看法——意识是对意识本身的意识。

　　解放教育表现在认知行为中，而不在信息的转递中。它是一种学习情景，可认知的客体（远远谈不上是认知行为的目的）成为认知主体——一边是教师，另一边是学生——的中介媒体。因此，提问式教育的做法一开始就注定要解决教师与学生这对矛盾。对话关系——对于认知主体在理解同样被认知的客体来说是一种不可或缺的能力——要不然便不可能建立。

　　实际上，提问式的教育，打破了灌输式教育的纵向模式特征。除非提问式教育能克服上述教师与学生这对矛盾，否则就不能实现其作为自由实践的功能。通过对话，教师的学生（students-of-the-teacher）及学生的教师（teacher-of-the-students）等字眼不复存在，新的术语随之出现：教师学生（teacher-student）及学生教师（students-teachers）。教师不再仅仅是授业者，在与学生的对话中，教师本身也得到教益，学生在被教的同时反过来也在教育教师，他们合作起来共同成长。在这一过程中，建立在"权威"基础上的论点不再有效；为了起作用，权威必须支持自由，而不是反对自由。在这里，没有人去教其他人，也没有个人是自学而成的。人们以世界为中介，以在灌输教育中由老师所"拥有"的可认知的客体为中介相互教育。

　　灌输式教育（倾向于把一切事物进行二分）把教育者的行为分为两个阶段。第一阶段，当他在自己的书房或实验室里备课时，他认知了可被认知的客体；第二阶段，他向学生阐述这一客体。学生并不是被要求去理解，而是去记忆教师讲述的内容。学生也没有任何认知实践，因为认知行为所指向的客体是教师的所有物,不是唤起师生双方进行批判性思考的媒介。因此,在"保存文化与知识"的名义下,我们拥有的制度既不能获得真正的知识,也不能获得真正的文化。

提问式教育并没有把教师学生的行为进行二分,教师学生一方面是"有认知力的",另一方面是"讲解的"。无论在准备一个项目还是在与学生对话时,教师学生总是"认知的"。他不认为可认知的客体是他的私人财产,而是自己与学生思考的对象。这样,提问式教育者从学生的反思中可以不断更新自己的反思。学生——不再是温顺的听众——在与教师进行对话的过程中是批判性的合作调查者。教师把材料提供给学生供其考虑,当学生发表自己的见解时,他又重新考虑自己早先的观点。提问式教育者的作用是与学生一起进行创造。在这种情况下,信念(doxa)层面的知识被理念(logos)层面的真正知识所替代。

灌输式教育麻痹、抑制创造力,而提问式教育却不断地揭示现实。前者试图维持意识的淹没状态;后者则尽力让意识脱颖而出,并对现实进行批判性的干预。

由于学生不断地要面对世上与自己及与世界有关的问题,所以他们就会越来越强烈地感受到挑战并且必须应对这种挑战。由于他们把这种挑战理解成是与总体背景里的其他问题相互关联的,而不是当作一个理论问题来加以理解,结果,他们的理解变得越来越具有批判性,并因此而不断地使人感到不太生疏。他们对挑战做出应对又激起新的挑战,伴随而至的是新的理解;慢慢地,学生认为自己已全身心投入。

…………

我们分析的两种教育观念和做法再次相抵触。灌输式教育(出于显而易见的理由)试图通过把现实神化来掩饰一些可以解释人类在世上如何生存的事实;而提问式教育则以去除这种神话为己任。灌输式教育抵制对话;提问式教育则把对话看作是对揭示现实的认知行为不可或缺的。灌输式教育把学生看作需要帮助的客体;提问式教育则把他们塑造成批判性的思想者。通过将意识与世界分离开来，灌输式教育抑制创造力并且驯化意识的目的性，从而也否认了成为具有更完美人性的人的本体和历史使命。提问式教育以创造力为依托，鼓励对现实做出真正的反思和行动，因此与人作为存在的使命是一致的，因为人只有投身于探索与创造性的改造中才是真实的。总之，灌输式教育的理论与实践，作为使人固化不变的力量，不承认人是历史的存在；而提问式教育的理论与实践则以人的历史性为出发点。

提问式教育肯定人是处在变化过程中的存在——是不完美、不完善的存在，存在于同样不完美的现实中。其实，与其他不完美但没有历史意义的动物相比，人知道自己是不完美的；他们清楚自己的不完善。教育作为人类特有的现象，其真正的根基也正是在这种不完美与这种清醒的认识之中。人类的不完美性与现实的改造性需要教育成为一种生生不息的活动。

因此，教育在实践中不断得以重新改造。为了生存，它必须改变，教育的"期限"（从柏格森派哲学意义上来说）可以从相对立的变与不变之间的相互作用中看出来。灌输式教育强调不变，由此变得反动；提问式教育——接受的既不是"循规蹈矩"的现在，也不是预先决定的将来——扎根于动态的现在，因此变得革命。

提问式教育是革命的未来性。因此，它具有预见性（从而也是有希望的）。因此，它与人类的历史本质相一致。因此，它肯定男男女女都是超越了自身的存在；他们向前走，朝前看；对他们来说，静止代表的是致命的威胁；对他们来说，回顾过去只是一种更清楚地理解他们是什么、他们是谁的一种方法，他们因而能更明智地构筑未来。因此，它符合使人成为意识到自己不完善的存在的运动——一种有其出发点、有其主体和客体的历史运动。

这一运动的出发点在于人本身。但由于离开世界，离开现实，人就不能存在，这一运动必须以人类与世界的关系为出发点。因此，这一出发点也必须总是立足于"此时此地"的人，"此时此地"构成了人淹没其中并从中解脱出来的情景。只有从这一情景出发——它决定了人对它的认识——人才能开始前进。要真正做到这一点，人不能把他们的现状看作是命中注定的、不

8
［巴西］弗莱雷《被压迫者教育学》1970

可改变的，而只是有限的——因而也是具有挑战性的。

灌输式教育直接或间接地强化了人对其所处境况的宿命论式的认识，而提问式教育则把人们目前的处境作为问题提出来。由于这种处境成了认知的对象，因此，产生宿命论的那种充满天真或神奇的认识，便让位于即使在认识现实时也能认识自身，并因而能对现实做出非常客观评价的认识。

随着人对自身的处境的意识的加深，人把这种处境看作是易受改造的历史现实。改造与探究的动力替代了顺从。人觉得改造与探究已在自己控制之下。人作为必然要在探究活动中与他人打交道的历史存在，如果他不能控制这种活动，它将会（也应是）违背人性。凡是一部分人要阻止另一些人投身于探究，这种情形就构成暴力行为。所采用的手段并不重要；把人与他自己的决定割离开来，就等于把他变成客体。

这种探究活动必须指向人性化——人的历史使命。不过，追求完善的人性不能在孤立状态或个人主义思想下进行，而应在伙伴关系与和衷共济的氛围中进行；因此它不能在压迫者与被压迫者的敌对关系中开展。当一个人要阻止他人成为人时，他就不可能是真正的人。一个人想利己地变得更像人，便会自私自利地要得到更多，这是一种非人性化的表现。这并不是说，为了成为人，拥有并不重要。正是因为它是必需的，一些人的拥有不应该对另一些人的拥有构成障碍，不应该去巩固前者的力量而去压垮后者。

提问式的教育，作为一种人道主义者的和解放的实践，把被统治的人必须为自身的解放而斗争这一点看得很重要。为了达到这一目的，提问式教育通过克服权威主义和令人避而远之的理智主义，使教师与学生成为教育过程的主体；它也使人们克服对现实不正确的认识。世界不再是靠不住的字眼能描写得了的；世界变成了人们改造行动的对象，人性化随改造行动而产生。

提问式教育不是也不能为压迫者的利益服务。没有一种压迫秩序会允许被压迫者问这样一个问题：为什么？尽管只有革命的社会才能系统地开展这种教育，但革命领袖并不需要到完全掌权以后才可以运用这种方法。在革命过程中，领袖不能借口权宜之计，想等以后再采取真正的革命行动，把灌输式教育用作过渡手段。他们必须从一开始就是革命的——也就是说，注重对话。

——选自弗莱雷著，顾建新等译：《被压迫者教育学》，

华东师范大学出版社2001年版，第24—36页。

评析：

在这段选文中，弗莱雷详细阐述了两种不同的教育：一是灌输式教育，亦可称"存储式教育"，即让学生只能接受、输入并存储知识的教育；二是提问式教育，即使教师和学生成为教育过程的主体并体现交流的教育。这两种教育实际上反映了两种教育观念的对抗。弗莱雷认为，在灌输式教育中，学生变成了"容器"和"存储器"。"教师越是往容器里装得完全彻底，就越是好教师；学生越是温顺地让自己被灌输，就越是好学生。"但是，它不仅从根本上否认了教育与获得知识是一种探究的过程，而且压制甚至抹杀了学生的创造力，还不容许教师和学生的合作伙伴关系的存在。更应该看到，它从整体上反映了压迫社会的面貌。相反，在提问式教育中，教师与学生之间建立了一种对话关系，他们得以合作起来共同成长；教师与学生一起在与世界的交往中进行创造，教师也可以从学生的反思中不断更新自己的反思。总之，提问式教育以创造力为依托，鼓励教师和学生对现实做出真正的反思与行动。对于教师来说，他们应该提倡对话，因为人的生活只有通过交流才具有意义。弗莱雷特别指出，灌输式教育是服务于压迫者的工具，提问式教育则是被压迫者寻求自身解放的实践。因此，真正投身于解放的人必须彻底摒弃灌输式教育而采取提问式教育，并通过提问式教育建立起真正的思想和行动模式，使自己既具有创造力和批判意识，又具有知识。

8 [巴西]弗莱雷《被压迫者教育学》1970

对话是作为自由实践的教育的精髓

当我们试图把对话作为一种人类现象加以分析的时候，我们发现了一样

东西，它是对话本身的精髓所在：词（word）。但词不仅仅只是实现对话的工具；因此，我们必须找到词的基本要素。我们在词身上找到了两个方面：反思与行动。这两方面相互作用，如果牺牲了一方——即使是部分地牺牲——另一方马上就受到损害。真正的词同时也是实践。[①]因此，说出一个真正的词，就意味着改造世界。[②]

不真实的词不能改造现实。构成词的两个基本要素若被分离开来，就出现了不真实的词。当一个词被剥离了其行动的一面，其反思的一面也就会自动地受到损害。这个词就被转变成无聊的唠叨，变成空话（verbalism），变成遭人厌弃以及让人避而远之的"废话"。它变成了一个空洞的词，一个不能抨击世界的词，因为离开了改造，抨击就不可能实现；而离开了行动，也就没有改造。

另一方面，如果只强调行动，词就转变成行动主义（activism），对反思构成损害。后者——为行动而行动——否定真正的实践并使得对话不可能实现。无论是反思被剥离了行动，还是行动被剥离了反思，两者都造就了不真实的存在形式，同时也造就了不真实的思想形式，而这种思想形式又反过来强化原先的反思与行动的分离。

人类不可能在沉默中生存，滋养人类不可能靠错误的词，而只能靠真实的词。男男女女都用真实的词来改造世界。有人性地活着，就意味着命名（name）世界，改造世界，一旦世界被命名，世界反过来又以问题的形式再现在命名者眼前，要求他们给予新的命名。人类不是在沉默中，[③]而是在词中，在工作中，在行动—反思中被造就的。

---

① 行动　词=工作=实践
　　反思
　　牺牲行动=空话
　　牺牲反思=行动主义
② 其中的某些想法是在跟埃尔纳尼·玛丽亚·菲奥里教授交谈后产生的。
③ 我显然不是指沉思时的沉默。沉思的时候，人只是表面上离开了世界，以便从整体上对它进行考虑，因此还是跟世界在一起。但这种沉思只有当沉思者"沉没"现实之中时才是真实的，而当沉思只是鄙视现实、逃避现实，处在一种"历史精神分裂症"中之时，它便是不真实的。

但是，尽管说出真实的词——它是工作，是实践——就意味着改造世界，但说出真实的词不是少数几个人的特权，而是人人都享有的权利。因此，在一个剥夺了他人发言权的规定行为中，没人会说出一个真实的词——他也不可能为别人说出这样的词。

对话是人与人之间的接触，以世界为中介，旨在命名世界。因此，对话不会在想要命名世界的人与不想要这种命名的人之间发生，即不可能发生在否认他人具有说出他们的词的权利的人和说话权利被否认了的人之间开展，那些被否认了说出他们的词这一基本权利的人，必须首先重新获得这种权利，并阻止这种非人性化的侵犯的继续。

如果人通过命名世界来改造世界是在他们说出的词当中得到反映的，那么对话自身就成了他们获取作为人的意义的途径。对话因此有存在的必要。既然对话是接触，在接触中，对话双方的联合反思和行动是针对待改造人性化的世界，因此，这种对话不能被简化为一个人向另一个人"灌输"实现的行为，也不能变成由待对话者"消费"的简单的思想交流，更不是那些既不投身于命名世界，也不追求真理，但却把自己的真理强加于人之间的一场充满敌意的论战。因为对话是命名世界的人之间的接触，所以对话不应出现一些人代表另一些人命名世界的情况。对话是一种创造行为。对话不应该成为一个人控制另一个人的狡猾手段。对话中隐含的控制是对话双方对世界的控制，对话是为了人类的解放而征服世界。

不过，缺乏对世界、对人的挚爱，对话就不能存在，对世界的命名是一种创造与再创造的行动，若不倾注爱是不可能实现的。[①]爱同时是对话的基

8
[巴西]弗莱雷《被压迫者教育学》1970

---

① 我越来越相信，真正的革命者必须把革命看作一种爱的行为，因为革命具有创造和解放的性质，对我来说，若没有革命理论，就不可能进行革命——因此，革命是科学——革命与爱并不是不相容的。相反，革命被人们用来实现人性化。实际上，除了人性化，还有什么可以成为使个人变成革命斗士的更深层动机呢？资本主义世界扭曲了"爱"这个词，但不能阻止革命在本质上根本就是爱，也不能阻止革命斗士维护对于生活的爱。格瓦拉（尽管承认"似乎有荒唐的危险"）不怕下定论："让我说，真正的革命要由强烈的爱作指引。我这么说似乎有显得荒唐的危险，但离开了爱这种品质，难以想象真正的革命是什么样。"——*Venceremos—The Speeches and Writings of Che Guevara*，edited by John Gerassi（New York，1969），P. 398.

础和对话本身。对话因此就一定是负责的主体要担负的任务，而在控制关系中，对话不能存在。控制展示的是病态的爱：控制者身上体现的是虐待狂，而被控制者身上则是受虐待。因为爱是充满勇气的行为，不是充满恐惧的行为，因此，爱意味着对别人的责任。无论哪里有压迫者，爱的行为就意味着投身于他们的事业——解放的事业。而且，因为这种投入充满了爱，所以就是对话式的。作为一种勇敢的行为，爱不能是多愁善感；作为一种自由的行为，爱不应充当操纵的借口。爱必须产生其他的自由行为，否则就不是爱。只有打破压迫局面，才有可能重新获得爱。如果我不爱这个世界——如果我不爱生活——如果我不爱人民——我就不能进入对话。

另一方面，没有谦虚的态度也不可能进行对话。人通过命名世界来不断重新创造世界，这种行为是一种傲慢自大的行为。对话作为那些投身于学习与行动这一共同任务的人之间的接触，如果对话双方（或一方）缺乏谦逊，对话就会破裂。如果我总是注意别人的无知而从不意识到自己的无知，那么我怎么能对话？如果我自以为不同于其他人——仅仅是"物"，在他们身上我见不到别的"我"，那么我怎么能对话？如果我自认为是"纯洁的"人群中的一名成员，是真理和知识的拥有者，而所有不是成员的人都是"这些人"或"未经洗礼的人"，那么我怎么能对话？如果我一开始便假设，对世界的命名是英才的任务，人出现在历史中是退化的表征，因此应避免，那么我怎么能对话？如果我对别人的贡献不闻不问，甚至感到被冒犯，那么我怎么对话？如果我担心自己被别人取代（这是让我痛苦和软弱的唯一可能），那么我怎么能对话？自满与对话是不相容的。缺乏（或失去了）谦虚的人，不能接近人民，不能与人民一起命名世界。那些不承认自己与他人一样终有一死的人，离进行接触的要求还远着呢。在接触这一点上，既没有完全的无知者，也没有完美的圣贤：他们只是一些一起努力、学会比现在懂得更多东西的人。

对话还需要对人类深信不疑，对他们的制造与再制造、创造和再创造的力量深信不疑，对人能变得更加完美的使命（这并不是精英的特权，而是所有人与生俱来的权利）深信不疑。对人的信任是对话的先决要求："对话人"

在他面对面遇见他人之前就相信他们，但他的信任不是幼稚的。"对话人"具有批判性，知道尽管创造与改造是在人类能力范围之内，但在异化的具体情况中，个人在运用这种能力时会被削弱。不过，这种可能性丝毫不削弱他对人的信任，他觉得这种可能性是他必须应对的挑战。他坚信，即使这种创造和改造的力量受到挫折，这种力量也会得到再生。这种再生——不是自然而然地出现，而是通过争取解放的斗争——是在给予生活以热情的解放劳动代替奴隶劳动的过程中出现的。离开了对人的信任，对话就不可避免地退化成家长式操纵的闹剧。能够把对话建立在爱、谦逊和信任基础上，对话就变成了一种水平关系，对话者之间的互相信任是逻辑的必然结果。如果对话——充满爱、谦逊和信任——没有制造出这种互相信任的氛围，以使对话双方在命名世界时进入更加紧密的合作关系，那么这无疑是自相矛盾的。相反，灌输式教育的反对话关系（anti-dialogics）中显然不具备这种信任，对人的信任是对话的先决要求，信任是通过对话建立起来的。如果对话没能实现，肯定会是因为缺少了先决条件。扭曲的爱、虚假的谦逊以及对别人缺乏依赖是不能产生信任的。信任只有在一方把自己真实、具体的想法告诉别人时才产生；如果一方言行不一致，信任就不可能存在。说一套，做一套——说话不负责——不能唤起信任。吹捧民主但却压制人民的言论，这是胡闹；宣扬人道主义但却否定人，这是弥天大谎。

离开了希望，对话也同样不能存在。希望扎根于人的不完善之中，人通过不断探索摆脱不完善——这种探索只有在与他人的沟通中才能实现。绝望是沉默的一种形式，是一种否定世界、逃避世界的形式。由不公正秩序造成的非人性化，不是产生绝望的根源，而是产生希望的根源，它导致对被不公正否定了的人性的不断追求。不过，希望并不在于袖手等待。只要我战斗，希望就推动我，如果我充满希望地战斗，我就可以等待。作为追求具有更完善人性的人之间的接触，对话在毫无希望的氛围中是不可能进行的。如果对话双方对他们自己的努力的结果不抱任何希望，他们的接触将会空洞无聊，沉闷乏味。

8
［巴西］弗
莱雷《被
压迫者
教育学》
1970

最后，除非对话双方进行批判性思维，否则真正的对话也无从谈起。这种思维认识到人与世界之间存在着一种不可分割的一致关系，而且不把人与世界分离开来；这种思维认为现实是一个过程，是一种改造，而不是一个静态的存在，这种思维不把思维本身与行动分开，而是不断让自己浸没在暂时性之中，而不担心该冒什么风险。批判性思维与幼稚的思维形成鲜明对照，幼稚的思维认为"历史时间是一个衡量单位，是对过去获得的东西和经历的分层"①，走过过去的现在应该规范化并且"循规蹈矩"。对于想法幼稚的人来说，重要的是适应这个规范化的"今天"。对于批判者来说，重要的是对现实进行不断改造，是为了人的不断人性化。用皮尔·福特的话来说：

> 目标不再是抓住十拿九稳的空间不放，以消除暂时性带来的风险，而是在时间关系中确定空间……宇宙出现在我面前，不是作为空间，把一个我只能适应的巨大存在强加于我，而是作为一个范畴，一个随我采取的行动而逐步成形的领域。②

就幼稚的思维而言，目标恰恰是紧紧抓住这种十拿九稳的空间并适应它。这样就否定了暂时性，因而也就否定了空间自身。

只有要求进行批判性思维的对话才能产生批判性思维。没有了对话，就没有了交流；没有了交流，也就没有真正的教育。……

——选自弗莱雷著，顾新建等译：《被压迫者教育学》，

华东师范大学出版社 2001 年版，第 37—42 页。

评析：

在这段选文中，弗莱雷对"对话理论"进行了分析论述。对话本身包含了反思和行动两个方面，因此，反思不能被剥离了行动，行动也不能被剥离了反思。反之，就会对反思或行动构成损害。在弗莱雷看来，对话是一种创造行为。以世界为中介的对话，应该成为人们获取作为人的意义的途径。但是，

---

① 出自一位朋友的来信。

② Pierre Furter, Educacdoe Vida（Rio, 1966）, P. 26-27.

对话必须具有一些基本条件，否则对话就不可能进行。其一是对世界和人的挚爱。这既是对话的基础，也是对话本身。在控制的关系中，对话是不能存在的，因为自满与对话是不相容的。其二是谦虚。缺乏谦虚的态度，就会造成对话破裂。其三是信任。这是对话的先决要求。缺乏信任，对话就会退化为家长式的操纵。其四是希望。在毫无希望的氛围中，对话是不可能进行的。其五是对话双方进行批判性思维。因为对话是对现实进行改造和为了人的不断人性化。正是在分析论述的基础上，弗莱雷强调对话是教育作为一种自由实践的精髓，并提出了那句脍炙人口的名言："没有了对话，就没有了交流；没有了交流，也就没有真正的教育。"

（单中惠）

8
［巴西］弗
莱雷《被
压迫者
教育学》
1970

9 ［法］皮亚杰
《教育科学与儿童
心理学》1970

如果智育的目的在于培养聪明才智而不是积累记
忆，在于培养知识的探索而不是培养博学之士，那么
传统的教育显然是具有严重的缺陷。

——皮亚杰

《教育科学与儿童心理学》（*Science of Education and the Psychology of the Child*）是瑞士心理学家和教育家皮亚杰的教育代表作。这是一本阐述儿童认知发展和教育理论的著作，集中阐述了皮亚杰的基于实验研究的儿教育理论。

作者简介

让·保尔·皮亚杰（Jean Paul Piaget，1896—1980）是当代心理学界日内瓦学派的创始人。1896年9月16日，他出生于瑞士的纳沙特尔。他自幼对生物学有浓厚的兴趣，10岁时就发表了科学观察的文章。1918年，他在瑞士的纳沙特尔大学获得自然科学博士学位，并开始从事儿童心理学的研究。

1921年，皮亚杰应邀到日内瓦大学担任心理学教授以及卢梭学院研究室主任。在此期间，他将自己的孩子作为观察和研究的对象，对儿童的思维活动进行了系统的实验研究。从1933年起，他开始担任卢梭学院院长，开展了大规模的儿童心理研究，并创立了发生认识论。皮亚杰曾三次连任瑞士心理学会会长，还担任过国际心理学会会长和联合国教科文组织国际教育局局长。

1955年，皮亚杰在瑞士日内瓦创建了国际发生认识论中心，该中心在儿童认知发展领域的研究上取得了令人瞩目的成果。皮亚杰在认知发展和儿童思维心理的研究基础上创立了系统的儿童心理学理论体系，而被称为"日内瓦学派"或"皮亚杰学派"。

由于皮亚杰研究成果杰出，他本人获得过许多荣誉称号，1968年被美国心理学会授予心理学卓越贡献奖。1980年，皮亚杰去世。

皮亚杰一生的学术成果十分丰富，共发表了300多篇论文和50多部著作。其中，和教育学有直接关系的著作除《教育科学与儿童心理学》（1970）外，还有《结构主义》（1968）、《发生认识论导论》（1945—1950）和《心理学与教育》（1976）等。

在实验研究的基础上，皮亚杰创立了通过心理学研究科学概念形成和认知发展规律的发生认识论，其核心就是儿童认知发展心理学。首先，皮亚杰认为，认知就是指人的一切认识活动，具体来说就是思维或记忆。儿童认知发展理论主要研究儿童认识的形成、认知结构的产生和发展阶段以及影响因素等问题。儿童心理起源于主体通过活动对客体的适应。儿童的认知结构以及发展可以用图式、同化、顺应和平衡四个概念来解释。所谓"图式"，是指动作的结构或组织，而不是神经系统的生理结构，其作用是使主体对来自个体的信息进行加工整理、归类和改造。儿童从一出生就具有某种遗传性图式，随着年龄的增长，各种低级图式逐渐变化和丰富，并通过同化和顺应逐渐得到改变和发展。所谓"同化"，是指主体将感知、运动或概念的材料纳

9
［法］皮亚杰《教育科学与儿童心理学》1970

入已有图式中的过程，主要表现为数量上的变化，而不能引起图式的变革或创新。所谓"顺应"，是指主体的图式不能同化客体，而重新建构产生新的图式的过程，主要表现为质量上的变化。所谓"平衡"，是指同化和顺应两种机能交替进行达到某种协调的状态。儿童心理的发展就是同化与顺应的机能不断从低级平衡达到高级平衡的过程。

其次，皮亚杰认为，影响儿童认知结构发展的因素有四个：一是成熟，指有机体（特别是神经系统）的成熟，是心理发展的必要条件。二是物理经验和逻辑数学经验。物理经验是指在主体作用于客体的过程中，通过抽象而获得的知识经验；逻辑数学经验是指在主体自身的活动中获取的知识经验。三是社会环境，指语言传递和教育传递。四是平衡，指上述三方面因素保持和谐平衡，其基本含义是自我调节和自主性的过程，属于心理发展中最重要的决定因素。皮亚杰反复强调，儿童认知结构的发展是由量变到质变的过程，不同性质的认知结构构成了认知发展的不同水平，所以，儿童认知发展具有阶段性，每一阶段有其特有的结构和年龄特征，各个阶段是按照一定的顺序进行的。

第三，皮亚杰对教育的专门论述并不多，但其发生认识论中蕴藏着丰富的教育含义，为许多教育理论提供了认识论和现代心理科学的基础。其教育思想的核心观点是"教育应当成为一门科学"，应当建立在心理学的基础之上。由于儿童认知发展是通过自身的活动而实现的，学习作为一种内部的构建过程是在儿童的活动中展开的，因此，活动教学法是儿童教育的基本方法。

内容提要

《教育科学与儿童心理学》出版于1970年，是由皮亚杰在1935年和1965年所撰写的两篇论文的基础上形成的。全书分为两部分，共十章。

第一部分："1935年以来的教育与教学"（共8章）。具体包括：第一章，教育学的发展；第二章，儿童与青年心理学的进展；第三章，某些学科的发展；

第四章，教学方法的发展；第五章，教育中数量上的变化与教育规划；第六章，结构改革：教学计划与指导问题；第七章，教育事业中的国际合作；第八章，小学与中学的师资培训工作。在这一部分中，皮亚杰主要论述了四个方面的问题：

（1）建立科学的教育学。皮亚杰回顾总结了30多年来教育学的发展，认为以往的教育在评价标准、课程设置和教学方法等方面存在很大的弊端，教师职业缺乏应有的专业地位，因此，必须通过建立教育科学研究机构和教育实验来探讨建立科学的教育学，并运用社会学的理论制定教育目的。

（2）认知发展理论。皮亚杰将认知看成是具有活动性质的、内化的思维，是一个连续构造的过程，儿童认知发展的过程就是同化和顺应平衡的过程。在教育过程中，兴趣是同化过程的一种动力。因此，在选择教学方法和制定教学计划时，首先要考虑到认知的功能及形成，认知的基本功能是理解和创造，知识来源于活动，认知一个对象就是对它采取行动；其次要考虑到儿童认知发展的主要动力是心理的内在活动，是经过自我调节达到平衡而建构新结构的过程，一切同化都是重新建构和创造。主体的活动是儿童获得对新知识的理解和接受的根本保证。皮亚杰将儿童认知的发展分成四个阶段：第一个阶段，儿童认知发展以感知运动的行动与智力为特征；第二个阶段，以符号和语言为特征；第三个阶段，以初步的心理运算能力为特征；第四个阶段，以逻辑推理为特征。

（3）教学方法。皮亚杰分析了常用的教学方法，指出教学中最好的方法也是最困难的方法。活动教学法不同于直观教学法，前者的理论基础是儿童认知发展，后者只是为儿童提供视听过程的再现。教学方法的运用取决于受过良好训练的教师。

（4）教师的培训。皮亚杰认为，从心理学和认识论的观点出发，小学教师的培训应该和中学教师在同一档次上进行，因为儿童幼年接受知识的难度和知识本身的重要性更为突出，对未来的影响也越大。中学教师的培训必须学习教育学科，这是因为中学教师往往对专业训练很有兴趣，对教育科学不感兴趣，结果常常是"用最古老的教育方法去教最先进的学科"；不懂得自

9
［法］皮亚杰《教育科学与儿童心理学》1970

157

觉地运用儿童认知发展的规律。

第二部分："新方法：新方法的心理学基础"（共2章）。具体包括：第一章，新方法的产生；第二章，教育原理与心理学的论据。在这一部分中，皮亚杰主要论述了两个方面的问题：

（1）新的教育方法。皮亚杰认为，新的教育方法不同于传统的教育方法。传统教育方法把儿童视为"小大人"，目的是把他们塑造为未来的成人，并且持有"原罪说"，视儿童的教育为"改造"。新教育方法依据的是儿童认知发展理论，充分考虑到儿童的特征、心理结构和认知发展的规律。而且，新旧教育方法的差别还在于教师对儿童的态度不同。从历史角度而言，新教育方法是继承了苏格拉底、卢梭、裴斯泰洛齐、福禄培尔等人的积极的教育方法。

（2）教育的心理学依据。皮亚杰把教育理解为"使个人适应周围的社会环境"。传统学校教育把工作强加在学生身上，促使学生学习；新学校教育立足于儿童真正的活动，以儿童的需要和兴趣为基础。儿童的学习过程特征是"借助一系列独特的练习或活动使客体不断适应于主体和主体顺应于客体的状态"。

《教育科学与儿童心理学》一书法文本于1970年出版。1979年，由科尔特曼（D. Coltman）译为英文本。1981年，该书中文本出版，促进了20世纪80年代后我国教育工作者对皮亚杰的认知发展和教育理论的了解。

选文评析

智力的形成和认知的发展

在赫钦斯（R. M. Hutchins）[①]最近为《大英百科全书》所写的一篇文章里面肯定地说，教育的主要目的在于发展智力本身，在于教学生如何发展智

---

① 赫钦斯（1899—1977），美国教育家。——本书编者注

力，"因为智力是可以进一步发展的"，这当然是说，这种发展可以远远超出学生离开学校的年龄。无论这些公开地或隐约地赋予教育的目的是把个人从属于现有的社会或是由个人去改进社会，无疑大家都会接受赫钦斯的这个公式。但是也很清楚，这个公式是没有什么意义的，除非我们十分明确智力是怎样构成的，因为常识对于这个题目的理解虽不正确，却是一致的，而理论家对于这个题目的见解却是各不相同的，因而它们可以启发各种极不相同的教育学。所以不可避免地要考虑这些事实，以便找出智力是什么，而心理学的实验除了按照智力形成与发展的方式去说明智力之外，是别无他法来回答这个问题的。然而幸而正是在这个领域内，儿童心理学自从1935年以来已经替我们提供了最好的研究成果。

智力的基本功能在于理解与发明，换言之，通过构成现实的结构来构成内心的结构。事实上，日益表现出来：理解与发明这两个功能是不能分割的，因为要理解一个现象或一件事情，我们就要对于产生这个现象或事件的转变过程加以改组，又因为要重新改组这些转变，我们就要构成一种转变的结构，而要构成一种转变的结构就事先要有发明或再发现的因素。旧的智力理论（经验主义的联想论等）强调理解（甚至强调到这样一个地步，乃至按照原子论的模式把理解视为一个从复杂体还原到简单单位的还原过程，认为在理解中，感觉、印象与联想乃是本质的东西）而把发明视为已存现实的简单发现；另一方面，最近的理论则把理解从属于发明，把发明视为一个不断建设有结构的整体的过程，这一点已经日益为事实所证实。

因此，智力问题以及随之而来的教学论的问题便是随着认识论的根本问题而产生的。认识论的根本问题就是要确定认识是什么。认识是对现实的描摹，还是相反，把现实吸收到转变的结构中去。关于摹本说的认识论观点，人们始终没有放弃过，非但未曾放弃，它还不断地为许多教育方法提供了启示，尤其为那些直观法提供了启示，在这些方法中，形象和视听现象产生了十分强大的作用，以致有人认为这是教育进步的最后胜利。在儿童心理学中，许多作家继续认为智力的形成是服从于"学习"规律的，而这种所谓"学习"

9
［法］皮亚杰《教育科学与儿童心理学》1970

规律是以赫尔（Hull）^①的学习论的事例和盎格鲁撒克逊的学习理论为模式的，即有机体对外界刺激做出重复的反应，通过外在的强化，把这些重复过的反应巩固下来，构成一个联想的链条或"习惯的等级"，对现实的那种有规则的顺序产生了"机能上的摹本"，如是等等。

但是和这些联想论的经验主义的残余相矛盾的基本事实已经使我们对智力的概念产生了革命。根据这种基本事实，知识来源于行动而不是来源于简单的联想反应；知识，从深刻得多的意义上来讲，是把现实吸收到必然的和普遍的行动协调中去。认识一个对象就是对它采取行动，改变它，以便当那种转变的机制和转变活动本身联系起来发生作用的时候来掌握这种转变的机制。所以，认知就是把现实同化于转变的结构之中，而这些转变的结构就是作为行动的直接扩展的智力所构成的结构。

智力来源于行动这个事实，符合于法语国家近几十年心理学传统的解释，导致了这样一个根本的后果：智力，甚至在其较高的表现中，即当它只有运用思维的工具才能取得进展的时候，也是正在采取行动与协调行动，不过是以一种内在的与反省的形式进行的罢了。这些内化了的行动，因为它们只是一种转变，所以仍然是行动，是逻辑的或数理的运算，即判断或推理的行动。但是这种运算不仅仅是内化了的行动，而且还因为它们表达了行动最一般的协调而具有双重特性：它们是可逆行的（每一种运算都包括它们的颠倒过程，如加与减，或者包括它的互反关系，等等），而且它们还可以协调成为较大的整体结构（归类、整数的顺序等）。这样的结果便是：智力在一切阶段上都是把材料同化于转变的结构，从初级的行动结构升华为高级的运算结构，而这些结构的构成乃是把现实在行动中或在思维中组织起来，而不仅是对现实的描摹。

心理运算的发展

从开始的感知运动的行动一直到最抽象的心理运算，这是一个继续不断

---

① 赫尔（Clark Hull，1884—1952），美国心理学家。——本书编者注

的发展。这是近三十年来儿童心理学所企图描述的。在许多国家所获得的事实以及日趋一致的解释，今日已为那些想要运用它们的教育工作者们提供了一定数量的前后一致的参考资料。

因此，我们的理智运算的根源已经追溯到以感知运动的行动与智力为特征的最初阶段。这种纯实践性的智力是以知觉与运动为其唯一的工具，它既不能进行再现，也不能从事思维，然而它已经提供证据，证明在我们一生的头几年就在努力去领会各种情境。在实践中，它已构成了行动的图式，用以作为以后建立运算结构与概念结构的基础。例如，在这个阶段，我们能够观察到儿童已经构成了一种根本的守恒图式，即认识到坚固客体的持久性，即当我们把这种对象放在布幕后面，用布幕把它们从他们实际的知觉场隔开时，9 至 10 个月以上的婴儿就会寻找这些对象（在这以前他们是不去寻找的）。与此相互关联的，我们也能观察到儿童已经形成了几乎可以逆行的一些结构，例如，在一个"集合"中便有变换地方与位置的组织，其特征就是有可能向前或向后移动或沿着一个圆圈运动（可以颠倒过来运动）。我们能够看到因果关系的形成，开头是与行动本身单独联系的，然后与对象、空间、时间的结构相联系，而逐渐地客观化了、空间化了。还有一件事实帮助我们证实，这种感知运动图式对于未来心理运算的形成是重要的。这就是我们从哈特威尔（Y. Hatwell）的研究中所得知的。在那些先天失明的儿童中由于这种初期图式不够健全，他们的发展要落后三四年，而在形成比较一般的运算方面就更加落后了，一直到青年时期，而那些后天失明的儿童就没有落后这么久。

从两岁左右开始一直到七八岁这个阶段是第二个阶段。符号的或语言的机能的形成便标志着这个阶段的开始。这就使我们能够通过符号或分化了的记号的媒介来引起当时感知不到的对象或事物，从而使它们再现出来。象征性的游戏是这个过程的一个例子，还有延宕的模仿、心理的影像、图画等，而尤其是语言本身。因此，符号的机能使得感知运动智力有可能借助于思维而扩展它自己，但是另一方面，却存在着两个情况推迟了心理运算本身的形

9

[法] 皮亚杰《教育科学与儿童心理学》1970

成，因而在整个第二阶段，智力思维仍然是前运算性质的。

第一种情况是行动内化为思想需要一定的时间，因为用思维去再现一个行动的开展及其结果比只在物质世界中进行这个行动要困难得多。例如，单独在思想里旋转一个正方形，每转九十度就在内心再现颜色不同的各个边的位置，这和实际上旋转这个正方形而观察其结果是完全不同的。因此，在行动内化以前必须事先在一个新的水平上重新组织这些行动，而这样的重新组织也许要和这个行动本身过去的改组一样经过同样的几个阶段，但还要落后一大段时间。

第二种情况就是在这样重新组织之前必须事先经过一个继续非自我中心化的过程，这个过程的范围比感知运动阶段要宽广得多。在他发展的头两年（感知运动阶段），儿童已经不得不完成一次小小的哥白尼革命：当他开始把一切东西都要拿回到他自己身边来的时候，最后他便构成了一个有因果关系和空时关系的宇宙，这样，他自己的身体就不再被视为许多对象中多加上一个对象，一切都存在于由许多关系所组成的一个巨大的网状组织之中，而这个网状组织是超出他的掌握之外的。在思想中的改组阶段上也是这样的，不过规模大得多，而且还附加了另外一种困难：儿童不仅要把他自己置于事物整体的关系之中，而且还要置于他周围人群整体的关系之中，在这之前事先要有一个非自我中心化的过程，而这个非自我中心的过程既表示有了一种关系，又表示它具有了社会的性质，所以在把自己置于周围人群的整体中之前事先要从自我中心状态过渡到那种双重协调的形式（可以颠倒和可以互反），而这是运算上可逆行性的根源。

如果儿童没有心理运算，他就不能在这个第二阶段构成最基本的守恒概念，而这种概念是逻辑推演的先决条件。如果排列成为一行的十个小钱之间的空间增加了，他会想象，这些小钱的数目就增多了；一堆东西，如果把它们分成两堆，在数量上就比整个的一堆要多些；一条直线，如果被分成两段，就比原来的一条线长些了；A 与 B 之间的距离和 B 与 A 之间的距离并不一定相等（特别是在一个斜坡上）；如果把 A 杯里面的液体倒在一个狭长的杯子里，那么在这个狭长杯子里的液体就增加了。

然而，在七八岁左右，开始了第三阶段，在这个阶段上，由于日益继续的内化、协调和非中心化过程，这些问题和其他的问题都很容易解决了，因为这种日益内化、协调与非中心化的结果便产生了一种由运算的可逆行性（颠倒与互反）所构成的一般的平衡形式。换言之，我们就看到心理运算的形成；类的结合与分开就是归类的根源；A<B<C …的联结就是序列的来源；对应就是复式表的根源等等；类的内包与系列秩序的综合便产生了数；空间的区分与序列的移置的综合便产生了测量等等。

但是，这许多萌芽的运算还只是一个受着双重限制的领域。一方面，这种运算仍然只能应用于具体对象，还不能应用于用语言文字以命题的形式所提出的假设（所以在小学班级里使用讲授的方法是无用的，而必须采用具体的教学方法）。而另一方面，这种运算只能从一个事物进入下一个事物，而不能变成后来的那种联合性质的与比例性质的运算，而后者则具有较大的灵活性。这两个限制具有一定的重要性，而且表明，这些我们称为"具体运算"的初步运算仍然接近于它们所由产生的那种行动，因为在物理行动形式中所进行的那种联合、序列、对应等等，事实上也具有这两种特征。

最后，大约在11到12岁的年龄便开始了第四个，也是最后的一个阶段，这个阶段的平衡高原恰好与青年时期相符。这个时期的特点，一般讲来，是掌握了一种新的推理方式，这种推理的方式已不再完全限制于处理具体对象或可以直接再现的现实，而是运用"假设"了，换言之，即运用命题了，这样便有可能推论出逻辑结论，而且在考察其含义之前已无须确定其真伪。因此，我们便看到在早期具体运算阶段之上正在形成一些新的所谓"命题的"运算：蕴涵（"如果……那么……"）、选择（"或者……或者……"）、不相容性、舍取等等。而这种种运算也表现出两个根本的特点。首先，这种命题运算意味着有一个结合性质的过程，它不像前一阶段的类的"组合"和关系，而这个结合过程从一开始就既应用于观念与命题，也应用于具体对象或物理因素。其次，每一命题运算既应用于颠倒的关系，也应用于互反关系，因此，

9 ［法］皮亚杰《教育科学与儿童心理学》1970

163

这两种可逆行的形式，在这以前一直是分开的（仅有类的颠倒，或仅有关系的互反），从现在起这两者则已结合成为一个包括四种转变的完整系统了。

——选自皮亚杰著，傅统先译：《教育科学与儿童心理学》，
文化教育出版社1981年版，第28—35页。

评析：

在这段选文中，皮亚杰根据儿童从出生到青年时期"运算"的特点，把儿童认知的发展分为四个阶段：第一阶段：感知运动阶段（0—2岁左右）。这是语言和表象产生前的阶段，认知活动以感知和运动反射为主要形式，并依赖具体的事物。这个阶段的儿童的思维是以感知运动的行为和智力为特征的，儿童依靠感知动作适应外部世界从而构建行动的图式。在这个阶段末期，儿童开始具有一定的心理表象的能力，但还很不完善。第二阶段：前运算阶段（两岁至七八岁）。这个阶段的儿童已经开始利用符号或语言的机能进行思维，由于各种感知运动图式逐渐内化成为表象图式，他们开始借助语言从具体动作中摆脱出来，用表象符号来代替外界事物。在这个阶段后期，儿童已经能够进行逻辑推理，但具有自我中心性质，尚未达到完全系统和逻辑的水平。第三个阶段：具体运算阶段（七八岁至十一二岁）。这个阶段的儿童心理运算能力业已形成，但这种运算只能应用于具体运算。具体运算是指儿童把外部动作内化为心理内部的动作。其思维具有具体性、可逆性、守恒性等特点。第四个阶段：形式运算阶段（十一二岁至十四五岁）。这个阶段的儿童已经具有成熟的形式运算思维，能够运用假设与命题，因此也称为命题运算阶段。这个阶段的儿童在思维中可以将形式和内容分开，不但具备了逻辑思维能力，而且具备了抽象思维能力，可以不受时空的限制。皮亚杰最后指出，儿童认知发展的四个阶段的顺序是固定不变的，每一个阶段都有其独特的认知结构；同时，认知发展的阶段具有连续性和不可逾越性。

教学方法的发展

…… 由于接受各种形式的教育的机会愈来愈多，学生的人数断断续续有了增加；与此几乎直接有关的，招聘受过良好训练的师资相当困难；社会有了全新的需要，尤其是它的一切经济的、技术的和科学的需要，而这种社会的利益便要求设置公共教育。

这三个因素对于一般地选择教育方法已经发生了巨大而明显的影响，而且在下面几种方法之间已经产生了很可理解的冲突：传统的口授方法，这是那些未能受到足够高级训练的教学人员比较容易使用的方法；活动的方法，这是由于那些日益期望被训练成为技术员与科学家的人们越来越需要的方法；直观或视听的方法，有人认为这种方法可以和活动方法一样产生同样的结果，而完成这个任务还比较快些；程序教学法，其不断的成功有使我们忘掉它所引起的问题的危险。

9
[法]皮亚杰《教育科学与儿童心理学》1970

注入式教学法或教师传授的方法

这一篇文章的目的在于强调自从1935年以来所产生的新发展，而在这里讨论传统的口授教学法看来似乎没有意义。但是目前在东方的人民共和国国家都宣称这种实质上以教师的传授或以"上课"为基础的教学方法是合理的，而且他们已经通过系统的和深入的心理教学法的研究改善了这种方法。这却是一件新的事实。然而，无疑，这种研究也曾不断地提出了证据，证明了兴趣与活动对学生的理解所起的作用，因而在特殊事例的含义和注入式教学的一般理论之间便发生了冲突。所以在这方面，对于这些东方国家，密切地考察一下这种方法的发展并不是没有兴趣的。

事实上，这种潜在的冲突，我们相信是可以识别出来的。这种潜在的冲突是由于从社会意识形态中所获得的启示具有双重性；就成人的心智而论，这种双重的启示是完全不矛盾的，但是要在教育领域内把这两方面综合起来却是一个问题。

从意识形态中获得的第一个启示是倾向于把当前心理生活视为两个基本因素，即：生物的因素与社会的生活结合的结果。生物的因素提供了学习的条件，即（巴甫洛夫[①]的）第一"条件作用"法则和第二信号系统或语言系统法则。另一方面，社会的生活提供了全部实践的法则和知识系统，这些实践法则与知识系统是集体获得的而且是一代一代传下去的。因此，这些生物的和社会的因素就足以解释心理生活，而且从这个观点看来，任何诉诸个人意识的做法都有导致没落的个人主义或唯心主义的危险。

但是还有来源于同一意识形态的第二个启示，这个启示似乎是弥补那种被人们可能怀疑是第一个启示所留下的缺口，即从生物因素过渡到社会因素的过程中行动起什么作用。马克思曾经充分地强调行动（或实践）的作用，他曾十分正确地把知觉本身当作感觉器官的一种"活动"。此外，这种实践的作用曾经一贯地为苏联的心理学家们所证实；在这个题目上，他们曾经发表过很多出色的著作。

所以，从一般教育方法的观点来看，事实上潜存着一种具有双重性的原则或辩证的矛盾：一方面是强调成人社会生活的创造作用，导致相应地强调教师传授知识；另一方面是强调个人行动具有同样建设性的作用，以致认为学生本人的活动也具有同样的重要性。在人民共和国里面，以大多数情况而论，正在试图建立一个体系，把这两方面统一起来。按照这种体系，教师指导学生的方法不仅是向学生"上课"，而且也要求他们参加活动。但是，在这些国家里，和在其他地方一样，无疑，上课势必总是按照教师的自然倾向进行的，因为这是一种最容易的解决办法。（也因为任何人都没有必要的自由支配空间或像加拿大学校视导员的那种智慧，他把每一个班级分到两个房间，据他说，这样可以使儿童有时间"从事工作"而教师又不致整天对全班学生讲课！）然而，另一方面，也毫无疑义，因为动作也有同样的重要性，苏联的教育家们向着让儿童自己进行科研活动的方向发展，如苏霍姆林斯基

---

① 巴甫洛夫（1849—1936），苏联生理学家，创立了条件反射学说。——本书编者注

（Suhomlinsky）和黎伯兹克学校（Lipetsk School）那样的情况。这一类自由活动在校外机关，如"拓荒者"中心以及这些中心所附设的俱乐部里面，就更多了，而且内容十分丰富。例如，我还参观过一些罗马尼亚的住宿学校，由于这些学校里进行职业训练，学生本人也从事科研活动，而且把个人的活动与集体的工作十分愉快地结合在了一起。

活动的方法

如果说，自从1935年以来，任何巨大的变化潮流都在朝着活动技巧的方向变革我们的教育方法，这是十分不确切的。所以如此的主要理由当然不是一个原则上的理由——如我们刚才在东方某些国家所见到的——因为就我们而论，越来越少有人在理论的水平上反对系统地探索学生本身的活动。还有一些误会也已经消逝了，至少在理论上是如此。在这些误解中下面两个是主要的：

首先，我们最后已经理解到，一个活动学校不一定是一个手工劳动学校，虽然儿童的活动在一定的阶段上必然意味着要用手操纵对象，乃至要进行一定数量用手的实际物理的探索。例如，因为基本的逻辑——数理概念不是来自被操纵的对象而是来自儿童的行动以及这些行动之间的协调。我们也理解到，在其他的阶段上，最可靠的科学研究活动是在思考的领域内，在最高度抽象的领域内，在运用语言文字的领域内进行的（只要这些科研活动是自发的而不是外加于儿童，使他保持着一种半懂不懂的状态的）。

还有一点，至少在理论阶段上，我们也终于理解到，有了兴趣就再也不需要努力了——事实恰恰与此相反——生活做好准备的教育并不是外加给学生一些枯燥无味的工作去代替自发的努力。一般都承认，虽然在生活中的确有许多比较自愿的工作，但也有不少外加的劳动，但是必要的训练在人们自愿接受时比没有这种内心接受的心情时要有效得多。因此，活动的方法并不要把学生引导到无政府状态的个人主义，特别当活动方法是把个人活动与集体工作相结合的时候，这种方法是要把学生训练得自动地服从纪律和自愿地努力工作。

9
［法］皮亚杰《教育科学与儿童心理学》1970

然而，这种观点虽已较之过去更为广泛地为人们所接受，但在把它付诸实行方面却并没有很大的进步，这只是因为这种活动法较之我们目前流行的注入式教学法做起来要困难些。首先，它要求教师多做许多不同的而又需要集中的工作，而上课却省力得多，而且，一般来说，也比较符合成人的自然倾向。特殊地讲，比较符合成年教师的自然倾向。其次，尤其重要的，着重活动的教育工作者，事先必须受过比较高级的培训。而对于儿童心理学如果没有足够的知识（在数学与物理学方面，如果对于这些学科的当前发展没有相当良好的知识），教师就不能正确地了解学生自发的过程，所以也就不能利用在他看来没有意义而又只是浪费时间的那些反应。正像在医学和其他同时兼为科学与艺术的许多知识领域一样，事实上，在教育学里面令人感到最痛心的困难就是，最好的方法也就是最困难的方法：如果不事先获得某些苏格拉底的品质（第一个品质就是在发展过程中要尊重智慧）就不可能运用苏格拉底的方法。

　　虽然从未有过运用活动法的高潮，虽然这个缺点可以由于近来学生人数的增加、师资的缺乏以及大量其他物质上的障碍而难以实现最良好的愿望等等理由而很容易得到解释，我们还是应该留心某些个人的和重要的努力，如佛伦纳特（Freinet）所做的工作，而且还应该注意：当社会的需要要求那种支持活动法的主要见解再现时，这种主要见解便常有再现的倾向。例如，我们曾经注意到，在美国有这样一个十分广泛的运动，对小学的数学与物理学的教学完全重新加以考虑，而且又自然地回到"活动"法来了。国际公共教育会议在1959年的会议上通过了一个向教育部门提出的（第四十九号）建议："采取措施以便于对科学技术人员的招聘和训练。"在这个建议中第三十四条的原文如下："为了增进小学阶段小学生对于科学与技术研究的兴趣，采取这种为培养实验精神而设计的活动法是可取的。"

　　至于学校教师个人努力工作的情况（这些教师的特殊发明能力和对儿童专心一致的精神）使他们能够全心全意地找到一条发展纯粹而简单智力的最好方法的途径（如裴斯泰洛齐过去曾经做过的那样），我可以在许多不同的国家，有些用法语的，有些用德语的（自从纳粹主义崩溃以后德意志和奥地利曾经做出很大的成绩）、用意大利语的、用英语的国家里，引述大量这样的人。但我仅限于论述一个例子，那就是佛伦纳特，他利用恰如其分的手段，没有任何有关政府机关的特别鼓励而完成了很出色的成就；他的工作在法语国家，包括用法语的加拿大，都是广泛流传的。他并不十分关心儿童心理学，而在他的社会见解的激励之下（而且在他总是和那些强调教师传授作用的主张保持着一定距离的同时），佛伦纳特特别想把学校变成一种经常与周围社会集团联系在一起的活动中心。他的那个著名的把印刷术引进学校的想法无非是在这方面许多事例中的一件事情。因为显然，如果儿童自己印刷他的课文，他就会成功地学会阅读、写作和拼法，和那些一点也不知道他们使用的印刷品是怎样编制而成的儿童们是完全不同的。因此，佛伦纳特并不是明显地努力要去通过活动达到智育的目的和寻求一个获得一般知识的方法，而是用力培养儿童的兴趣并对他进行社会训练去达到活动学校的这些经常的目标。而且佛伦纳特虽未以提出了理论而自豪，他却得到了无疑是认知心理学中的两个最重要的真理：第一，智力运算的发展是从最广义的实际行动出发的（而所谓最广义的实际行动是指包括有关行动的利害关系在内的，但这并不是说，行为的利害关系乃是纯实用性质的），因为逻辑首先是表达行动的一般协调情况的；第二，行动的这种一般的协调情况必然包括一个社会方面，因为在个人之间与个人内部的行动协调形成了一个单一的、一致的过程，而个人的运算就都已社会化了，所谓合作，按其严格的意义来说，就是社会中每一个运算的总和。

9
［法］皮亚杰《教育科学与儿童心理学》1970

直观教学法

采用活动法如此缓慢的一个原因，除了由于大多数教育工作者没有受到足够的心理学训练以外，就是有时人们把活动的方法和直观教学法两者混为一谈了。不少的教育学家事实上——而且时常最诚意地——想象直观教学法和活动教学法是等同的，或者至少相信直观教学法已经取得了活动教学法所具有的一切根本的好处。

此外，我们在这里还遇到了两个显然是模糊不清的点。第一个模糊之点是前面已经讲过的，人们相信学生或儿童的任何"活动"乃是一种躯体性质的活动，这一点在小学阶段是正确的，而在以后的各阶段就不再是这样的了，这时，学生在个人重新发现业已获得的真理时，也完全是"在活动"，虽然这种活动是指内心的与抽象的思考。

第二个模糊之点是：处理具体对象的活动只是一种象征过程，换言之，这种活动只是把有关的对象在知觉中或心理影像中产生一种正确的摹本。这样，人们便忘记了，认知和一个人对现实所做出的一个形象的摹本并不是一回事。认知乃是一种行动过程，它在动作上或思想中转变现实，以便掌握这种转变的机制，并因此把事物与对象同化于运行系统之中（或同化于转变的结构之中）。人们也忘记了，由对象所产生的经验有两种形式：一种是逻辑—数理的形式，它不是从对象本身获得知识而是从改变对象的行动本身获得知识的。最后，人们也忘记了，还有物理的实验，在这种实验中，知识事实上是从对象本身抽象出来的，又回过来作用于这些对象，以便于转变它们，以便于把它们分离为各种因素并改变由此所产生的这些因素，而不是简单地对它们做出形象上的描摹。

既然所有这一切都被忘掉了，那么十分简单，直观的方法就变成了一个为学生提供视听再现的过程，这些视听再现有关于对象或事物本身的，也有关于某些可能的运算的结果，但是这种视听的再现，实际上，是不会使这种可能的运算成为现实的。这种传统的方法正在死灰复燃，而且和纯粹口头教学法或形式教学法比较起来，肯定还是一种进步。但是从发展儿童的运算活动方面来讲，这些方法是完全不适当的。有人认为，这种方法可能对于活动方法的理想有所贡献，同时也可能在这种纯形象的外貌下对教育的课题赋予具体的形式，但这只是混淆思维的形象方面与运行方面之间的区别的结果。

然而，尽管有这一切的情况，在1935年和1965年之间这一段时期内，直观教学法曾以各种不同的面貌重新出现。而我再重复一遍，所有这一切的新面貌却更加使人苦恼，因为它们的拥护者一般都真诚地相信，它们已经满足了儿童心理学最现代的一切要求。例如，我曾收到过比利时出版的一本数学入门的教科书，并由一位著名的教育家写了一篇序言。在这本书里面，本书的作者和序言的作者都提到我的著作并且光荣地把我的著作当作他们受到启发的源泉，似乎事实上基本的逻辑——数理运算的操作已经完全从他们的方法中废弃了而代之以形象的直观，而这种直观实质上的确时常是静止的。

这里也无须再回到奎申纳尔的小棒这个题目来了，因为我们已经知道，它们已经产生了完全相反的一些使用它们的方法。如果允许儿童有可能通过自发地操纵这些小棒而亲自发现各种不同的操作，那么在这些方法中有些方法就真正具有操作的性质，但也有一些方法本质上只是直观性质的或形象性质的，如果这些方法仅限于从外边去进行演示或仅限于对于由教师做出的完形进行解释。

有一位瑞士的教育学家曾经想到在数学教学中尽可能地从直观法中突出动力与动态；他不用静止的形象而利用电影，它在视觉上的连续性使儿童能够观察到运动中图形的那种最明显的分解和重组。就一个初学几何学的学生而论，这种直观的方法对于毕达哥拉斯公理提出了一个最突出的事例，在这个事例中，学生很清楚地看到了其中所包括的关系，这一点值得受到最高的赞扬。然而，这种方法真正训练了儿童的几何推理和一般的运算构造吗？柏格森[①]是痛恨理智的，他曾把理智的活动比作电影放映的过程，而且如果他的这个比喻是确切的，那么在教育方面首创的这种放映影片的方法就的确会成为合理的教学法的定论了。然而，不幸，柏格森没有注意到运算的问题，而且不理解这种运算的转变怎样构成了一个真正的、连续的与创造的动作：他对于理智的批判，事实上，乃是对视觉上的再现的一个批判，而且从这个观点看来，是一个很深刻的批判。那就是说，它是对思维的形象方面的批判，而不是对思维的运算方面的批判。同样，一种以影像为基础的教学法，即使已为影片的动态所丰富，仍然不宜于训练运算结构，因为智力不能归结为影

9
［法］皮亚杰《教育科学与儿童心理学》1970

———

① 柏格森（Henri Bergson，1859—1941），法国哲学家，生命哲学和现代非理性主义的主要代表。——本书编者注

片上的影像：它也许可以更加正确地比为一架投射机，它保证影片上影像的连续性，或者它更好地比为一系列的控制机制，借助于一种内在的逻辑，和自动调节与自动纠正的过程，保证影像成为一个连续不断的流程。

总之，形象、影片以及那些要求现代化的教育学当时用以抨击我们的一切视听教具，只要我们把它们当作一种附属物或精神支柱都是可贵的辅助方法，而且和纯粹口授的教学法比较起来显然是一大进步。但是正像文字上有一种咬文嚼字的情况，在形象方面，也有一种拘泥于形象的情况，而且和活动法比较起来，这种直观的方法，如果忘记了自发的活动与对真理亲身的或自动的研究乃是最原始的，那就仅仅是用一种精致的拘泥于形象的形式去代替传统的那种拘泥于文字的形式。

然而应该注意，直观教学法能够从一个心理学流派中吸取营养，这个心理学流派名为格式塔或完形心理学。[①]这种心理学在其他方面已经表现出很大的优点；这个流派首先产生于德意志，后来才在别的地方突飞猛进地发展起来。这一点，在把心理学应用于教育学的一笔账上应该当作是一笔欠债而不是一笔财产。所以直观法在德语的国家有最大的发展而且现在仍然受到尊重，这并不是一件偶然的事情。格式塔心理学在它以一种极其深刻而有用的方式对知觉问题进行革命以后，它的贡献事实上就是寻求知觉上的结构或"格式塔"，它是一切其他心理结构的原型，也是理性的或逻辑—数理结构的原型。无疑，如果这个论点是正确的，那么直观法也确实是合理的。

然而，在心理学领域本身内，格式塔的学说今天已经衰落，主要因为它忽视主体的活动，而倾向于基本的而且过于专门的物理学方面或神经学方面构成结构的情况，从而使它与英国、美国、法国和苏联已经取得胜利的机能主义[②]运动处于互相矛盾的地位。此外，一个格式塔是一个既不能增减又不能逆行的结构整体，而运算的结构整体（分类、系列、数字、对应等）既是

---

① 格式塔心理学，即完形心理学，一种反对元素分析而强调整体组织的心理学理论。——本书编者注

② 机能主义，一种强调研究心理机能的心理学理论。——本书编者注

可以逆行的，又是可以增加的（2加2等于4，不多，也不少，正像知觉领域一样）。这一点必然意味着：运算不能归结为知觉的或可视的"形式"，而其直接后果，直观的教育方法和运算的或活动的方法比较起来，必然始终处于较低的地位。

程序法与教学机器

在一定的程度上，与苏联反射学的巴甫洛夫学派紧密联系着的（其紧密的程度是根据个人的情况而各不相同的），美国的心理学曾经以刺激—反应（或S-R）的观点为基础演化出许多的学习理论。首先是赫尔（Hull），然后是托尔曼（Tolman）[①]根据习惯形成的后果，然后根据"习惯的等级"、意义指标的运用，等等，发展为详细的理论。虽然关于这些因素的具体重要性，这些学者之间尚未达到一致，但是他们都承认外在的"强化作用"（成功与失败或各种形式的奖惩）的重要性并要求在重复与学习时间长度方面，有比较稳定的学习法则。

最近，一位伟大的美国学习理论家斯金纳（Skinner）[②]，曾用鸽子做过一些出色的实验（在这以前进行这类实验时最爱用的动物是白鼠，这种动物特别容易驯养，但不幸怀疑它的驯养特性已在日渐退化）。斯金纳采取了一种比较坚定积极的态度。他深信，有机体内部的变化因素是不可能接触到的，而我们在神经学方面的知识又非常肤浅，所以他决定把注意力限于可以任意变化的刺激或"输入"和可以观察得到的反应或"输出"，然后仅仅说明它们两者之间的直接关系而不去过问其内部的联系。对于有机体的这种所谓"空箱子"观念，便使他有意地对于所有人类或各种动物的心理生活都不闻不问，而仅限于注意心理生活的最物质的方面——行为，而无视任何可能寻求的解释，以便全神贯注于由审慎具体的实验工作所揭示出来的范围广阔的法则。

既然如此，因而斯金纳已经掌握了他亲自证实过的或者推演出来的学习

9
[法]皮亚杰《教育科学与儿童心理学》1970

---

① 托尔曼（Edward C. Toman, 1886—1959），美国心理学家。——本书编者注
② 斯金纳（Burrhus F. Skinner, 1904—1990），美国心理学家。——本书编者注

法则，而且避免了可能阻碍他考核对于这些法则的实际应用的那些理论上的偏见。他首先观察到，如果他用效率高的机械仪器去代替人类实验者以避免其从中的干预，他的实验总是进行得比较顺利。换言之，当鸽子和"教学机器"打交道时，它们便产生了规律得多的反应，能够比较正确地应用刺激而很少有什么小的变化。斯金纳既是一个学习理论家，又是一个职业的教师，于是他就有了这样一个杰出的想法：如果把他所观察到的情况应用于人类，这种观察也是同样有效的，而如果把这种教学机器很好地程序化，它会比口授教学法产生较好的结果，因为口授法在不同的人应用它时会产生不同的结果。而且既然对于有机体的这个"空箱子"观念使得许多对于人类学习的内部因素的考虑成为不必要的了，所以为了使所制订的教学计划在内容上和一般要求学习的知识体系相等，只要熟悉这些一般的学习法则以及所教知识部门的内容就够了。

这个实验已经尝试过了而且证明是完全成功的。而且，毫无疑义，如果我们仅仅借助于口头传授与接受过程这种通常的教学方法，这是不能取得成功的。有些好心肠的人和杞人忧天的人，害怕机器会代替了学校教师而为之忧心忡忡。另一方面，按照我的看法，这些机器至少已经为我们做了一件大事，即这已经毫无疑义地证明了，按照传统教学法所理解的教师功能乃是机械性质的：如果那种教学法的理想只是把正确传递下来的东西正确地重复下去，那么无疑一架机器也能正确地实现这种功能。

也有人曾经反对说，机器排除了一切情感的因素，但这是不真实的，而斯金纳曾经公正地宣称：使用机器的情况比许多在传统的"上课"时所发现的情况，有可能更大地加强"动机"（需要与兴趣）。事实上是要确定：教师的感染力是否总是发挥了人们所期望的作用。克拉帕雷德①在他那个时候就已经发表过这样的意见：在培训师资时总是要给予他们足够的时间去实践怎样去训练动物，因而当实验失败时，实验者势必承认，这是由于他的过错；

---

① 克拉帕雷德（Edouard Claparede，1873—1940），瑞士心理学家，1912年创建了日内瓦卢梭学院。——本书编者注

而在对儿童的教育中，失败时则总归罪于学生。而且在这一方面，我们还应该留心，斯金纳的机器还提供了一种良好的心理学的证据，因为它们总是使用积极的强化而不全部采用消极的制裁或惩罚。

程序的原理，斯金纳在他推广到一切教学科目之前首先是在他自己的心理学课里面试验的。实际上，这个原理可以概述如下：首先给予学生一些初步的定义，学生开始时必须从这些初步定义抽绎出正确的结论，实际上，就是由机器给学生两三个答案，学生从中选择一个。当他选择时，他就按一下按钮。如果他选对了，这个工作顺序便继续下去，但如果他选错了，他就得重复这个练习。他需要重复多少次，就重复多少次，一直到这架机器提供给他一个新的信息项目，让他进行新的选择，这就证明他对于原有的项目已经理解了，而不断的成功就鼓舞着他不停地前进。因此，无论是纯粹的推理或者是单纯的记忆，对于任何学习科目都能按照这个原理加以程序化。

实际上，上述这样的教学机器已经取得了很大的成功，而且已经产生了一项兴旺的工业。在学生人数大量增加而师资又很缺乏的时代中，教学机器无可否认是能够为人们服务的，而且一般来讲，与传统的教学方法比较起来，它们还能节省大量的时间。现在不仅在学校里，而且在一些商业部门里，也使用这种教学机器，因为为了某种理由，它们需要尽快训练成人。

至于这种教学方法的真正的价值，那自然要看某一个特殊领域内所指定给它的目的何在。在学会一套知识体系如语言教学的情况下，这种机器看来不可否认是可以为之服务的，特别是一种可以节省时间的手段。然而当学习的理想是要重新发明一系列的推理，例如在学习数学中，虽然这种机器并不排除学生的理解和从事推理，但是它也的确正在以一种不适当的方式引导学生，从而排除了学生从事首创性活动的可能。在这一方面，在上述森林洞的会议上，当数学家和物理学家寻求改进科学教学的时候，他们还是同样热忱地接受斯金纳的主张。这一点是值得注意的，因为这个会议所要解决的一个特殊的问题是既要寻求达到正确理解的方法，也要鼓励养成发明与探索的精神。

一般来讲，既然每一门学科都必须一方面要有产生大量探讨活动与重新发现活动的可能性，另一方面又要包括已经掌握到一定的知识体系，这样就有可能正视如何在记忆与活动所发生的不同作用之间求得平衡，而这种平衡在每门学科中都是各不相同的。这就要看在什么情况之下，利用教学机器就有可能节省为传统方法所不必要浪费的时间，从而增加活动所需的钟点。因此，如果活动时间还包括集体活动，而这种集体活动又意味着互相诱导和互相检查，而机器教学主要是着重于个人作业的，那么这种平衡同时还要求得到另一种必要的平衡——即智力活动中个人努力与集体合作之间的平衡，这两方面对一个和谐的学校生活来说，都是重要的。

但是程序教学还只是在开始，而对它未来的用处做出预言还略嫌为时过早。像一切以研究心理发展某一特殊方面为基础的教学方法一样，从我们刚才所考察的这一角度来看，程序教学可能是成功的，如果同时把它当作一个一般的教学法，却又证明是不适当的。这个问题，像一切教育学上的问题一样，是不能用任何抽象的或概念的讨论来加以解决的，而只能通过积累必要数量的事实和控制下的测验来加以解决。

然而，奇怪的是，目前这类测验是在成人教育领域而不是在正式的学校教育的领域内进行的。这一点至少有两个理由。首先，当一种教学方法决定要用于成人时，人们就比较严密地检查和核对它的有效结果，因为成人再没有被浪费的时间了（特别是一个私商企业要从财政上去考虑时间），而儿童的学习时间虽然同样是可贵的，但是许多人却并不这样看。所以在这个领域内对于成人实验的结果就必然予以密切的注意，而在这方面的例子有对飞机驾驶员关于数学课的教学工作和某些部队的医生所进行的科研工作，还有在凡尔赛中心的那些人们正在和巴黎大学的心理学家们合作所进行的那种种工作。

第二个理由是，那些负责编制程序的人们不是根据继续增进理解的原理去编制适当的程序的，而只是把我们当时流行的教科书的内容简单地转变为机器上的程序项目——而在那方面，这些教科书又是一些最坏的教科书。似平有理由希望至少可以利用斯金纳的方法使我们从学校教科书的极端专横的统治之下解放出来,而相当多的人认为这些教科书是许多严重问题的根源(而且根据某种估计,近年来,所出版的学校教科书的总数占全世界出版书籍的一半,就其再版而言,大于任何其他部分书籍的再版数目)。这一事实就在许多情况之下,已经事先确定了这种程序教学方法是没有价值的。而且事实上,为了便于编制程序,时常就使用当时现存的教科书,自然就选择那些易于编成问答顺序的内容,构成了一种被动的和机械的模型。

——选自皮亚杰著,傅统先译:《教育科学与儿童心理学》,

文化教育出版社1981年版,第67—83页。

评析:

在这段选文中,皮亚杰讨论了教学方法问题。首先,他指出影响教学方法变革的原因主要来自三个方面:第一是各种形式的教育机会愈来愈多,学生人数不断增加;第二是招收受过良好训练的教师有相当的困难;第三是社会因经济、技术和科学的发展而有了全新的需要。其次,他分析了常用的几种教学方法:(1)注入式教学法或教师传授的方法是那些未受到足够高级训练的教学人员比较容易使用的方法,但这种方法面临着新的矛盾:一方面使教师在整个教育中的地位突出,强调教师传授知识的重要性;另一方面是强调个人活动的意义。(2)活动教学法是培养技术人员和科学家需要的方法。儿童的学习不是外来因素强加的,而是自主独立进行的主动学习。这种学习主要不是来自奖励与惩罚的刺激,是来自认知结构同化、顺应过程中不断平衡的自我调节。活动是主体与客体相互作用的桥梁和认知的来源,学习就是在活动中展开的。但应避免对活动产生两种错误认识:一是夸大具体活动的作用;二是活动不能被理解为简单的视听表象过程。(3)直观的教学法曾被看作等同于活动教学法,并取得了和活动教学法一样的成果。但是,这种认识上的混乱来源于对人认知活动的误解。这两者在认知活动上的区别:儿童的认知活动并不只是"躯体性质的",在小学阶段以后儿童的认知活动是

9
［法］皮亚
杰《教育
科学与儿
童心理学》
1970

一种自我内心的抽象思考。（4）程序教学法的成功使我们几乎忘掉它所引起的危险，那些编制程序的人"不是根据不断理解的原理去编制适当的程序，而是仅仅将教科书上的内容转变为机器的程序项目……这些教科书又是一些最坏的教科书"。皮亚杰强调指出，教师的任务是提供与儿童已有经验相联系的、具有适度新颖性的学习材料，使儿童产生认知上的冲突，引发儿童认知结构的改变和自发性的学习。

（杨　捷）

10 联合国教科文组织国际教育发展委员会《学会生存》1972

教育应该较少地致力于传递和储存知识……而应该更努力寻找获得知识的方法（学会如何学习）。

——富尔等

《学会生存——教育世界的今天和明天》（*Learning to Be*：*The World of Education Today and Tomorrow*）是以富尔为主席的国际教育发展委员会向联合国教科文组织提交的报告，即"富尔委员会报告"（*Faure Commission Report*）。这是一本影响当代世界教育发展进程的著作。

主要作者简介

埃德加·富尔（Edgar Faure，1908—1988）是法国政治家。早年在巴黎当过律师。后担任法国国民议会议长和法国政府总理，还先后担任过经济事务与计划部、农业部、国民教育部和社会事务部等部部长。

1970年被联合国定名为"国际教育年"。在这一年举行的联合国教科文组织第16届大会上通过了一项决议，授权当时的联合国教科文组织总干事马厄（Lerne Maher）成立国际教育发展委员会，其任务是提交一份教育报告。这份教育报告的目的是帮助各国政府制定教育发展的国家策略，为世界各国所进行的一系列相关教育研究和决策提供依据和参考，并用于指导联合国第二个发展十年期间的教育国际合作和联合国教科文组织的工作。

　　1971年初，国际教育发展委员会正式成立并开始工作，联合国教科文组织总干事马厄邀请富尔担任该委员会的主席，同时委任6位文化背景和专业背景各不相同的著名人士为委员会成员。该委员会在一年多的时间内先后举行了6次会议，对23个国家进行了实地考察，访问了13个国际与区域组织，研究了70多篇有关世界教育形势和教育改革的论文，并充分运用了联合国教科文组织在长达25年活动中所积累的文献。最后由富尔代表国际教育发展委员会于1972年5月18日向总干事提交了一份报告，即《学会生存——教育世界的今天与明天》（简称《学会生存》）。

　　《学会生存》一书从历史和现实的角度考察了教育与人类生存和发展的关系，分析了世界教育所面临的挑战，提出了教育革新的一些策略和途径，以及最终走向学习化社会的道路，强调了加强教育国际合作的必要性；倡导教育民主化和教育平等的理念，提出了人文主义的教育目的，要求革新教育体系、扩大选拔人才的范围、使教学内容个性化、建立平等的师生关系、改革教育评价制度、实行分权制的教育管理以及教育平等等等；提出了构建学习化社会的设想，强调终身教育是建立学习化社会的基石，提倡所有的人都要终生不断地学习。

内容提要

　　《学会生存》出版于1972年。该书分为四个部分，共九章。其中包括：序言；第一部分：研究的结果；第二部分：未来；第三部分：向学习化社会前进。

在呈送这份报告时，富尔指出：它"与其说是一个完备渊博的研究，还不如说是那些出身不同、背景各异的人们做出的一种批判性的思考；他们在完全独立的和客观的情况之下，对处于这个变化世界中的教育发展的主要问题寻求总的答复"。

序言。在这一部分中，富尔等人概括性地阐述了人类所面临的挑战和教育的重要意义，要求遵循教育民主化的原则，重新评价教育的目标、方法和结构，实施终身教育和学习化社会战略，加强教育领域的国际合作。

第一部分：研究的结果（3章）。具体包括：第一章，教育问题；第二章，进步与极限；第三章，教育与社会。在这一部分中，富尔等人主要阐述了三个方面的问题：

（1）教育与历史。历史对教育具有深刻的影响，教育的发展是社会历史发展的一种功能；教育发展历史所具有的特点与内涵为未来教育的发展提出了双重任务：既要继承良好的教育遗产，又要消除旧的教育弊端。

10 联合国教科文组织国际教育发展委员会《学会生存》1972

（2）教育与革新。世界教育改革的要求涉及人口、经济、政治、公众、社会以及教育自身，通过扩大制度化教育的规模、增加教育开支和消除教育发展的不平衡和不平等等各种措施，教育事业已取得了很大成就，但仍然不能满足人类发展对教育的需要和要求，所以，必须从根本上改革教育的体系。

（3）教育与社会。教育革新的根本问题在于正确处理教育与社会、教育与学习者、教育与知识之间的关系。教育并不能单独克服社会的弊端，但它应该帮助人们增进控制自己命运的能力，挖掘和实现个人的潜能与创造性，指导人们学会生存。

第二部分：未来（3章）。具体包括：第四章，挑战；第五章，发现；第六章，目的。在这一部分中，富尔等人主要阐述了三个方面的问题：

（1）教育面临的挑战。科学技术的发展为教育革新带来了挑战和机遇。教育必须培养人们去面对这种挑战，从变化的世界中获得有益的自我发展，形成一种主动的、积极的、进取的和包含批判意识的精神状态。

（2）教育革新的可能性。世界范围内教育科学的研究、教育技术的进步和人们思想意识的觉醒使得教育革新成为可能；教育有必要满足新形势下各种不同的需求，充分运用新的方法和工具以及外界的力量去承担日益增长的责任。

（3）教育革新的目的。尽管有多少种不同的社会、历史阶段、意识形态和想象的未来，教育就有多少种不同的选择或目的，但是，人们在追求教育革新的目标上还是具有一些共同的倾向的，例如，走向科学的人道主义、培养创造性、培养承担社会义务的态度、培养完人等。

第三部分：向学习化社会前进（3章）。具体包括：第七章，教育策略的作用与功能；第八章，当前策略的要素；第九章，团结之路。在这一部分中，富尔等人主要阐明了三个方面的问题：

（1）教育政策与策略的意义。教育政策是反映一个国家政治决策、传统文化、价值观念、对未来的认识的国家主权具有的职能。制定教育政策是一个思考过程的结果，它要保证教育目标与国家其他目标协调一致；教育策略是把教育政策转化为一系列有针对性的决定，并根据未来可能出现的情况而决定所采取的行动，因此，这两者具有连续性和关联性。

（2）学习化社会的策略与政策。国际教育发展委员会特别强调两个基本概念：终身教育和学习化社会。建立学习化社会的策略，首先是对现有教育体系进行内部的改革和完善，其次是寻求革新的形式、途径和新的资源。制定学习化社会教育政策的指导原则是终身教育，终身教育应该作为发达国家和发展中国家在今后若干年内制定政策的主导思想。

（3）国际合作。教育发展主要依靠各个国家、团体提供充足的教育资源，每一个国家都有与他国合作的义务，教育交流和合作的结果对所有国家而言是互惠的，所以，应共同努力促进教育的国际合作。

《学会生存》一书出版后立即引起国际社会和教育界的广泛关注，对世界各国的教育工作者产生了深刻的影响，被誉为是一部"影响当代世界教育进程的重要文献"和"当代教育思想发展中的一个里程碑"。联合国教科文组织总干事马厄先生在给富尔主席的复函中指出："这样高质量的一份调查报告肯定了目前指导着联合国教科文组织工作的思想，即教育应扩展到一个人的整个一生，教育不仅是大家都可以得到的，而且是每个人生活的一部分，教育应把社会的发展和人的潜力的实现作为它们的目标。"在1972年10月举行的联合国教科文组织第17届会议上，许多国家的代表都称赞这本书的出版促进了世界范围内教育改革的进一步发展，是世界教育界的一件大事。这届会议还专门通过一项决议，强调《学会生存》一书的重要性。该书在出版后的两年里，就先后被译成33种文字，共有39种不同的版本。1979年10月，该书被译成中文本出版。无疑，《学会生存》的出版直接推动了20世纪60年代初形成的终身教育思想的迅速传播，并成为世界上许多国家指导教育改革的核心思想和理论依据。

选文评析

教育与人类的命运

很多国家认为，现代人的教育是一个特别困难的问题，而所有的国家都认为，它又是最重要的问题之一。有些人想使今天的世界变得更美好些，因而就要为未来做好准备。在这些人看来，教育乃是一个基本的、普遍的课题。联合国教科文组织成立了国际教育发展委员会，这是一项适时的措施，能跟上当代世界的政治议事日程。

我们发现，一种传统的教育体系曾经历过时间的考验，而且一般认为，只需要一些临时性的点滴改良和一些多少带点自动性的调整就行了。但是，近来对于这种传统教育体系的批评和建议总是像雪片一样飞来；这种批评和建议甚至对整个教育体系都发生了怀疑。现在有些青年人多少有点公开地反对那些强加在他们身上的教育模式和学校类型，虽然要说明这种特殊现象的影响往往并不是容易的，因为这种现象所表现的不安感是模模糊糊的，反抗是转瞬即逝的。

还有一种教育体系是新近才建立起来的，而且是照抄外国的模式的（在发展中国家里通常有这种情况），而这种地方也出现了类似的混乱现象。当第三世界国家从殖民地时代挣脱出来的时候，它们就以全副精力投入了反愚昧的斗争；它们十分正确地把这种斗争视为彻底解放和真正发展的非常重要的条件。它们认为，似乎只要从殖民者手中攫取所谓技术优势的工具就够了。但是，现在它们已经意识到，这些外国模式（甚至在设计者和为之设计的人这两方面看来，都是已经过时了的）既不符合它们自己的需要，也解决不了它们的问题。这些国家在教育方面的投资和它们在财政上的可能性是不相称的。毕业生的人数远远超过了经济所能吸收的力量，致使某些特定的集团出现了失业现象，而在这方面的弊端不仅是得不偿失，而且造成了如此广泛的心理上和社会上的损害，以致破坏了社会的平衡。那些有关的人们，为了他们的一个基本愿望（即向愚昧做斗争）已经做出这样大的牺牲，受了这样多的痛苦，经历了这样久的战斗，现在要使他们放弃这个基本愿望，那是绝对办不到的。于是"惹人苦恼的重新评价"是必要的了。正是这种形势要求资金比较雄厚的国家出一分力量，以利于团结。

最后，我们还应该注意到，某些国家以为它们自己的教育体系是令人满意的，至少从广义上讲来是这样的，而又没有一个权威为它们下结论，说它们是正确的还是错误的。这些国家可能由于没有觉察到那种根深蒂固的败坏情况，而正在自己哄骗自己。在那种状况下，当人们觉醒时，这种觉醒势必十分猛烈，如1968年5月法国所发生的情况那样。但是同样也有这样的可能性，即这些国家通过特别良好的管理和某些其他一系列的办法而能成功地适应在别人看来难以适应的情况。

尽管如此，即使那些现代国家自以为处于幸运的地位而没有受到危机的风险和良心的苦痛，但是它们还是不敢因此而推断它们自己没有问题和毫无忧虑。相反，这些国家总是十分注意使自己的教育机构和方法现代化并不断地改进它们，因而对于革新的实验并不感到震惊。它们意识到：使尽可能多的"学习者"掌握尽可能高水平的知识，获得崭新的进步，这是可以达到的，

184

也是希望达到的。这些国家也不会不意识到这样的事实,即科学发明和科学革新的不断发展使得这种需要日益迫切,但与此同时,达到这个目标的前景却又愈益遥远了。

现代国家,即使只考虑它们自身的利益,也不能不发觉增强国家之间的合作和更自由地、更有组织地交换文献和经验,将有助于它们在自己的事业上取得更廉价和更迅速的进步。可是,这方面的成就至今仍然是微小而零星的。

但最重要的是,这些国家对世界的其余地区不能熟视无睹。

当这些国家正在走向知识和力量的顶峰时,它们怎能不对这个行星上处于愚昧无知——如继续挨饿和早期死亡的一大片阴暗区域感到担心,甚至感到苦恼呢?在这个急剧变化的现代世界中,我们非但希望防止经济的、智力的和政治的种种差别变得更加尖锐,而且还希望所有的人民都可以享受到一定水平的福利、教育和民主。而对于这一点,我们不再认为是什么博爱、仁义、慈善和精神高尚之类的东西了。

我们时代的这种巨大变化正在危及人类的统一和它的前途,也正在危及人类特有的同一性。我们所害怕的,不仅是严重的不平等、穷困和苦难的痛苦前景,而且还有人类可能被两极分化,把人类分裂成为优等集团与劣等集团、主人与奴隶和超人与下等人这样的危险。在这种形势所产生的危险中,不仅有冲突与其他灾难(今天具有大量破坏性的工具很可能落到贫困和反叛集团的手中)的危险,而且还有非人化的根本危险,这种危险既影响着有特权地位的人们,也影响着受压迫的人们。因为对人类所造成的伤害,也会伤害所有的人们。

——选自联合国教科文组织国际教育发展委员会编著,华东师范大学比较教育研究所译:《学会生存——教育世界的今天和明天》,教育科学出版社1996年版,第1—3页。

评析:

在这段选文中,富尔等人认为,教育与人类的命运休戚相关,教育革新势在必行。从一般意义上而言，人类社会以往存在着三种教育体系：一种是经过时间检验的传统教育体系。人们往往认为，这种教育体系只要进行一些临时性和少许主动性的革新，就可以适应社会发展需要了。但它因呆板的教育体制以及单一的教育模式和类型而受到广泛的批评。另一种是新近建立起来的、照搬外国模式的教育体系。这种教育体系不适合本国的实际，造成教育的巨大浪费、社会混乱和人的心理失衡等。最后一种是通常被认为较为完善的教育体系。这种教育体系往往自封为先进楷模，实际上存在着令人担忧的隐患。正因为教育是人类基本的、普遍的课题，所以，教育革新必须跟上急剧变化的现代世界。

学校与学习化社会

然而我们发现，某些教育学家所得出的结论却远比我们上述那种结论激进得多，虽然在许多情况下他们也是从同样的基本原则出发的。

有些批评者以教育往往已经过时和僵化为理由提议废除教育，而不是改革教育。既然教育必须比较接近于生活，因而还有一些人就建议干脆禁止办学。这一类观点通常是以进步的甚至是革命的姿态出现的，但是如果把这些观点在任何程度上付诸实践，其效果将肯定是反动的，正像时常与之联系的"零点增长率"这派经济观点一样。

科学与技术的革命、人们可能获得的大量知识、庞大的通讯传播网的存在以及其他各种经济的和社会的因素，已经大大地改变了传统的教育体系，表明了某些教学形式的弱点和其他一些教学形式的优点，扩大了自学的活动范围，并且提高了获取知识的积极性和自觉性。根据思考进行教学的地位正在不断地提高。对各种年龄的学生（包括成人在内）进行指导和教育，要求我们采取多种多样校外学习的方式。校外教育包括很多可能的途径，而所有国家都应卓有成效地利用它们。藐视校外教育不过是旧时代的遗风而已，没有哪一种进步的教育赞同这一点。然而，学校，即向年轻一代有条不紊地施行教育所设计的机关，在培养对社会发展有贡献并在生活中起着积极主动作用的人方面以及在训练人们适当地准备从事工作等方面，现在是、将来仍然是具有决定性的因素。特别是在现代社会中，我们通过变化日新、数量日多的渠道接受了大量的信息。如果我们要确切地处理这些信息，我们就要具备系统的知识、才智和技能。科学知识和科学观点乃是事物与现象的普遍的和本质的精华。知识体系和方法可以使人们能够对这样大量的信息做出他们自己的诠释，进而以肯定的方式去吸收它。如果我们要掌握这种科学知识和科学观点，特别是要掌握这种知识体系和方法的话，我们就需要接受设计恰当的教育机关对我们所实施的有组织的教育。

我们承认，从不同的国家看来，根据不同的理由，某类学校和某种教学形式必须受到有力的批判，而且学校教育的许多方面也要求彻底重新予以评价和进行改造。虽然如此，如果我们废弃了学校，不把学校当作教育的一个主要部分（纵然不是唯一的部分），这就等于我们不让成千上万的人受到这种可使他们系统地掌握知识的教育。尽管人类的文化并不限于知识，但知识在今天依然是文化的有机的和不可缺少的部分。

10／联合国教科文组织国际教育发展委员会《学会生存》1972

因此，国际教育发展委员会所采取的立场乃是一种辩证的探讨方式，它一方面要对现行的教育体系加以改进，另一方面，在这些现有的体系之外，还要提出可供选择的其他途径。所以这种立场显然既不同于仍被现有教育结构所束缚的那些人的老办法，也不同于梦想教育结构发生剧变而毫不考虑其现实与可能，因而使自己陷于未知之境的那些人的做法。

根据这些理由，国际教育发展委员会特别强调两个基本观念：终身教育和学习化的社会。由于在校学习已不能再构成一个明确的"整体"，而且也不能在一个学生开始走向成人生活之前（不管这时候他的智力发展水平如何以及他的年龄多大），先让他接受这种学校教育，因此教育体系必须全部重新加以考虑，而且我们对于这种教育体系所抱有的见解本身也必须重新加以评议。如果我们要学习的所有东西都必须不断地重新发明和日益更新，那么教学就变成了教育，而且就越来越变成了学习。如果学习包括一个人的整个一生（既指它的时间长度，也指它的各个方面），而且也包括全部的社会（既包括它的教育资源，也包括它的社会的和经济的资源），那么我们除了对"教育体系"进行必要的检修以外，还要继续前进，达到一个学习化社会的境界。因为这些都是教育将来所要面临的挑战。文化上的保守性会不会比经济上或政治上的阻力更容易克服，这一点我们还不能肯定。但是我们一旦要衡量付出代价的利害关系时，我们又怎能拒不进行这场战斗呢？

何况我们现在已经具备了那种需要用于战斗的各种武器。

——选自联合国教科文组织国际教育发展委员会编著，华东师范大学比较教育研究所译：《学会生存——教育世界的今天和明天》，教育科学出版社1996年版，第14—16页。

评析：

在这段选文中，富尔等人指出，学校已不是完整意义上的教育，教学过程已成为创造的过程、发现的过程和学习的过程。学习不仅包括一个人的一生，而且包括全部的社会，教育革新的最终目标是达到一个学习化社会的境界。现代科学技术革命为终身教育和学习化社会的实施提供了可能。大众传播和媒介系统为人们在教育、学习和训练中传输信息、翻译信息、发现和使用信息提供了所需的工具，教育技术的进步也满足了学习化社会的新要求。但是，终身教育和学习化社会并不是对学校教育的否定和取代。掌握反映一切事物最普遍的、最本质特征的科学知识和科学观点，接收系统的文化知识的教育，只有在良好的学校教育中才能实现。学校固然不是教育的唯一部分，但却是教育的主要部分。学校作为向年轻一代有计划地实施教育的一种机构，在培养对社会发展有贡献并在生活中起积极主动作用的人方面以及在训练人们适当地准备从事工作等方面，现在是、将来仍然是具有决定性的因素。从这个意义上讲，学校与学习化社会两者并不是相互对立的。

（杨　捷）

11 ［英］彼得斯 《道德发展与道德教育》1981

> 知理的后来能够推理的孩子，来自对孩子采取温暖的接纳态度并且牢固和一致地坚持规则而不太依靠惩罚的家庭。
>
> ——彼得斯

《道德发展与道德教育》（*Moral Development and Moral Education*）是英国分析教育哲学家彼得斯的著作。这是一本在当代国际德育理论界享有盛誉的著作，以分析教育哲学家的眼光透析了道德教育的一些基本问题。

作者简介

理查德·斯坦利·彼得斯（Rechard Stanley Peters，1919—2011）是英国教育哲学家，分析教育哲学伦敦学派主要代表人物。1919年10月31日，彼得斯生于印度慕苏瑞。1938年，英国布里斯托尔市克利夫顿公学毕业后，进入牛津大学女王学院学习古典学科。读大学时，对宗教和哲学产生浓厚兴趣。

第二次世界大战期间，他参加过公谊会救护队①，主持过青年中心工作，当过公学的古典文学教师。同时，他还利用业余时间在伦敦大学伯克贝克学院攻读哲学学位，研究哲学心理学。后来，他到一所寄宿制学校担任古典学科教师，几年后辞职，回到伦敦大学准备最后的考试。毕业后，担任过哲学讲师和高级讲师。

由于有过在青年中心工作和在学校任教的经历，彼得斯一直对教育十分关注，特别是对教育哲学产生了兴趣。其对教育哲学产生兴趣的另一个原因是教育哲学将哲学的一些分支学科与心理学联系在一起。彼得斯的兴趣广泛。他撰写的《霍布士》（1956）是一本关于17世纪英国政治家和哲学家霍布士的书，霍布士的心理学、哲学和政治学思想对彼得斯产生了影响。彼得斯还研究过动机问题，写过《动机的概念》（1958）。此外，他还写过《社会原理和民主国家》（1959）。彼得斯对这些问题的兴趣为他后来在教育哲学领域的研究打下了基础。

彼得斯曾在广播电台的系列谈话节目中探讨教育目的的问题，其系列谈话被《听众》杂志编辑出版，引起美国哈佛大学教育研究生院的教育哲学教授谢弗勒（Israel Scheffler）的注意。1961年，谢弗勒邀请彼得斯赴哈佛大学做访问学者。1962年，伦敦大学教育学院教育哲学教授职位空缺，彼得斯申请补缺获得成功。从1963年起直至1983年退休为止，他一直担任伦敦大学教育学院教授。在这一期间，他还担任过院长，把伦敦大学教育学院建成了世界上最大的最有影响的教育哲学机构，形成了分析教育哲学伦敦学派。此外，他还担任过大不列颠教育哲学学会主席。

除《道德发展与道德教育》（1981）外，彼得斯涉及分析教育哲学、教师教育和道德教育等诸多领域的著述还有：《伦理学与教育》（1966）、《教育的概念》（主编，1967）、《教育的逻辑》（主编之一，1970）、《教育哲学》（主编，1973）、《教育与教师教育》（1977）等。

---

① 公谊会救护队（Friends Ambulance Unit）奉行和平主义，以援助战争受害者为己任，也开展其他人道主义活动。

内容提要

《道德发展与道德教育》是彼得斯诸多道德教育论述中最有影响的一本专著。1981年出版。该书除"序言"外，共有八章，由不同时期所写的八篇文章构成。

在"序言"中，彼得斯对一些情况作了说明：因为具有心理学和哲学两门学科的背景，他对道德发展的看法才具有独特性；在相信原则性道德是终极目标时，他关注的重点是早期传播终极目标的方法、途径的重要性问题。同时指出，所收入的八篇文章虽在不同时间写成，但逻辑性是一致的。

在第一章"弗洛伊德道德发展理论与皮亚杰道德发展理论之比较"中，彼得斯分析和评论了皮亚杰的贡献；论述了弗洛伊德的超我理论和品格特征理论的贡献、弗洛伊德的疏忽和弗洛伊德理论的发展。

在第二章"道德教育与品格心理学"中，彼得斯先后谈了五个问题，即"'品格'研究兴趣的恢复""品格与品格特征""谈论'品格'的三种方式""品格类型与'具有品格'"及"道德教育的复杂任务"，对品格概念及其与道德的关系作了剖析，力图澄清一些概念的模糊之处。

在第三章"理性与习惯：道德教育中的矛盾"中，彼得斯认为，在道德教育中有两种强调，一是对习惯、传统以及得到恰当教养方式的强调，一是对智力训练以及发展批判性的思考与抉择的强调，两者之间存在的差异导致了道德教育中的矛盾。

在第四章"具体原则与理性热情"中，彼得斯对原则的功能作了分析，认为原则无法给个人应该做什么提供具体的指导，原则只"是使所考虑的事情变得恰当的东西"；同时认为对原则的遵从是一项感情强烈的事业，两者关系密切："道德生活依据于理性热情，理性热情渗透于一系列的活动之中，并且为了它们自己使这些活动变得有价值。"

第五章"道德发展：对多元论的一种辩护"一共有五节内容，即"柯尔伯格理论述评""对一些细节的质疑""美德与习惯""柯尔伯格是在描述道德吗？"和"弗洛伊德与道德失败"。在彼得斯看来，柯尔伯格的研究是"一种关于简单且过于呆板的道德发展研究"，柯尔伯格对发展"一种普遍的伦理学理论的细节没有做出多少贡献"。

第六章"自由和自由人的发展"有四节内容，即"'自由'的分析""自由人的发展""制度的影响"和"关于学习的假设"。彼得斯认为，"自由"是一种社会原则，人是一个"选择者"，自由人应当是"自律"的人。还对自由人在其发展中作为选择者的能力的发展和自律的实现作了分析。制度中的奖惩对自律的人也有作用，但"自律肯定不可能受到一种专制的控制体系的广泛激励"。此外，还讨论了学习的概念以及学习对道德自律的作用。

在第七章"道德发展与道德学习"中，彼得斯首先界定了"理性道德"的概念，所谓理性道德即理性在道德领域中的运用。之后，分别论述了"道德发展与道德学习的形式和内容""理性道德的发展""学习道德内容""与形式发展有关的内容的教学"和"对不可靠性的指责"等内容。

在第八章"柯尔伯格道德教育理论的地位"中，彼得斯介绍了柯尔伯格对斯金纳的批评，分析了柯尔伯格的道德发展理论及其不足，认为柯尔伯格在道德发展的情感方面及道德内容上有明显的疏漏。虽然这一章与第五章都是对柯尔伯格道德理论的评判，但内容并不重复。

选文评析

品格与品格特征

"品格"概念被适得其所地运用在个人适应的情境中，这一点并不令人觉得意外。从词源上讲，"品格"一词，像与其常相关联的"特征"一样，与作为一种区别标记有关。"品格"产生于雕刻领域；于是，我们自然地谈论品格的基本轮廓。"特征"产生于同类的绘画领域。当它们被运用于人类时，在比喻意义上，它们用以提示人特有的东西。

在我看来，在常常用连接号串在一起的"品格"一词与"特征"一词之间存在另一个重要的相似性。它们的意义主要是作为副词用的。它们常常指代一种行为的方式或风格，与"动机""态度"和"情感"等概念不同，它们不带任何倾向性或好恶的特定含义。但是，"特征"涵盖无数行为方式。奥尔波特（Allport）指出，英语中有18000个词是特征指称的。品格特征显然是从这些指称中挑选出来的——比如像自私、诚实、守时、体谅以及中庸等特征。像所有特征词语一样，这些词主要地都起着副词的作用。它们像贪婪或性欲，没有表明人们常常追逐的目标，而是表明他们追求它们的方式。一个人缺少同情心、自私、诚实、守时、体谅他人，并不必然具有任何特定目标；相反，他会根据或不根据特定规则，以特定方式行动。而且，我认为，与规则的联系，对于揭示那些将品格特征同其他类型的特征——比如那些我们所说的气质区分开来的东西，是十分重要的。品格特征体现于人们能够决定自己怎么样的事情中，在那里，它将是一种迫使他自己面对社会压力或持久诱惑而做某些事情的东西。在这意义上说，一个人的品格与其本性形成了对比。一个人可能是愚笨或者缺乏生命力的，他不能决定自己成为这样的人。但是他能够决定自己比较诚实或比较不诚实、比较自私或比较不自私。作为其"本性"的一部分，他的倾向与欲望也许会暗示目标；但只有他以特定方式，依照像持续不断、认真细致、顽强、辛勤这些效能性规则，或者依照像诚实、公正、体谅和毫不同情之类的社会性规则来满足它们，这些倾向与欲望才成为我们称作人的"品格"的一部分。贪婪如果只指对金钱或食物的欲望，则并非是一种品格特征；但假设这种欲望无情地或自私地靠损害别人来满足，换言之，即以一种特定方式满足，贪婪就变成了一种品格特征。对一块牛排的渴望，对美貌女郎的渴求，揭示了一个人的本性，而非其品格。他的品格展现于他为它们所做的一切，展现于他控制或未能控制它们的方法之中。

人们经常认为，有关品格的议论出现在赞扬与谴责的情形中。实际上，麦独孤以来的心理学家因为这一点可能回避了品格。引用一段奥尔波特的话来说，就是："只有从准则的视角评判这种个人努力，才会出现品格。"但是，

11 ［英］彼得斯《道德发展与道德教育》1981

193

我的假设是，品格与一些个人努力之间存在着根本的联系。从准则的视角做出的评判之所以产生，是因为主要地由于努力与决心而非愿望与爱好，一个人才受到赞扬或谴责。诺威－史密斯（Nowell-Smith）也强调品格与褒贬之间的联系，他说："快乐与痛苦，奖赏与惩罚，是道德品格得以塑造的指针；而'道德品格'正是这样一系列可以借助这些手段塑造的倾向。"愚笨与活力不能被这种规则塑造，因此我们常常不认其为品格的特征。但是，这无疑是一个错误；因为，诺威－史密斯关于道德"品格正是这样一系列可以借助这些手段塑造的倾向"的主张表明，这种联系是必要的。不过，我们对在其中褒与贬、奖与惩事实上起作用的那些领域确实是极其模糊的；然而我们却能够十分自信地谈论一个人的"品格"。也有许多能够被褒贬改变的"倾向"，它们也许不被认为是一个人的"品格"的一部分——如他的需求与愿望。当然，在一个人通过个人努力能够决定做或强迫自己做，与通过褒贬或奖惩被迫去做之间，很可能存在一种密切的联系。但这种联系是偶然的。从决心概念看，在一个人的品格与那些在原则上可以被褒贬所塑造的倾向之间确实存在一种必然的联系；因为借助褒贬的塑造活动以被塑造者的决心为前提条件，这不同于脑外科的方法。

确实还存在一种观点，认为如果任何术语被与社会评价相联系，奥尔波特偏爱的"个性"一词则是一个明显的备用品。当然，奥尔波特把这个词当作一个综合的技术术语，用以涵盖一个人所代表的几乎所有事情；这个词像"品格"一样，区分一个人的某些与众不同特征。但是，这样一种宽泛的用法，使得这个词在日常语言中的完美运用变得极端和生硬。因为，一个人的个性往往是他呈现于他人的面纱或表象；一个"有个性"或"有强烈个性"的人，是一个其行为被认为以某种方式侵犯别人的人。它缺乏"品格"所具有的内在努力和决心所指的含义。一个人的个性旺盛或发展，它不像他的品格那样是由他的决心构建的。自然，评价的标准是十分不同的。诚然，说一个人具有"个性"即是赞扬他，就像说他具有"品格"。但这是根据不同标准在赞扬他。奥尔波特所指显然是，品格与对规则的服从密不可分地联系在一起。但是，既然评价一个人的最重要事情之一,是说他是一个遵从规则的动物,则"品格"概念应是心理学中一个最不可或缺的术语。

上面对"品格"与"个性"两词比较的简短阐述已证明,当我们谈论一个人的品格不同于他的本性、气质与个性时,我们很难确定我们大致所指的含义;但由于似乎至少有三种谈论"品格"的方法,问题就变得更加复杂了。我们可以（a）以一种含混不清的方式谈论一个人的品格,（b）认为他具有一种类型的品格,（c）认为他具有品格。因此在我看来,这些区别对于讨论与品格心理学相关的问题是重要的,有必要更详细地加以阐释。

——选自彼得斯著,邬东星译:《道德发展与道德教育》,

浙江教育出版社2000年版,第18—21页。

评析:

在这段选文中,彼得斯主要谈论了两个问题,一是什么是品格和品格特征,二是品格特征与本性和个性的区别。所谓品格,与特征一词相似,是作为一种区别标记使用的,产生于雕塑领域。特征产生于绘画领域,被用于人类时,指的是人特有的东西。品格特征是指代行为的一种方式或风格,而且不带有任何倾向性和好恶的特点。

品格特征强调的是个人在行为中的决定性作用:"品格与一些个人努力之间存在着根本的联系。"彼得斯对此举例论证:"对一块牛排的渴望,对美貌女郎的渴求,揭示了一个人的本性,而非其品格。他的品格展现于他为它们所做的一切,展现于他控制或未能控制它们的方法之中。"

品格与个性并不相同。虽然个性一词也被用来表示一个人与众不同的特征,但彼得斯认为,个性往往与不遵守规则相联系,具有侵犯性:"一个'有个性'或'有强烈个性'的人,是一个其行为被认为以某种方式侵犯别人的人。"而品格则强调遵守规则。彼得斯引用别人的话表示了自己的观点:"品格与对规则的服从密不可分地联系在一起。"由于品格与个人的努力有关,品格是可塑的,可以通过快乐与痛苦的经验以及奖赏与惩罚的方法加以塑造,而本性则不具有可塑性。

理性道德的发展

1. 自我中心阶段

在皮亚杰-柯尔伯格理论中，道德发展的第一个重要阶段，是一个儿童具有一种自我中心的规则概念的阶段。他只做规定的事，因为他想避免惩罚或得到奖励。这并不被看作是一种原始的工具性的条件作用情形，在这种情形中，某种反应被强化并且逐渐地铭刻于心，而无须个体理解他所做的及其导致的事物状态之间的关联，不管是愉快的或是痛苦的。相反，儿童被设想为认识到了有关的手段-目标式联系。因为达到这一阶段，儿童必定已发展了一种基本的认知与感情机制；他再也不是一个为各种非理性的欲望与厌恶所困的婴儿了。他必须能延缓满足，并且在一种有限的程度上计划自己的行为。作为痛苦或满足的源泉的这种与世界、与他人的交往，是以一种原始的范畴机制的发展为前提条件的，这种范畴机制是皮亚杰步康德后尘，在其对他所谓幼儿的哥白尼式革命的描述中十分关心的。如果儿童开始考虑根据运用手段追求目的，他必须在某种程度上重视事物的因果关系特征，必须能够将由他自己的力量所导致的结果，与那些不依赖于他的意志的后果区分开来。他必须具有原始的"事物"与"因果关系"的范畴概念。他必须有某种时间与空间的结构框架。他必须能够将自己与别人区别开来。这些范畴概念界定了弗洛伊德所谓的自我以及现实思考的发展。

对于可能引起这种发展的那些经验该做些什么样的假设呢？显然，首先必须为儿童提供大量处理事情的机会。比较有争议的问题是成人与其他儿童在导致这一早期发展上的作用。现在，皮亚杰的追随者们一直在积极地证明，这种理性的思考和选择所必需的概念结构不可能通过明确的教学来传授。必须向儿童提供大量具体经验。如果他像《美诺》篇中的奴隶那样受到适当激励，他将逐渐理解这些有条理的概念。而且有一种这些论点很可能是真实可靠的感觉。因为，他所学的是一种原则，它为许多原先无关的经验提供了统一性。个体必须"领会"或理解这一点，但除非向个体提供原则所整合的内容的经验，否则它不可能被理解为一种原则。如果正在传授知识，必须记住这点，教师可以明确地教给学生应该学习的东西；在学习一种技术的过程中，特殊的动作可以明确地例示给学生仿效或练习。但是，如果教师想让学生理解一个原则，那么，他所能做的是把注意力集中在事例的共同特征上，并且希望能够弄明白。而且，一旦儿童理解了这一原则，正如维特根斯坦认为的那样，他就知道如何继续下去；从而有无数种他认为隶属于这一原则的事例。因此，有这样一种含义，即学生获得了比任何教师可能赋予的多得多的东西。柯尔伯格对明确的教学的反对因此不难得到解释；因为，原则恰恰不是那种只能运用于某些能被教师传授的内容之中的东西。

当然，柯尔伯格是在一种非常狭窄的意义上，用"教学"来指像"明确的指导"这样的事情。正是这种很狭窄的"教学"概念才可以被恰当地与"认知刺激"相对比；因为，许多人会说，尽管苏格拉底不是在明确地告诉奴隶事情，但在《美诺》篇中他是在教奴隶。

11 ［英］彼得斯《道德发展与道德教育》1981

但是，学习情形可能以更微妙的方式受成人影响。例如，有证据表明，如果儿童从探索和驾驭客观环境的活动中受到打击而灰心丧气，这些概念的发展会慢得多。而且，如果儿童做要求他做的事，就需要注意力。现在，由于没有做要求做的事而担心受惩罚比指望奖励更可能转移注意力。所有证据证实了这一假设，因为心理学家普遍认为，积极的强化比消极的强化更有助于学习。

也有由病理学研究提供的消极的证据，因为最病态的状态能够以这种范畴结构特征的缺乏来说明，而这种缺陷常常与幼年时的典型环境联系在一起。例如，人们普遍赞同精神病者生活于他们的梦想和冲动之中，对他们来说，未来没有多少真实性，他们是那些厌弃孩子并且提供一种前后十分不一致的训练的家庭的产物。同样，精神分裂症患者，他关于自己身份的信仰结构，关于物质世界中物质永恒性和因果过程的可靠性的信仰结构被打乱，一些人认为，他们是在能够发展一种可靠的现实观念之前，对他们的不一致且对立的态度的产物。

这种理性道德的先决条件之早期发展，它的普遍社会影响的重要性的其他证据，可以在对那些被称作不讲道理的而不是无理性的人的社会学研究中找到。比如，约瑟芬·克莱因选出一些在推理发展中重要的能力——抽象与归纳的能力，把世界看作是一个有秩序的、在其中理性行为受奖励的王国的能力，未雨绸缪和控制满足的能力。她援引来自鲁莉亚和伯恩斯坦的证据来说明这些能力发展的程度取决于在社会的某一阶层中发现的一种精制语言的流行程度。她还阐明，某些工人阶级的亚文化的信仰和行为是如何受他们的孩子培养方法的专制性影响的。

简而言之，经验证据支持了学习情形的逻辑分析。如果儿童要发展一种基本机制以构想一个有秩序的世界，其中如“事物”“因果关系”之类概念牢固地建立起来，就必须给他提供大量例示这些概念的对象与过程的经验。如果他要学会计划并控制满足，他也就必须生活在一个给他提供规律性的社会王国中，这些规律性将使他能够预计并且享受其令人满意的行为结果。如此等等。因此，不难推测为什么得自于儿童培养实践研究的最一致的结论是，知理的后来能够推理的孩子，来自对孩子采取温暖的接纳态度并且牢固和一致地坚持规则而不太依靠惩罚的家庭。一种认可的态度往往会鼓励对别人的信任和对个体自身能力的自信。一种可预计的社会环境将提供一种经验，这种经验对于通过反思行为后果来指引行为是必需的，人们因此建立一种对未来的信仰，而这信仰大部分是由他自己的决定形成的。另一方面，对待上的前后不一致，将怂恿莽撞而不是深思熟虑的选择，鼓励耽于一时的满足。一种厌弃的态度将抑制自信的发展，而惩罚手段将产生焦虑，并将提供这样一种环境，它太分散注意力，使许多学习不能发生。

这些社会影响也许会被说成是各种“认知刺激”。因为，它们的作用是提供理性能力得以开始发展的环境。但这些影响提供了一种成人负有主要责任的社会环境。因此，不应在“认知刺激”与一种“教学”之间作对比，这种对比暗示成人影响对这两者没有重要意义。这就存在着一种削弱指导在道德发展中的作用的危险。因为人们常常走向另一极端，并且假设儿童必须独自发现所有这一切。但他们将不以这种方式发展，像通常不以发现法发展那样，除非成人提供了一种有组织且支持的社会环境。

2.规则遵从

在发展的第一个水平上，正如我已说明的，儿童正在获得推理的一般机制。但是，他的态度基本上还是自我中心的；他把遵从规则基本上看作是一种避免惩罚和获得奖励的方法。在随后的道德实在主义的"超验"阶段，一条规则开始被看作是一条规则，并把它的存在建立在同龄群体和权威人士的意志基础之上。这在道德发展中是一个关键的阶段；因为它包含了儿童对什么是遵从规则以及什么是把一条规则当作一条约束人们行为的规则来接受的认识。弗洛伊德对超我的许多阐述肯定与这一阶段有关，虽然他自己对夸张且扭曲的"内化"要比对开始把一条规则当作一条规则来接受的正常发展过程更加关心。在这一发展阶段，儿童开始喜欢遵从规则并陶醉于这提供给他们的权力感之中。他们对规则的正确性仍然没有概念。他们认为规则是正在那里的，为同龄群体和权威人士的赞同所支持的东西。这是一个模仿和认同在学习中极其重要的阶段。

这一规则服从阶段在道德发展中是一个非常重要的阶段。在苏联，马卡连科主要依靠集体计划和对社团集体意志的认同，在改造少年犯方面取得了重大成功。但是，如果皮亚杰和柯尔伯格关于自律的发展的假设是对的，那么每一个个体在达到自律阶段之前必须经过这一柯尔伯格称为"好孩子"的阶段。进步主义教育者是否充分意识到这第二个发展阶段的重要性，是值得怀疑的。

在人类历史中，根据波普所谓一个"开放社会"的发展来说，超越这一道德阶段而发展到第三阶段或自律阶段可能是一种罕见的现象。在我们自己的社会中，柯尔伯格强调那些来自有别于工人阶级家庭的中产阶级家庭的人在越过第二阶段过程中发展速度的差异。还存在一系列由布鲁纳及其合作者所做的调查，这些调查我早已提及，它们对于社会影响的重要性的暗示是深远的，因为它们不仅显示了个体如何达到第二阶段，而且显示他们如何在超越第二阶段上严重受挫。如，在塞内加尔的沃洛夫文化这样的文化中，并不存在对个体发展独立性以及"独自"探索世界的鼓励。正确的东西就是集体或集体中权威人士所说的东西。

这种对规则的持久态度可能并不仅仅是笼统的社会压力和期望的产物，它还可能是由我们现在称作"灌输"的有意手段所导致和保持的。因为"灌输"包含着以不许怀疑既定信仰的正确性的方式传递既定的信仰。像苏联这样的社会，在那里灌输广泛流行，它们并不是那种普遍阻止推理的社会。遭阻止的是特殊的推理，这种推理包含着怀疑道德和政治信仰的正确性以及强调个体在决定他自己命运方面的作用。因而，它们为具有皮亚杰第二阶段特征的对待规则的态度留有充足的余地，但却极力阻止任何向着自律阶段的运动，它们认为这是一种个人主义社会的变形。

3. 自律的实现

到目前为止，我已经大致描述了某些社会影响和手段，如灌输等，它们阻碍人们跨越"好孩子"的第二个道德阶段。关于那种促进发展的影响，该说些什么呢？关于这一点，在一个简短的篇幅里是难以说很多的，因为作为第三阶段主要特征的"自律"概念，其本身是非常复杂的。

首先，存在着可靠性或真实性的概念。我们的假设是，一个人自己接受规则，他的反应并不纯粹是间接的，从消极方面讲，这表明他并不仅仅受来自同龄群体或权威人士的赞同或不赞同驱动。在更积极意义上说，它表明很可能存在一个行为过程或一个环境的某种特征，这种特征构成了他的决定或判断的一种非人为的理由，这与由表扬和责备、奖励与惩罚等形成的外部关联不同，这种外部关联是由他人的要求人为地引起的。

其次，存在着康德和皮亚杰强调的自律方面——跳开来思考规则，以及根据它们的正确性和恰当性来评价规则的能力。在皮亚杰理论中，这与思维的可逆性和采纳他人立场的能力紧密相关。

最后，存在关于意志力量、关于面对相反倾向坚持判断或行为过程的能力的假定。这些相反倾向常常产生于先前阶段加强遵从的动力——比如，对惩罚、反对和排斥的畏惧。

那么，自律的这些不同方面是如何得以发展的呢？应该提出一个普遍的初步的观点，即我们不能指望年轻人靠自己设法完成这些发展，除非他们被给予具体机会去这样做。这个思想可能构成了"户外"训练活动和班长式公立学校体制的理由。但是，这样的机会实际上必定与人们应当承担的责任有关。如果设立了一种太开放的环境，由于艾里克·弗洛姆（Eric Fromm）早已十分雄辩地论述的对自由的畏惧，我们可能会重新回复到和固着于第二个道德阶段。

可靠性　这种有条件的对个体独立前进的鼓励在可靠性的发展中是尤其重要的。有一种奇怪的错误想法困扰着"我们应该发现我们真正需要的东西"的苏格拉底的强调，认为在我们实际上试做事情之前，我们能够认识到什么是我们真正需要的。但事实是，我们常常通过试做事情才知道我们真正需要或感觉到的东西。

11／［英］彼得斯《道德发展与道德教育》1981

在道德领域，"可靠性"与体验情感的能力或关心他人的能力直接地密切相关。因为，正如休谟所说，"没有任何行为可以成为有德性的或道德上是善的，除非在人的本性中存在某种引起这种行为的动机，而这种动机是有别于这种行为的道德观念的"。为了超越第二阶段，儿童必须不能仅仅出于一种"义务观念"，或因为它是一件得体的事，而去做对的事情。他们必须对像别人的痛苦之类的考虑敏感，行为凭借它们而成为对的或错的。皮亚杰学派的发现是，在很早的年龄阶段，在儿童不能将一种行为比如偷盗，与某种考虑比如对这种行为会导致伤害他人的考虑相联系这一意义上说，他们不能够理解各种行为的理由。换言之，对他们来说，关心他人不可能充当一种原则。但这并不表明，在早期他们不能真实地感受到对他人的关心。如果他们在早期对别人的痛苦敏感的话，可以期望，随着他们的推理能力的发展，在以后的理性道德生活中，关心他人将成为一个主要原则。

那么，儿童是如何感受到对他人的关心的呢？难道关心他人有一种先天的同情基础？难道莫尼-科尔关于被弗洛伊德忽视的，他称为"人道主义的良心"（休谟的"人道感情"）的起因可以在儿童早期与母亲的关系中找到的假设是对的吗？难道这种内疚不必与那种作为惩罚产物和内化的社会反对的产物的内疚相区别吗？在皮亚杰-柯尔伯格理论中没有对这种问题的回答。但是，对关心他人的一种发展性描述肯定像对推理和儿童对待规则态度的发展性描述一样重要。在这一道德发展领域，皮亚杰的结论肯定需要弗洛伊德和社会学习派心理学的结论的补充。因为有大量证据表明，儿童的同情及其信任别人的能力很大程度上取决于他早期的社会关系。

对规则的反思　关于自律的第二个方面，对于推理的发展必须做些什么，以便使像关心他人之类的考虑可以当作原则起作用呢？儿童很早就能指出做事的理由，即使人们认为儿童还不能够以这种方式思考。因为没有环境中的这种"认知刺激"，这一对规则的思考态度就不可能发展。当然，我并不是在说任何心智健全的父母或教师，在早期阶段，将总是把儿童接受理由作为他做合理事情的一个前提条件——比如，尽量不到铁道上玩耍。这种假设已被心理学证据证实；这一方面最确定的研究结果是，道德发展与"引导"法的运用之间的联系，这种"引导"法包括解释、指明行为的结果，等等。还有证据表明，直到学龄前时期以后，这些方法才起作用。接近于伯恩斯坦称作"一种精制的准则"的语言，在促进这一发展上也是非常重要的。

意志的力量　"自律"并不仅仅意味着对规则的反思，而且意味着遵从作为这种反思结果的规则。做这一点，意味着心理学家所谓的"自我的力量"——延缓当下满足的能力，或者对某一更为长期的、深思熟虑的政策之赞成或反对的推动。这种曾与清教徒伦理密切相关的动力的发展程度，取决于特定的社会影响，这已被贝特汉姆（Bettelheim）和其他人有力地论证了。这并不仅仅是一个"成长"的问题。即使不完全是这样，美德也很可能是与诸如勇敢、正直和果断这样的意志力量相联系的。由于它们与比较传统的道德规范如英国公学的道德规范的关联，这些美德也许在最近时期里很少得到强调。即使有一些，但也很少有关于它们是如何发展的经验研究。也许习惯训练在它们的发展中是重要的，因为这些美德的特性在于，它们必须在面临相反倾向时得以运用。因此，除非儿童在面对畏惧或焦虑的情况下进行某种行为训练，否则，如果他在后来试图独立行事的阶段遇到畏惧或焦虑的话，他很可能被它们压倒。这显然是具有公学传统的教育者的假设，他们相信在这方面的训练的某种迁移。但是，他们往往过于强调意志力量的消极方面而忽视了对积极考虑的敏感，后者为抵制畏惧或诱惑提供了可靠且长久的依据。

4. 制度的影响

到此为止，我一直在讨论一些个体，如同龄人、父母及教师，可能有意或无意地提供恰当的"认知刺激"的方法途径，这些"认知刺激"有助于一种理性生活的发展。关于为正在成长的儿童提供潜在学习的强大资源的制度所产生的无孔不入的影响，人们没有说过什么。具有特别意义的是普遍的学校控制体制以及支持这种体制的动机假说。因为，皮亚杰和柯尔伯格的发展阶段显然夸大了这些制度的无孔不入的特征。自律不可能会为一种专制主义的控制制度所鼓励，在这种制度中，任何重要的事情都由校长的命令决定，普遍流行的假设是，诉诸某一个人是决定什么是正确的唯一方法。同样，在动机方面，如果由校方和一种严酷的考试制度做出的奖励与惩罚，为学习训练提供了坚定的鼓励，学生就不可能发展一种因为内在的理由而做事情的乐趣；因为制度本身体现了一种行为态度，这种行为态度适合于皮亚杰的第一个发展阶段。这些制度的现实必然建构了学生的观念。如果一种制度只体现了一种具有较早发展阶段特征的对待规则的态度，那么，试图鼓励一种已有较大发展的态度的教师们就有了艰难的任务；因为，在他们"认知刺激"的努力中，他们正在竭力反对制度的僵化的指令。

由此得出的结论并不是说，每一所维护自律理想的学校应该立刻彻底废除惩罚和考试制度，而引入一个学校议会，这个学校议会以一种自律者可以接受的方式指导学校事务。除了对教育制度完全"民主"的可能性提出理智的异议外，这种观点忽视了得之于皮亚杰－柯尔伯格理论的含义。因为，在儿童能够接受一种比较自律的对待规则的态度之前，他们必须从把规则视为与奖惩相关联发展到把它们视为坚持群体赋予或权威决定的规则结构的方法。柯尔伯格已经证明，许多青少年仍只处于第一个"前道德"阶段，所以，为他们设计一种仅依据最后阶段而建立的制度的建议是非常不恰当的。因此，从一开始就坚持主张儿童只学习使他们感兴趣的东西、儿童应自作主张和自行其是的进步主义学校，忽视了习俗道德阶段在道德发展中所起的关键作用。比较开明的学校事实上有一种牢固的预先安排的学校权威结构，所以越来越多的商讨和参与决策的领域对年长的学生开放。

——选自彼得斯著，邬东星译：《道德发展与道德教育》，

浙江教育出版社2000年版，第161—171页。

评析：

在这段选文中，彼得斯将儿童的道德发展分为三个阶段，即"自我中心阶段""规则遵从阶段"和"自律的实现阶段"。

彼得斯同意柯尔伯格的观点，认为在"自我中心阶段"，儿童具有自我中心的规则概念，即只做规定的事，其目的在于避免惩罚和获得奖励。这一时期，儿童具备原始的"事物"和"因果关系"的范畴概念，能将自己与他人区别开来。同时，必须给儿童提供大量处理事情的机会，以使儿童获得相关的经验，而不是仅仅通过狭隘的明确的教学来实现。在学习或接受认知刺激的过程中，成人的影响是十分微妙的。"知理的后来能够推理的孩子，来自对孩子采取温暖的接纳态度并且牢固和一致地坚持规则而不太依靠惩罚的家庭。"

在"规则遵从阶段"，彼得斯认为，儿童虽然还基本上是以自我为中心的，把遵从规则当作避免惩罚和获得奖励的方法，但儿童已开始认识什么是遵从规则以及认识到行为应当受规则的约束。同时，如果采用"灌输"的方法，儿童向"自律"方向的运动会受到影响。

在"自律的实现阶段"，彼得斯认为，自律的实现"不能指望年轻人靠自己设法完成这些发展，除非他们被给予具体机会去这样做"。在这一时期，儿童体验情感的能力或关心他人的能力十分重要，关系到他们去做对的或错

的事情。同时,儿童还会对规则作反思,如指出做事的理由,从而成为自律者。因此,"'自律'并不仅仅意味着对规则的反思,而且意味着遵从作为这种反思结果的规则"。这就意味着"意志的力量"或心理学家称作的"自我力量"在自律的实现过程中的作用。

　　彼得斯最后还谈到制度对儿童道德发展的影响,指出学校教育制度对学生道德的影响是客观存在的,"因为制度本身体现了一种行为态度……这些制度的现实必然建构了学生的观念"。不过,虽然他并不赞成过分夸大其作用,但他还是认为制度会对自律的实现产生影响,即"自律不可能会为一种专制主义的控制制度所鼓励"。在惩罚和考试制度下,"学生就不可能发展一种因为内在的理由而做事的乐趣"。但在开明的学校中,"越来越多的商讨和参与决策的领域对年长的学生开放",从而为学生自律的实现提供了机会。

11／［英］彼得斯《道德发展与道德教育》1981

（朱镜人）

12 / ［美］柯尔伯格
《道德教育的哲学》
1981

> 儿童有他们自己的关于价值问题的思维方式，因此，正确的方法是将儿童看作"道德哲学家"。
>
> ——柯尔伯格

《道德教育的哲学》（*The Philosophy of Moral Development*）是美国当代心理学家和教育家柯尔伯格关于道德发展和道德教育的论文集。这是一本对道德认知–发展教育进行深入探讨的著作，集中论述了柯尔伯格关于道德认知发展的理论。

作者简介

柯尔伯格（Lawrence Kohlberg，1927—1987）是西方道德认知发展理论体系的创立者，最具影响的学校德育学派的代表人物。1927 年 10 月 25 日，他出生于美国纽约州的一个商人家庭。他自幼表现出对事物的敏锐观察力和分析能力。青年时期他曾参与过帮助犹太人返回巴勒斯坦的行动。1948年，柯尔伯格以优异成绩考入芝加哥大学，开始攻读临床心理学，后因偶然读到皮亚杰的《儿童的道德判断》一文，逐渐对道德认识理论产生了兴趣，并最终放弃研究临床心理学而专门从事道德教育的研究。1958年，他完成了博士论文《从10岁到16岁时期思维与选择方式的发展》，并获得博士学位。1959年，柯尔伯格被聘为耶鲁大学心理学助理教授，开始致力于儿童认知发展的研究，1962年，他又回到芝加哥大学心理系执教。1968年，他受聘到哈佛大学心理系担任教授，将其心理学理论运用于道德教育的研究。1974年，他创立了哈佛大学"道德发展与道德教育研究中心"，开始了大规模从事道德发展和教育的研究工作，引起了世人的瞩目。1987年1月7日，柯尔伯格因无法忍受寄生性疾病的折磨而自杀。其教育代表作是1981年至1986年期间在学生和同事的协助下编辑出版的《道德发展文集》（*Essays in Moral Development*）三卷本，分别是《道德发展的哲学：道德阶段与公正观念》（1981）、《道德发展的心理学：道德阶段与生活历程》（1984）和《教育与道德发展：道德阶段与实践》（1986）。

　　柯尔伯格的道德认知发展理论是其教育思想的核心部分。其主要包括以下几个方面：第一，道德认知的发展是德育的核心。道德发展的过程是一种认知的建构过程，儿童道德的发展是在儿童与其社会道德环境的交互作用中发展和构建起来的。第二，道德认知的发展具有阶段性。道德认知发展可以归结为一个由三个水平六个阶段构成的过程。其中每一个阶段都代表着儿童通过自身的积极活动和思维构建而形成的不同的道德判断结构、道德世界观或道德哲学。第三，儿童是道德哲学家。道德教育的目的就是促进道德阶段的发展，儿童的道德价值观相对应于不同的发展水平和阶段，因此，道德灌输是无效的，传统道德教育的灌输性方法违反了道德发展和道德教育的规律，儿童的道德发展走的是一条"自己构成自己的道路"。第四，道德教育的模式和方法。柯尔伯格早期曾大力推荐所谓的"新苏格拉底法"，又称"认知—发展的道德教育方法"。这种模式的具体方法就是"课堂道德两难问题讨论法"。后来，他又修正了自己的一些观点，提出"道德教育的新柏拉图法"，又称"公正团体法"。这种模式开始注重发展团体的公正水平，以培养有道德和社会需要的公民为主，重视道德行为、道德判断的内容和真实的道德两难问题。

《道德教育的哲学》一书中的一些论文曾引发了许多相关的研究，被视为柯尔伯格道德认知发展理论的经典性论文，并被译成多种文字在世界范围内传播。该书中文本的出版为我国教育界人士研究西方道德教育理论提供了有价值的文献，并受到广泛的关注。

内容提要

《道德教育的哲学》出版于1981年，其副题是"道德阶段与公正观念"。该书主要汇集了柯尔伯格有关道德认知发展和道德教育的相关论文，比较集中地反映了他的道德教育思想。全书收录了八篇文章，主要论述了四个部分：

第一部分，具体包括："一、道德教育的认知—发展探讨"（合著，1976）；"二、道德发展与道德教育"（合著，1971）。在这一部分中，柯尔伯格首先把道德教育看成是对道德发展的促进，而不是直接传授一些固定的道德准则。他认为，公正原则对道德判断的发展极其重要；道德判断具有一定的发展阶段，是由儿童的思维方式和道德选择的依据来决定的；道德发展是一种不断增长的认知能力和重新构建社会经验能力的过程。其次，柯尔伯格还对道德价值的相对主义观点进行了批评，认为所有人都有一些基本的道德价值，道德产生于主体和客体的相互作用，不同的文化存在着相同的基本道德价值和道德发展阶段与顺序。道德价值在个体身上表现的不同是由于他们所处的道德发展阶段不同。道德教育的宗旨是促进道德判断的发展及其与行为的一致性。他提出了道德教育的三个原则：一是必须了解学生的道德发展水平；二是必须引起儿童的真正道德冲突；三是必须向儿童阐释高于他已有发展阶段的思维方式。

第二部分,具体包括:"三、道德阶段与道德化——认知发展探讨"(1976)。在这一部分中,柯尔伯格主要从道德判断和推理能力水平来阐述道德判断的发展过程,将其分为三个水平六个阶段,并详细说明了对道德发展阶段的社会认识;提出了影响道德判断的四种道德倾向性,即标准秩序(规定社会秩序和道德秩序的普遍一般性准则);实用结果(情景行为所带来的直接结果);公平或公正(追求人与人之间的自由、平等、互惠以及契约关系);理想自我(设想作为一个有良好道德的人)。其中,公平或公正的倾向性是道德认知最基本的结构。

第三部分,具体包括:"四、道德判断和道德行为的关系"(合著,1984);"五、道德气氛与责任判断的关系"(1984);"六、课堂道德讨论对儿童道德判断的影响"(合著,1975)。在这一部分中,柯尔伯格提出了道德判断和道德行为之间的关系模型。首先,他认为,道德判断和道德行为之间的那种"同步共向的线性增长的相互关系"支持了道德发展的阶段理论,道德阶段的结构可以表现具体道德行为的特征,道德行为可以从双重意义上确认其自身的价值,并随着道德判断发展阶段的上升而更加具有责任性。其次,他认为,责任判断取决于学生对学校道德气氛的认知,即对学校规范和集体的认知。责任判断是公正的道德判断通向道德行为的桥梁,道德气氛或团体规范对个人道德行为具有重要作用,道德教育的最佳途径就是改进学生做出道德决定的道德气氛。一个民主学校的学生能比传统学校的学生做出更多的责任判断,并处于更高的发展阶段。最后,柯尔伯格指出,课堂道德问题讨论法对学生的道德判断水平具有提高作用。这种方法能真正引起学生认知上的道德冲突、激发学生的积极性、提供民主参与的机会以及适合学校教育的特点。

第四部分,具体包括:"七、学校的道德环境"(1973);"八、论中学民主与为公正的社会而教"(1980)。在这一部分中,柯尔伯格提出,隐藏课程(hidden curriculum)是一种道德教育和道德发展的媒介,它"是学校必有的、具有必然性的群体、表扬和权力";但是,在隐藏课程中,最重要的是"教师和校长的道德品质和思想意识，因为这两样东西可以转化为一种动态的社会环境，而这种社会环境则影响儿童的环境"。柯尔伯格还提出了道德教育的新柏拉图模式。他站在道德研究的动态发展的基础上，强调更为完善的、实际的两难问题和道德行为问题，从重视教师的道德教育形式转到重视道德教育内容。这种模式要求采取民主管理的方式，建立师生平等的交互关系，防止教师利用权威采用灌输的形式和提倡自己并不身体力行的道德标准；同时，注重发展团体的公正水平，以培养正义或公正的公民为主，把学校建成公正的社团。

选文评析

道德认知发展的阶段

总之，道德阶段与认知发展及道德行为都密切相关，但是，我们对道德阶段的划分必须也只能依据于个体的道德推理水平。

关于道德阶段的理论界说

六个道德阶段可以分为三个重要的水平：前习俗水平（第一、二阶段）、习俗水平（第三、四阶段）以及后习俗水平（第五、六阶段）。

为了理解道德阶段，我们最好先了解一下三种道德水平。大多数9岁以下的儿童、一些青少年以及成年罪犯的道德发展处在前习俗水平上。少数成人则已达到后习俗水平，但一般只是在20岁以后才达到。"习俗"一词指的是：个体仅仅因为它们是社会的准则、期望和习俗，而遵守和坚持这些准则、期望和习俗。前习俗水平的个体还不能理解与坚持习俗的或社会的准则与期望。那些道德发展已达到习俗水平者已能理解并基本上会接受各种社会准则，但这是以他们理解并接受这些准则的依据即普遍性的道德原则为前提的。这些原则有时会与社会准则相抵触，此时，后习俗水平者便会依据原则而非习俗进行道德判断。

我们可以从这样的角度来理解这三种水平，即把它们作为自我与社会准则及期望间存在的三种不同类型的联系加以考虑。从这一点出发，第一种水平是前习俗个体，此时，各种准则和社会期望对于自我来说是一些外在的东西；第二种水平是习俗个体，在这里，各种准则及他人尤其是权威人士的期望与自我一致或已为自我内化；第三种水平是后习俗水平个体，此时，他已将自我从各种准则及他人的期望中分离出来，并会依据自我选择的原则做出他对社会准则的看法。

每一道德水平都包含两种阶段，其中第二阶段的一般性认识水平更高，更有条理性。道德六阶段是依据（1）什么是对的、（2）为什么是对的、（3）每一阶段背后的社会性认识，即现行道德推理着力贯彻的重要思想来论述这六个道德阶段的（见表一）。

12/
[美] 柯尔伯格《道德教育的哲学》1981

表一　道德六阶段

阶段内容			
水平与阶段	何为正确	为何正确	阶段的社会认识
第一水平—前习俗水平 第一阶段—他律道德	不违反以惩罚为后盾的各种准则，为规则而服从规则，不伤害他人的身体和财产	免受惩罚，当局至高无上的权力	自我中心的观点。不考虑他人的利益或没有想到他人与自己的区别；不会将两者观点联系起来。行动时考虑的是物质利益，而不是依据他人心理上的看法。权威认识与他自己的认识混乱
第二阶段—个人主义，实用目标和交换	只在能给他人立即带来利益时才遵守准则；为满足自己的利益而活动，让他人也这样做。正确即公平，即平等交换，即契约协议	在一定范围内实现个体自身的需要，同时必须懂得：他人亦是有其自身利益的	具体个人的认识。知道人人都有其所追求的利益与其间的冲突，因此，正确是相对的（在具体的个人主义的意义上）

水平与阶段	何为正确	为何正确	阶段的社会认识
第二水平—习俗水平 第三阶段—双边的人际期望、人际关系及人际顺从	像周围人或一般人所期望的那样，按你所扮演的角色，如儿子、兄弟、朋友等生活。行善是最重要的。它意味着有善的动机、对他人的关心。它也指维护双边关系，如信任、忠诚、尊重及感恩	做一个自己及他人都认可的好人的需要。相信推己及人的箴言。维护各种激励着公认良好行为的准则及权威的需要	与他人相联系的个人认识，懂得超越于个人利益之上的双边感情、协议及期望。通过具体的推己及人的箴言将各种看法联系起来，设身处地考虑他人。还不能考虑一般系统的认识
第四阶段—社会系统和良心	履行你所同意的各种实际义务。除了法律与其他恒定的社会义务发生冲突这一极端情况外，都应遵守法律	维护公共机构的整体性，"如果人人如此"，系统就可免遭破裂，或者说履行个人应尽的义务是良心准则（容易与第三阶段的相信准则与权威相混淆，见正文）	将社会的看法与人际协议或动机区别开来。接受规定着各种角色及准则的社会系统的观点。依据在系统中的位置考察个人间的关系
第三水平—后习俗水平或原则化水平 第五阶段—社会契约或社会功利和个人权利	意识到人们具有各种各样的价值标准和意见看法，其中大多数是与群体有关的。然而，为了公平，也由于它们是社会契约，这些与群体有关的准则通常是应遵守的；而像生命、自由等与群体无关的准则及权利，在任何社会不管多数人的意见如何也必须遵守	对法律的责任感。因为制定与遵守为所有人谋福利、保障所有人权利的法律是人们的社会契约。开始坦率地考虑对家庭、友谊、信任和工作责任的契约义务感。关心这种基于整个公共事业合理分析的法律和义务："为尽可能多的成员谋取尽可能多的福利。"	先社会认识。个体关于价值标准及权利的合理认识先于社会规定与契约。通过协议、契约、客观公正、正当方法等有效途径，使各种认识一体化。考虑道德和法律观念，认识到它们有可能会发生冲突，并发现使它们一体化是困难的

水平与阶段	何为正确	为何正确	阶段的社会认识
第六阶段—普遍性伦理学原则	遵循自己选择的原则处事。特定的法律或社会协议通常是有效的，因为它们是以这些原则为基础的，但当法律违反这些原则时，个体就要按这些原则行动。这些原则是普遍性的公平原则：人权均等、作为有个性者的人的尊严受到重视	作为一个理智者，相信普遍性道德原则的效用，以及对遵守这些原则的个人义务感	派生出各种社会任务的道德认识。这是懂得道德性质或人是目的本身并照此待人这种理智个体的认识

12

［美］柯尔伯格《道德教育的哲学》1981

三种道德水平的社会认识

为了区分出道德推理发展的结构特征，我们要找到一种能派生出各阶段重要结构特征的共有结构。塞尔曼（Selman）论述了探求这种共有结构的出发点问题。他分析了与道德阶段并行发展、结成认知结构演化梯度的各种角色扮演水平。塞尔曼对角色扮演的分析，主要是依据个体不同于他人的认识以及它们之间的互相联系而进行的。但是，我们认为这种依据应当是那种更为一般的、角色扮演与道德判断赖以进行的结构成分。社会认识这一概念指的是个体在解释社会事实、社会道德准则及社会义务时所持的观点。相应于三种重要的道德判断水平，我们假设了以下三种水平重要的社会认识：

	道德判断	社会认识
1.	前习俗	具体个人的认识
2.	习俗	社会成员的认识
3.	后习俗或原则化	超社会的认识

依据不同观念与道德水平的关系的整体情况，我们来说明一下社会认识

的含义。例如，习俗水平就不同于前习俗水平，因为前者推理时是依据下列几点进行的：（1）社会的认可；（2）对个人、团体及权威的忠诚；（3）他人和社会的福利。我们要问：产生这些推理特征的基础是什么？是什么力量使它们集于一处的？基本上可以用其社会认识——团休成员共同的看法来解释和融合习俗水平的这些特征。习俗水平的个体会使自己的需要服从于团体的观点和需要。17岁青年乔（Joe）对下列问题的回答，可以说明习俗水平的社会认识：

为什么不应偷盗商店的东西？

这是法律，是用来保护每一个人、保护财产的一条准则，而不仅仅是用来保护一家商店的。我们的社会需要这种准则。如果我们没有这些法律，那么人们便会去偷盗而不必为生活去工作，整个社会便会陷入困境。

乔关心的是遵守法律，有关的理由则是整个社会的利益。显然，他是以社会成员的身份说话的。"保护社会每一个人是我们的准则之一。"对社会利益的这种关心源自他"我们社会成员"这一观念。这一观念已超越了作为具体自我的乔。

让我们对习俗水平社会成员的认识与前习俗水平具体个人的认识做一番比较。后者是考虑自己利益和有关他人利益时个人的看法。7年前，也即10岁时，乔在回答同一问题时所表现的便是这种具体个人的认识：

为什么不应偷盗商店的东西？

偷商店的东西是不好的，这会违法。别人会看见并去叫警察。

"违法"一语在两种道德水平上含义是不相同的。在第二种道德水平上，法律是大家制定并为大家服务的，乔17岁时的表述即是如此。而在第一种水平上，法律是一种由警察强制实行的东西，遵守法律是为了不受惩罚。这种推论是由第一种道德水平的认识——个体考虑自身利益及其他孤立个体的利益时的认识所派生的。

现在再来看看后习俗水平的认识。此时,个体所取的又是个人的而非"我们社会成员"的观点,恰与前习俗认识类似。但后习俗水平上个体所持的观点却是普遍性的,是任何理智的有道德的个体所具有的观点。后习俗水平者知道社会成员的观点,但会依据个体的道德认识对它质疑和重新解释,因此,他会用各道德个体公认合理的方式来重新解释社会义务。个体对基本道德或道德原则所持的看法是超前的,这对他接受社会认识或承认社会法律和社会准则来说是必不可少的。社会法律和准则应当是每一位明智者(不管他属于什么社会,也不管他在社会中的位置如何)都会去遵守的东西。然而,后习俗的认识是先社会的认识,是那种已具有道德信仰、认为良好或公正的社会必须以这种信仰为基础的人的看法。这种认识的作用:(1)用来评判某一特定社会或一系列社会的实践活动;(2)使个体自己理智地为社会工作。
　　我们追踪研究的被试者乔便是一例。24岁时,他被采访过:

　　为什么不能偷盗商店的东西?

　　因为这是对他人权利的侵犯,在这里则是侵犯他人的财产权。

　　法律是这样写的吗?

　　一般情况下,法律是以道义上的权利为基础的,因此,这不是一个独立的问题,而是一个需要考虑到的事情。

　　你认为"道德"或"道义上的权利"意味着什么?

　　承认他人的各种权利,其中首先是生活的权利,然后是干其愿干的事,但不能妨碍他人的权利。

　　偷盗的错误在于它侵犯了个人正当的权利,而后者比法律和社会更为重要。财产权源自更为一般的人权(如不妨碍他人自由前提下的自由权利)。法律和社会的各种要求则都来自普遍性的道德权利,而不是反之。

　　应当注意的是,凭借权利、道德权利或道德这些概念未必能把习俗道德与后习俗道德区分开来。合乎道德地做事或按照良心而非按照法律活动,这些未必是理智的道德个体具有后习俗认识的标志。"道德"和"良心"可以用来指与民事法律或多数团体之准则相冲突的团体准则和规范。对于一个为"良心"而进监狱的上帝信仰者来说，像其所属宗教派别或团体解释的那样，良心指的是上帝的法律，而不是人人去适应的普遍性的道德原则或准则。在后习俗水平上，在未加入任何团体和社会或接受它们道德的理智的道德者那里，这些观念或术语的使用显然是有其特定依据的。例如，"信任"便是习俗水平和后习俗水平上共有的基本准则。在习俗水平上，个体希望所属团体的其他人值得信任。乔17岁时表述了这种情况：

> 为什么无论如何要遵守诺言？

> 友谊基于信任。如果不能彼此信任，那么便没有了基础。一个人应该尽可能地守信，人们会因此记住他，一个人如果可信，他就会受到尊重。

在习俗水平上，乔看到有的人守信，而有的人则不守信。他认为，个体应当成为可信者，这不仅仅因为他需要获得尊重、维持与他人的关系，而且还因为作为一个社会成员，总希望他人信任他。

而在后习俗水平上，个体的发展更进了一步。他没有自动地设想自己处于一个需要友谊和他人尊重的社会里。相反，他会考虑"为什么任何社会及社会关系都以信任为先决条件""如果个体要加入这个社会，为什么他必须是可信的"这些问题。24岁时乔对为什么要信守诺言的解释，便是后习俗水平的：

> 我认为，人与人之间的关系总是以信任、相信他人为基础的。如果不信任他人，你就会无法与任何人交往，人人如此。你一天所做的每一件事情都与他人相关，倘若不能合理地处理这种关系，你就会有麻烦。

至此，我们已经依据个体关于某事对错的推理，对后习俗道德认识作了解释。我们再来说明这种认识与实际决策或界定正确事物的情况。后习俗水平者懂得在道德冲突情境中任何人都应采取的道德观点。他不会从社会角色的立场出发解释各种期望和义务，而会认为角色扮演者应去适应"道德观"。后习俗道德观也承认各种不变的法律——社会义务，但在道德观与法律观相冲突时，他就会优先考虑道德义务。

24岁时，乔在回答海因兹偷药救妻两难问题时所持的决策性认识，便反映了这种后习俗道德观念：

拯救妻子是丈夫的职责。相对于其他任何可资判断海因兹行为的标准，其妻危在旦夕这一事实是至高无上的。生命比财产更重要。

假如患者并非其妻而是朋友呢？

我认为，这在道德上并无多大区别：依然是一个生命危在旦夕者。

假如她是一位陌路人呢？

从道德立场上看也是一样的。

道德立场指的是什么？

我认为，任何个体都有生活的权利，只要还有一线希望，就应该获救。

这位丈夫该不该被判受罚？

道德观与法律观通常是一致的，但在此处两者冲突了。对他的判决应当着重考虑道德上的观念，不过也要轻微地处罚海因兹以维护法律。

六个阶段的社会认识

这一段我们将分析三种水平中各道德阶段的社会认识差异，并将说明每一水平中第一阶段怎样发展到第二阶段的问题。

我们先看发展过程中最早的两个阶段，以便用同样的方式说明构成习俗水平的第三、四阶段。在前一部分中，我们引述过第一、二阶段那种"孤立个体"认识，并将它与乔17岁时那种合格社会成员认识即第四阶段认识作了比较对照。乔关于人际交往中信任之重要性的阐述，清楚地反映了接受社会系统观者的认识。第三阶段时，社会认识中的社会观意识较少，或者说个体对全社会的利益所知不多。例如，哥哥没听他爸爸的话，并将情况告知了安地（Andy），安地应不应将此告诉爸爸呢？让我们来看看安地对这一两难问题的回答：

> 应当为哥哥想想，但更重要的是应做一个好儿子。爸爸为我们费尽了心机。即便因为爸爸不信任我而不告诉他，比之对哥哥我也应更对得起爸爸。哥哥会理解的，爸爸为他也操了这么多心。

安地的认识不是以社会系统为依据的。这里包含了两种关系：一是与其哥哥的关系；二是与其爸爸的关系。首先考虑的是作为权威和帮助者的爸爸。安地希望哥哥有同样的认识，只不过是像别人那样集中考虑他们的爸爸罢了。这里没有涉及一般意义上的家庭组织。他说做好儿子更重要，这并不是因为社会整体或家庭系统认为这是一项更重要的任务。第三阶段这种团体成员认识是一般有教养者所共有的，但它不是社会整体认识或公共机关整体认识。这种第三阶段认识是从两个或更多个体之间的相互关系——关心、信任、尊重等——而不是从公共机关整体来看待各种事物的。总之，第四阶段的社会成员认识是一种"系统"认识，而第三阶段认识则是一种所处关系之一方或所在团体之一员的认识。

我们再来看看前习俗水平。第一阶段的认识仅仅是具体个人的观点，第二阶段时已意识到一定数量各有看法之他人的存在。在第二阶段，个体实现自己利益时会预测他人的反应，包括否定的和肯定的反应，其他人也预料他的行为。除非商量好，否则每一个人都会率先提出自己的观点。如果有契约，我们每个人都愿为他人出些力。

另一位被试者对是否告诉爸爸弟弟的不端行为（秘密得知的）这一问题，10岁时与13岁时回答的变化说明了从第一阶段到第二阶段的这种演变。10岁时，被试者做了第一阶段性质的回答：

> 一方面，告诉爸爸是对的，不然爸爸会揍他；另一方面，这样做又是错的，因为告诉爸爸的话，弟弟也将会打他。

13岁时，他已发展到了第2阶段：

> 哥哥不应告诉爸爸，否则，就会给弟弟带来麻烦。如果弟弟要他保密一段时间，他现在最好不要去告密。

在第二次回答中，个体已关心到兄弟的利益了，因为兄弟的利益也会通过预期的交往而影响到他自己的利益。在这里，哥哥的态度以及这种态度与他自身利益的关系是十分明显的。

再看后习俗水平。在有代表性的第五阶段，道德观和法律观的倾向性就有差异了，但是，要对不受契约——法律权利观支配的道德认识下定义是困难的。在回答应否偷药救妻这一海因兹两难问题时，已达高级的第五阶段的乔说：

> 通常，道德观与法律是一致的。但这里却相冲突了。审判时应更多地考虑道德立场这一点……

在乔看来，道德考虑比法律更为重要。乔认为，法律与道德都来源于个人的权利和社会准则，两者几乎是同等重要的。在第六阶段，个体会用伦理上普遍的公平性原则来解释责任。对于海因兹两难问题，个体第六阶段时的反应是：

> 这从法律上讲是不对的，但在道德上看却又是对的。法律制度只有在其反映理智者公认的道德法则时，才是正确的。人们必须考虑人身公平——这一社会契约的基础。社会赖以产生的基础不仅仅在于那些编入法律的东西，而且还在于人人公平——同等对待各种情况下的个人要求这一人皆有之的权利。人身公平意指"把每一个人视为目的而不是当作一种工具"。

> ——选自柯尔伯格著，魏贤超、柯森译：《道德教育的哲学》，
> 浙江教育出版社2000年版，第97—109页。

评析：

在这段选文中，柯尔伯格提出了儿童道德认知发展的阶段理论。这个道德认知发展阶段理论体系由三个道德发展水平和六个发展阶段组成：

水平Ⅰ：前习俗道德水平。儿童根据行为的实质结果或权利来解释善恶是非观念，属于具体个人认识。大多数9岁以下的儿童、一些青少年以及成年罪犯的道德发展处于前习俗道德水平。各种社会规则和期望对于前习俗道德水平的个体自我来说是一些外在的东西。这一水平包含两个阶段：

阶段1：惩罚与服从阶段。道德判断的标准是是否违反规则和权威，是否受惩罚和伤害。本阶段的人以自我为中心，不能考虑他人的利益，仅仅依据后果判断道德行为，将自己的观点和权威的观点混为一谈。

阶段2：工具性的相对主义阶段。道德判断的标准是是否满足自己和他人的要求，是否公平交易。本阶段的人持一种具体的个人主义观点，每个人都是根据自己的利益和观点做出决定，具有相对性，个体只有通过公平的交换来满足需要。

水平Ⅱ：习俗道德水平。个体已将社会规则内化，行为的价值以遵守规则为依据，属于社会成员的认识。10—17岁的青少年处于习俗发展水平。在这个阶段，各种准则及他人尤其是权威人士的期望与个体自我是一致的。这一水平包括两个阶段：

阶段3：人际关系的和谐一致阶段。道德判断的标准是是否做好自己的角色、是否关心别人、是否忠于伙伴、是否激励自己遵守规则和期望。本阶段的人采纳的是与他人关系中的个人观，已认识到共有的东西高于一切。

阶段4：法律与秩序阶段。道德判断的标准是是否对社会尽职尽责，遵守社会秩序和维护社会与群体的利益。本阶段的人根据自身的地位决定角色和人际关系，尊重权威，维护社会秩序。

水平Ⅲ：后习俗道德水平。道德抉择取决于平等社会中全体成员的一致认可的那些权利、价值和原则，属于超社会认识。少数成人（一般是20岁以后）可以达到这个水平。处于该水平的个体已经能将自我从各种准则及他人的期望中分离出来，并会依据自我选择的原则做出他对社会准则的看法。这一水平包括两个阶段：

阶段5：法定的社会契约阶段。道德判断的标准是是否维护了基本的权利、价值观和契约。本阶段的人采纳超前的社会观，信仰法律，注重普遍原则。

阶段6：普通的伦理原则阶段。道德判断的标准是是否受全人类普遍的伦理原则的支配。本阶段的人建立了社会治理的道德观，以领会德行的本质和懂得尊重他人为目的。

柯尔伯格强调，道德是在儿童与其社会道德环境的交互作用——活动或实践中逐步建构起来的，建构的每一个阶段都代表着儿童通过自身的积极活动和道德判断结构。因此，处于不同水平、不同阶段的儿童的道德价值观也是不同的。于是，他提出了"儿童是道德哲学家"这个重要命题。

12 ／ ［美］柯尔伯格《道德教育的哲学》1981

学校在道德判断和推理的教学中能做些什么?

我们在前文已经建议将道德教育的目的定为逐步促进儿童朝着更成熟的道德判断和道德推理发展，以达到对普遍的公正原则有一个明确的清晰的理解。显然，如果不同时考虑儿童根据他判断发展的最高水平去行动的愿望和能力，这个目的就是不完全的。我们在下文将讨论这一点。尽管这对道德思维的发展是不够的，但可以肯定，它对于所有其他的道德教育的目的是不可缺少的一环。通过把道德判断与行为联系起来讨论，我们将表明，有原则的思维的获得对指导个人的行为是至关重要的。

在讨论促进道德发展的同时，我们也必须指出，我们的目的并不是通过加快发展速度以造成道德上超前发展的儿童，而是保证儿童有适宜的发展水平，保证每个儿童最终能达到思维和行动的某种成熟的水平。我们的研究使人想到，那些在若干年内没有什么发展的儿童很可能是"被固结"或被固定在某一水平上，在此就停止不前了。因此，一个处于阶段2的16岁儿童与一个达到阶段2的10岁儿童比起来是相对地不发展的。当儿童固定在一个既定的发展阶段时，他们就会发展出各种坚固的屏幕或防御物以拒绝在社会道德环境中的那些不适合他们水平的情形对他们的影响。一个阶段2的平民区儿童对他的许多社会生活可能是从工具性的利己主义和相互交换的角度来理解的，而中产阶级的权威的世界可能会被理解为甚至是"更低的"阶段1的服从和惩罚的世界。他越是对其所处的社会环境阐述了相对的比较合适的阶段2的理解，他的阶段2的思维就越是固结不动。因此，发展性的道德教育的目的是，在儿童固结在某个低级阶段之前，刺激儿童向下一阶段发展。

看来有某些年龄期的存在，在其中某些转变在美国城市儿童中最容易发生。首先是青春前期（年龄在10岁到13岁之间），在此时，最经常发展的是从前习俗道德到习俗道德的转变。我们在追踪研究中发现，尽管儿童在10岁时的发展水平并不能预示他在成人期可以达到的水平，但那些在13岁时达不到一种稳固的阶段3或阶段4思维方式的人在他们进入成年期后似乎也不大可能获得有原则的思维。第二个转变期看来是青春晚期，年龄是从15岁到19岁。我们的研究成果表明，到了高中期结束时仍不能运用某些（至少是20%的）有原则阶段的思维方式的人是不大可能在成人期发展出有原则的思维方式的。

关于道德判断可以超时预言的性质的研究成果表明，在这些关键期中发展滞后的儿童无法安全补救这种缺失，同时也无法在成人期获得最高的水平。我们并不把这些研究成果看作可以暗示道德品格或者是生物学的特性或者是在较早的儿童期中家庭影响决定的。这两种结论在学校道德教育可行性的角度来看都是悲观主义的。相反，我们将这些成果看作暗示着有必要集中注意力防止那些开始出现发展滞后现象的儿童形成固结情况。因为道德发展的某种水平并不是在青春期到达的那个时候被固结下来的，在这个时期，道德教育的影响就有终身的积极作用。在过去，许多心理学家主张，只有家庭才能对儿童的道德发展发生有效的作用。这种结论是从哈桑和梅（1928—1930）的研究中得出的。哈桑和梅在他们的研究中发现，传统的品格教育（无论在学校、主日学校或童子军中）对道德行为并没有持久的影响（这些消极的结果已在前文解释过）。这种结论也部分来自精神分析理论和新精神分析理论以及一些实例研究报告。这些研究报告声称，良心、超我或道德品性是在儿童早期形成的,是儿童的自居作用及其与父母的情感关系的一种产物。最近的材料表明，应对这些结论重新予以审慎的考虑（Kohlberg，1963，1964，1969）。

在分析关于早期家庭经验对道德发展的影响的这些研究成果时，我们并不认为家庭对于道德发展是无关紧要的。相反，我们是提议，儿童道德发展的基础完全是在家庭中打下的，教师和学校不能否认他们有责任在此基础上促进儿童的发展，认为儿童的道德问题仅仅是由他的家庭背景引起的，这种看法尽管对教师来说是令人安慰的，然而这种信念没能得到客观事实的支持，而且这种主张并不是建设性的。

大量证据表明学校有能力对道德发展产生积极的影响。关于非家庭环境的教育效果的最突出的证据也许来自在以色列所做的一个先驱性研究（Bar-yam & Kohlberg，1971）。在一所肯堡兹（Kibbutz）或集体拓居地的高中里，同条件差的少年（通常来自北美文化背景贫穷而且双亲离异的家庭模式）交谈，一个在城市的同样由条件差的少年组成的控制组的道德判断也得到测验。像贫民聚居区的少年一样，控制组中很大比例的人仍然停留在道德判断的前习俗阶段，而那些在肯堡兹度过他们的高中期的少年没有一个是低于习俗水平的，并且有些达到了有原则的水平。因此，生活在肯堡兹的条件差的少年看起来于一个时期内获得了道德上的成熟。在此期间，几乎没有与他们自己的父母发生任何直接的接触。

看起来像肯堡兹这样一个总的教育环境可以影响道德的发展。布拉特（1971年）所做的一系列研究表明，更有限定的促进道德发展的工作也能够对儿童发生有效的影响。在第一个研究中（Blatt & Kohlberg，1971），在主日学校的一个由11岁至12岁儿童组成的班级里，经过三个月的每周一次的讨论道德两难问题的碰头会，班上的大多数学生向前移动了几乎整整一个阶段，在这样短短的一个时期内，这是一个巨大的变化。而且，在12周后获得发展的那些儿童在一年以后仍保持了这种发展。

这种研究程序曾在一所公立学校中分别由两种年龄（11岁和15岁）组成的一个黑人儿童班和一个白人儿童班中重复过。同没有进行道德两难问题讨论的和在没有教师引导下自己进行道德讨论的控制组比较起来，所有这些实验组都表现出明显的发展趋势（Blatt，1971）。实验组的平均增长数分布在1/4个阶段到1/2个阶段之间，比最初的研究中发现几乎一个阶段的平均变化稍小一点。

这些研究表明，运用一些与任何教师都能做到的措施稍有不同的程序，就可能明显地提高儿童道德发展的水平，并且能在某种程序上超时保持。……

——选自柯尔伯格著，魏贤超、柯森译：《道德教育的哲学》，

浙江教育出版社2000年版，第69—72页。

20
世纪外国
教育经典
导读 》》》》》

评析：

在这段选文中，柯尔伯格对学校提出了一个重要的问题："学校在道德判断和推理的教学中能做些什么？"应该说，在儿童道德判断和推理的发展中，学校、家庭和社区都是具有影响作用的。但是，柯尔伯格强调指出，尽管儿童道德发展的基础完全是在家庭中打下的，但学校不能否认他们有责任在此基础上促进儿童的道德发展，而且学校有能力对儿童的道德发展产生积极的影响。如果运用与任何教师都能做到的措施稍有不同的一些程序，那就可能明显地提高儿童道德发展的水平，并且能在某种程序上超时保持这种道德发展水平。在这个过程中，学校的目的并不是通过加快发展速度以造就道德上超前发展的儿童，而是保证儿童有适宜的发展水平，保证每个儿童最终能达到思维和行动的某种成熟的水平。在柯尔伯格看来，发展性的道德教育的目的是，在儿童固结在某个低级的道德水平阶段之前，刺激儿童向下一道德水平阶段发展。学校特别要注意儿童道德发展的关键期，如青春前期（10岁到13岁之间）、青春晚期（15岁到19岁之间）。因为在这些关键期中发展滞后的儿童不仅无法安全补救这种缺失，而且也无法在成人期获得最高的水平。

（杨　捷/单中惠）

13/ ［苏］巴班斯基
《教学教育过程最优化》1982

13/
［苏］巴班
斯基《教
学教育过
程最优化》
1982

教学最优化，要求教授（教师的活动）最优化和
学习（学生的活动）最优化统一起来。

——巴班斯基

《教学教育过程最优化》（*Оптимизация учебно-воспитательного процесса*）
一书是苏联教育家巴班斯基的教育代表作。这是一本系统阐述教学教育过程
最优化理论的著作。

作者简介

尤里·康斯坦丁诺夫·巴班斯基（**Юрий Константинов Бабанский**，
1927—1987）是苏联教学教育过程最优化理论的创立者。1927年1月7日，
他出生于苏联顿河地区罗斯托夫州的一个农民家庭。1945—1949年，他在顿
河—罗斯托夫师范学院数学物理系学习，曾担任该学院共青团书记。毕业后，

他到中学任物理教师，并通过在职进修获得教育学副博士学位。后来他又回到顿河—罗斯托夫师范学院工作了二十多年，积累了丰富的教学经验，并对教学教育过程最优化的问题进行了探讨。

1971年，巴班斯基成为苏联教育科学院通讯院士。1973年，他获得教育学博士学位。1974年，他成为苏联教育科学学院院士。1975年，巴班斯基被调往莫斯科，担任苏联教育科学院直属高等院校的教育科学教师进修学院院长。1981年后他就任苏联教育科学院副院长，并且是苏联部长会议最高学位评定委员会教育科学评审会议主席。

从20世纪60年代开始，巴班斯基就在罗斯托夫地区的普通中学进行教学教育过程最优化的实验，取得了丰硕成果，并形成了具有重大理论意义和实践意义的教学理论，引起苏联国内外教育理论界的高度关注。由于杰出的组织工作和学术成果，巴班斯基曾获得苏联教育科学界的最高奖励"乌申斯基奖章"和"克鲁普斯卡娅奖章"。1987年8月9日，巴班斯基去世。

巴班斯基一生撰写了400多部（篇）著作，涉及教育科学的众多领域，其中关于教学过程最优化的研究成果占了最大的比重。除《教学教育过程最优化》（1982）外，他的主要教育著作还有《教学过程最优化——预防学生成绩不良问题》（1972）、《教学过程最优化——一般教学论方面》（1977）、《怎样实施教学过程最优化》（1978）、《提高教育学研究的效率问题》（1982）、《教学过程最优化问答》（1983）等。

巴班斯基的教学教育过程最优化理论是在20世纪60年代苏联提高教学质量、防止学生学习负担过重的教育改革的大背景之下形成的。教学教育过程最优化是巴班斯基教育思想的核心，其主要内容包括以下几个方面：

（1）教学过程最优化的定义。巴班斯基将"教学过程最优"的定义描述为："教学过程最优化是在全面考虑教学规律、原则、现代教学的形式和方法、该教学系统的特征以及内外部条件的基础上，为了使过程从既定标准看来发挥最有效的（即最优的）作用而组织的控制。"

（2）教学过程最优化的本质。巴班斯基根据马克思关于人的劳动活动的论述，揭示了最优化条件下教学活动的实质。他指出，在师生的教学活动中，也存在着社会、心理、控制三方面的因素：社会因素，即教育目的和内容；心理因素，即师生双方的动机、注意力、意志、情感等；控制因素，即教师对教学的组织、方法的选择和计划的调整以及学生的自我控制。这三个方面的最佳统一，也就是达到教学过程最优化的境界。

（3）教学过程最优化的标准。巴班斯基指出，评价教学过程最优化的基本标准有两条：一是效果；二是时间。效果标准主要指学生在教学、教育和发展三方面都达到符合其最近发展区的实际可能达到的水平。时间标准主要指师生用最少的时间、花费最少的精力取得一定的成果。

（4）最优化的教学论体系。巴班斯基提出，在确定教学的目的、任务、内容、规则和原则、组织、方法及评价的时候，都要从全部系统的角度考虑问题。

13
[苏]巴班斯基《教学教育过程最优化》1982

内容提要

《教学教育过程最优化》出版于1982年，其副题为"教学法原理"。它是巴班斯基关于教学教育过程最优化理论的最新研究成果，在该书的"序言"中，巴班斯基写道："在本书中，我们所探讨的是课堂上教学教育过程最优化问题。"除简短的"序言"外，全书共十章，大致可以分为三个部分。

第一部分：最优化的一般理论（2章）。具体包括：第一章，教学教育过程最优化原则；第二章，最优化的基本准则和方法。在这一部分中，巴班斯基主要论述了两个方面的问题：

（1）教学教育过程最优化的原则。巴班斯基认为，教学原则并不是教育家随意创造的，而是来自教育科学所揭示的有效教学的规律性，因此，确定教学原则首先必须认识教学教育过程中的规律。这些规律以及相应的原则主要有：① 教学和教育过程受社会主义社会需要的制约；② 教学过程与整个教养、教育以及一般发展过程相联系，由以上两条规律可引申出教学的目的性原则、科学性原则、教学与生活及工作实践相联系的原则；③ 教学过程依存于学生实际的学习可能性，相对应的是教学的可接受性原则；④教学过程依存于一定的外部条件，相对应的是为教学创设必要条件的原则；⑤教学过程内部教与学是相互联系、辩证地相结合，相对应的是在教师指导下发挥学生的自觉性和积极性原则；⑥教学内容取决于教学任务，相对应的是教学的可接受性原则和教学的系统性和循序渐进的原则；⑦教学的方法和手段取决于教学的任务和内容，相对应的是根据教学任务和内容运用各种教学方法和手段的原则；⑧教学的组织形式取决于教学的任务、内容和方法，相对应的是根据教学任务、内容和方法综合运用各种教学形式的原则；⑨教学过程中所有成分相互联系，保证了相应条件下取得巩固的、可理解的、积极的教学效果，相对应的是教学结果的巩固性、理解性和实效性原则。

（2）最优化的基本准则。巴班斯基认为，最优化教学并不一定是最好的教学或最理想的教学，它"指在现有条件下，对学生和教师来说存在着实际的可能性的，以及从一定的准则来看是最好的"。最优化的教学是使各班级的每一个学生在掌握教学内容方面达到实际可能达到的最高水平，同时在可能的范围内提高他们的教育水平和发展水平。

第二部分：最优化的教学体系（5章）。具体包括：第三章，综合规划和具体确定课堂教学任务；第四章，教学内容最优化；第五章，教学过程的教育；第六章，改善促进学生发展的工作；第七章，选择最优的教学方法。在这一部分中，巴班斯基主要阐述了四个方面的问题：

（1）教师必须通过理解教学过程中的教养任务、教育任务和学生心理发展任务，掌握综合设计课堂任务的教学技能。

（2）教学内容的最优化要求符合完整性准则、符合科学价值和实践价值准则、符合年龄可能性准则、符合学习该材料的时数准则、符合国际上设计教学内容的经验准则以及符合现有教学条件和物质基础的准则。

（3）教学最优化要求完成学生在智力、意志、情感和动机等方面的心理发展的任务，提高课堂教学过程的效率和教养教育效果。

（4）教学方法最优化需要依据人的活动的构成和机制来确定具体的步

骤。教学方法分为三大类：第一类是组织学习认知活动的方法；第二类是激励学习认知活动的方法；第三类是检查学习认知活动的方法。每一类方法又可以分为多种具体方法。而且，每一种方法都可能有优点和不足，可能适用于某个范围，因此，选择最优化的教学方法必须根据具体情况择取合理的那一种。特别应该看到，教学方法相互渗透、互为补充，必须加以综合运用，进行最优化组合。

第三部分：教学最优化的组织（3章）。具体包括：第八章，消除学生学习负担过重的途径；第九章，关心节省教师的时间；第十章，有科学根据地分析课堂教学是教学教育过程最优化的重要因素。在这一部分中，巴班斯基主要论述了两个方面的问题：

（1）要消除学生学习负担过重，就不要超越学生一定的心理、生理和精神的潜力，使学生能够在可能的时间内最大限度地完成学习任务。学生的实际学习能力就是他的心理、生理和精神的潜力的总和，学习超过了学生学习能力的总和就是负担过重。

（2）教学最优化的目的不仅在于提高教师的工作效率，而且在于节省他们的时间和精力，这是教学过程最优化的重要特点。

《教学教育过程最优化》一书是巴班斯基在推广教学过程最优化理论后继续研究的新成果，被看作对教学过程最优化理论进行了最全面和最系统论述的著作。该书使教学过程最优化理论得到进一步系统和完善，1982年被苏联教育部列为教师的教育参考书，后又被苏联教育部推荐为师范院校教育学课程的内容。1985年，该书被译成中文本出版，受到我国教育界人士的广泛关注。

选文评析

教学最优化的基本准则

如果没有提出明确的标志，借以评价某个过程的优化程度，那么，任何关于该过程是不是最优化的争论都毫无意义。要知道，最优的教学过程，一般地说，不是最好的教学过程，即并非理想的教学过程。最优，也不是最大和最小的简单平均数。最优是指对现有条件来说，对学生和教师在当时的实际可能性来说以及从一定的准则来看是最好的。这些准则，在每种场合，都是具体规定的，随着学生和教师可能性的变化而逐渐复杂化。最优化的准则总是同一定的教学效果相联系。有过一个时期，有人认为没有留级生的教学就是最优的教学。后来，提高了对学生知识质量的要求，以及要求增加学业成绩优、良的学生人数。以后又对教学过程的效果提出更高的要求。教学过程不仅应当传授知识和技能，即对学生进行教养，而且应当对他们进行教育，使他们得到发展（教养、教育和发展，在这种情况下是指狭义的）。所以，在现代条件下，最优地组织教学过程，应当是使各个班级的每一个学生，在掌握教学内容方面，达到他当时实际可能达到的最高水平（优、良或者及格），同时在可能的范围内，提高他的教育水平和发展水平。从原则上说，学生学业成绩可能达到的最优水平以及教育水平和发展水平的尺度，是教师同班主任和学校领导一起，在对学生进行系统研究的基础上加以确定的。研究学生的办法有观察、询问、检查书面作业、课外活动时的交谈以及其他形式的交往等。因此，要使教学最优化，就一定要研究学生的实际学习能力，还要以教师能够采用的哪怕是最简便的形式，确定学生在教育水平和发展水平方面能够提高到什么程度。

因此，在现代条件下，教学过程效果最优化的第一个准则是每一个学生在教养、教育和发展三个方面都达到他在该时期内实际可能达到的水平，但不低于所规定的评分标准的及格水平。

为了在不加重学生和教师负担的情况下获得最优效果，必须明确规定时间用量，特别是家庭作业的时间量。例如，学校章程规定，学生用于家庭作业的时间，一年级不得超过1小时，二年级不得超过 1.5小时，三到四年级不得超过2小时，五到六年级不得超过2.5小时，七年级不得超过3小时，八到十年级不得超过4小时。关于学生课外活动的时间用量,也规定了标准数。[1]

四到十年级教师最优的时间量应当是每周上课18小时,备课时间也大致如此（每天3小时）。[2]低年级教师应当是每周上课24小时,备课12小时。当然,每日6小时的工作量并不包括用于社会活动的时间,各个机关都是利用工余时间开展社会工作的。

由此产生教学最优化的第二个准则是学生和教师都遵守有关课堂教学和家庭作业的时数规定。贯彻这一原则可避免师生负担过重。

教师最好还要懂得,不仅可以按照两个准则,而且可以按照三个和四个准则,来实施教学过程最优化。例如,大家知道,教学过程可能安排得很紧张,以致在后面的几堂课里,学生已不可能以应有的方式来掌握教学内容。因此,还可按照学生精力的合理使用来实现教学最优化。教学过程最优化还可以根据实现这一过程所耗经费来看:在某种情况下,得到同样效果,用同样时间、同样精力,而较省教学经费,这就是较好的方案。

13 ／ 〔苏〕巴班斯基《教学教育过程最优化》1982

在现阶段,教学过程最优化是按教学效果和时间耗费这两个准则来实施的。最优化向教师指出了以较少力气获得较高的教学教育效果的捷径。最优化可以使教师摒弃那些习以为常的、由于教学不甚得法而产生徒劳无益的做法,避免无止境的尝试和错误,返工劳动,浪费时间。我们想起了A.B.苏沃罗夫的一句名言:粗心人总是事倍功半。那些不善于最优地组织教学教育过程的教师,做起工作来正是如出一辙。

要经过若干阶段才能对教学最优化做出评价。首先,要根据一定的要件评价学生的教养、教育和发展的起始水平。然后,大致规划一下这些水平经过一段时间后可能提高到什么程度。接着再采取一系列教学教育措施,并评价学生水平所发生的变化。最后,把所取得的效果同可能达到的最优效果作

---

[1] 参阅M.H.康达科夫主编:《学校中的教育工作》（文件汇编）,第284—286页,莫斯科,1976年。——原注

[2] 6小时工作量是示范性的,是我们参照中等专业学校和高等学校教师的工作量而提出的。——原注

比较，把用于家庭作业和课外活动的时间同各年龄段所规定的时数相对照，对所采取的那一套措施的优化程度做出结论。在比较各种不同方案并从中选择最优方案时，开始最好是按照一个准则来进行，使第二个准则不变。如果教学过程的方案同时按照两个准则来看是较好的，那就可以说，这个方案的优化水平更高。

让我们对学校实验工作过程的两种教学方案作比较。

可能的方案是多种多样的（见下表）：

可能的方案	效果指标	时间用量
I	达到该班现阶段可能取得的最大效果	多于规定量
II	同上	符合规定量
III	同上	少于规定量
IV	低于该班现阶段可能取得的最大效果	多于规定量
V	同上	符合规定量
VI	同上	少于规定量

第一种方案从时间用量来看不是优化的，第四、五、六种方案从效果来看不是优化的。因此，只有第三种或第二种方案才可能是最优的方案。如果由教师来比较这两种方案，他们倾向于第三种方案，因为，这符合以较少时间取得同样效果的目的。

我们在上面已经指出，最优化的准则可以变化，可以根据学生和教师可能性的变化而扩大。将来，教师一定可以学会同时按教学教育过程的参加者以必需的最少精力的准则来使教学最优化。现在，我们已经在某种程度上运用了这一准则，这就是要选择课堂教学中师生活动可能达到的最优紧张度，以便他们在整个工作日里合理地使用力量，避免在第一堂课就用尽力气，后几堂课却萎靡不振。我们没有更广泛地运用这一准则，因为我们还缺乏可靠的测量方法，借以测量学生和教师在教学中所耗精力。但是，我们会很快找到这种可行的测量方法，那时就有实际可能把这个准则不仅运用于科学研究，而且运用于实际工作。最优化原则的先进性恰恰在于它不断地推动学校改进工作，又不容许对学生和教师提出过分的、不切实际的要求。

教学最优化，要求教师备每一节课都应依据教学规律和教学原则，创造性地选择研究新课题的最好方案，在组织课堂教学时，不应千篇一律、公式化、一成不变，不可夸大个别方法和形式的作用，不要平均使用所有的方法和形式，而应当找出该情况下各种方法和形式的最好结合方案。选择教学过程的最优方案，就是选出最适当的任务、内容、方法、手段、形式（即教学过程的所有基本要素）以及适当的速度，并且保证良好的教学条件。由此可见，问题不在于个别的最优化方法，而在于实施最优化的整个方法体系。这个体系从总体来看包括了整个教学过程。最优化的方法体系是教学论中的一个新概念。明确这个体系是一种新事物，这很重要，因为，能够获得教学最优化效果的个别工作方法，多数是人们，特别是有经验的教师所熟悉的。但是，这些个别的方法，一般地说，对教学效果的作用是很微弱的。当教师掌握组织教学过程的整个最优方法体系时，他就能按教学计划和学校章程所规定的时间内获得较大的效果。顺便指出，我们有时谈到最优化的方法，有时又谈到教学过程最优化的技能，这是指教师掌握一定的最优化方法，或者它的各个阶段。

教学最优化，要求教授（教师的活动）最优化和学习（学生的活动）最优化统一起来。

——选自巴班斯基著，吴文侃译：《教学教育过程最优化》，

教育科学出版社2001年版，第25—30页。

评析：

在这段选文中，巴班斯基明确指出，任何没有明确标准的最优化都是毫无意义的。那些被认为是最好的教学过程并不一定是最理想的教学过程，最优化教学也不是简单和复杂、最大和最小以及最多和最少的平均数。所

13 ／ ［苏］巴班斯基《教学教育过程最优化》1982

谓"最优化"，指的是在现有条件下，根据当时的实际可能性，按照一定的准则来衡量是最好的。"最优地组织教学过程，应当是使各个班级的每一个学生，在掌握教学内容方面，达到他当时实际可能达到的最高水平（优、良或及格），同时在可能的范围内，提高他的教育水平和发展水平。"因此，教学过程最优化有两个基本准则：第一个基本准则是每一个学生在教养、教育和发展三个方面都达到他在该时期内实际可能达到的水平，但不低于规定标准的及格水平；第二个基本准则是学生和教师都遵守所规定的课堂教学和家庭作业的时数。同时，巴班斯基又指出，在目前的情况下，教学过程最优化按照教学效果和时间消耗这两个基本准则来衡量，但也许存在着其他的准则。总之，教学最优化要求教师备每一节课时都应依据教学规律和教学原则，创造性地选择最好的教学方案；要求教授最优化和学习最优化统一起来。

教授最优化的八个方法

　　教授最优化的第一个方法是综合规划和具体确定学生的教养、教育和发展任务。根据上述规律和原则可以知道，如果很好地考虑整体任务，而不是其个别任务，那么，教学活动就能进行得更迅速，更顺利。如果教师仅仅考虑课堂的教养任务，而听任教育和发展任务自流，那么，课堂教学的效率必然是低的。综合确定任务，就可以同时完成这些任务，无须另加时间。这里出现了相互帮助和干预的有趣现象。例如，如果在课堂教学时间里，提出了进一步培养对所研究现象作比较的能力，那么，这将直接有助于完成基本的教养任务，也有助于更好地掌握课的主要教育思想。其他教学教育任务的相互联系也与此类似。所以，综合规划和完成任务可以作为教学最优化的一种方法。

　　最优地组织教学要求课堂教学任务具体化，这应以研究该班学生的特点和进行教学的条件为基础。这样，教育影响就会引起巨大反应，促使学生积极努力地完成所提出的任务。必须指出，在实施教学最优化时，我们应当尽量照顾学生的特点，但并不是像"自由"教育理论支持者所要求的那样，盲目迁就他们。最优化要求：教育影响必须以学生的积极性和可能性为基础，把他们的发展提到一个新的、更高的水平。具体确定教学任务时，必须突出最重要、最基本的任务。在授课计划中，把教学、教育和发展性质的各种可能任务"汇集一起"并不困难。但最优化的本质却在于从大量可能的任务中，选出该场合下应当特别努力完成的任务。

教授最优化的第二个方法是使教学内容符合教学任务，突出教学内容中主要的、本质的东西。最优化的这一方法的方法论原理，就是必须突出一切活动的主要环节。在教学实践中，遗憾得很，还有许多教师不能按要求做到突出课的主要思想，没有把学生的注意力集中到主要思想上，却在次要的例子和事实上过多占用时间。教学论有责任帮助教师克服当前教学的这个"致命弱点"。如果我们不能把注意力坚决集中到主要的东西上，不管采用什么样的教学大纲和教科书，都不可能防止学生负担过重的现象。这一点，每个教师都必须牢牢记住。

在设计教学内容时，非常重要的是，不仅要像以往那样注意传授某些科学知识，而且要注意学生更广泛的活动内容：掌握新材料的主要内容；掌握有关的技能（不仅包括专业方面的，而且包括一般学习和合理化方面的技能）；自我管理；自我检查；互相交往；等等。

人们往往不能恰当地考虑目的、任务和各种必要活动之间的相互联系。许多教师只是把材料划分为几个部分，指定一些考查作业等，却很少考虑学生为达到规定的目的所进行的活动。因而，许多事情只能受偶然性支配，故收效甚微。

教授最优化的第三个方法是选择最适当的课堂教学结构，即提问、学习新教材、练习、巩固、家庭作业、小结等的顺序。在学校实践中，这个方法的运用与有益的实际经验有关。这个方法是从保证教学具有最优的系统性和

13／［苏］巴班斯基《教学教育过程最优化》1982

连贯性原则引申出来的。

教授最优化的第四个方法是教师自觉地为完成一定教学教育任务选择最合理的教学方法和手段。这个最优化方法是从相应的教学原则，即选择教学方法的最优结合方案原则引申出来的。为此，教师必须了解各种教学方法（口述法、直观法、实践法、复现法和探索法、独立工作法、激励学生积极性的方法、检查和自我检查的方法）的作用。

口头上说最优化方法很重要，这并不困难，重要的是使教师有实际可能把这个方法运用于实践。我们认为，现在已经具备了这种实际可能性。近年来，出版了一系列著作，这些著作对各种教学方法在完成课堂教学任务方面的效率作了比较性评价。最优地选择了方法后，如果在课堂教学进程中有必要的话，在运用时还必须及时校正。教师按照实际情况来运用教学方法的这种自觉的灵活性是值得提倡的。应当指出，上面所说的一切也适用于选择教学手段：教学参考书、教学技术手段等。应当从许许多多教学手段中，选出那些足以加速有关课题学习的特别有价值的手段。

教授最优化的第五个方法是对学生采取区别对待和个别对待的办法，把全班的、小组的和个别的教学形式最优地结合起来，这个方法的重要性，许多教师早已明确。这个方法旨在履行相应教学原则的要求。区别对待的必要性，在于学生在素质、记忆类型、感知周围事物的特点、主要的思维品质、以前的学习经验等方面具有差异性。诚然，在运用时会遇到一系列的困难。首先遇到的一个复杂问题是找出根据，以便把班内学生分成几个小组。大家知道，外国的某些学校，在教学伊始，就根据智力测验的结果把学生分为A、B、C三组。这种智力测验，按照其发明人的意见，能够判明学生的能力。上述的每一个组按照较复杂的、较不复杂的和简化的大纲进行教学。这样一来，从入学时起，有一部分学生就注定不可能得到完全的教育，而教师也不必努力帮助他们掌握升大学所必须具备的知识。这种区别教学的办法是我们所不能接受的。我们认为，重要的是使所有体质健康的学生都能按照统一的而不是简化的大纲接受中等教育，如果愿意，就可以继续升学。

在我们的国家里，必须采取根本不同的办法来进行区别教学。按照我们的观点来看，区别教学的基本原则不应当是一味简化教育内容（对一些人教较简单的内容，对另一些人教较复杂的内容），而是对学生进行有区别的帮助：某些学生需要更多的帮助，另一些学生需要一般的帮助，第三种学生只需很少的帮助。需大力帮助的小组不应当是固定的。随着儿童潜力的发展，他们需要的帮助就减少。这种区别教学形式，当然不排除这样的可能性，即学生还不适应教师的帮助形式时，便暂时降低作业的复杂程度。以后，帮助的分量应当逐步减少，以便培养学生学习的独立性。在教学过程中，也必须采取区别对待的办法来教育优等生，他们需要教师就发展能力方面提出建议，需要布置个别作业等等。给他们安排选修课、组织学生协会等，也是有益的。

近年来，教学专家还经常谈到学习活动的集体组织形式。必须指出，如果说全班形式、小组形式和个别形式是根据在教师指导下的学生人数来区分的话，那么，集体形式所反映的乃是在小组活动形式和全班活动形式下学生相互作用的性质。集体形式必在教学过程中对培养集体主义品质产生积极影响。通过集体形式组织小组活动和全班活动，学生共同拟定活动的目的，选择达到目的的方法，在活动中进行相互帮助，并且集体分析活动的结果。我们应当寻找扩大这种学习活动形式的可能条件。

教授最优化的第六种方法是为教学创造良好的教学物质条件、学校卫生条件、道德心理条件和美化条件。这个方法来自有效教学的相应规律和原则。前面已充分阐述了这些规律和原则的实质。

教授最优化的第七个方法，我们认为是采取专门措施来节省教师和学生的时间，选择最优的教学速度。当然，在教学过程中运用上列各种最优化方法本身，就是节省时间的最重要手段。明确提出教学任务，把这些任务具体化，突出主要的教学内容，在选择教学方法、手段和组织形式时采取区别对待的办法，这一切都会提高课堂的教学效果，教师可避免多花时间和精力。但是，也不能忘记科学地组织教育本身就提供了许多节省时间的专门方法：适当装备专用教室，使用管理仪器的自动化手段，合理地收集教学参考材料，以及有科学根据地规划学校中的劳动。

教授最优化的第八个方法是按照最优化准则分析教学效果和师生的时间用量。这种分析在于判明通过教学过程所获得的最终效果（即教养水平、教育水平和发展水平的提高）是否符合学生的实际能力以及师生的时间规定量。

正如上面所指出的，教学过程的双边性决定了教授最优化方法与学习最优化方法有不可分割的联系。因此，如果没有学生活动的特定自我组织，教学最优化是不可思议的。其中包括：在教师指导下，学生应当认清向他们提出的整个基本任务，把这些任务作为行动的指南，不断地集中注意力于课题的主要问题上，设法找出完成学习任务的最合理方案，通过及时的自我检查，力求逐步调整自己的活动，扬长避短，在保证学习活动高质量的前提下，合理使用时间并设法加快学习活动速度，对工作效果和时间用量作自我分析。在教师的妥善指导下，学生自己按上面所说的那样来组织学习活动，才符合学习最优化的准则。只有把教授最优化同学习最优化有机融合起来，才能保证整个教学过程的最优化。这个体系，可以用这种概括的形式来表示（见表一）：

表一 教学最优化的方法体系

教学过程的成分和条件	教学最优化的方法	学习最优化的方法
I 教学任务	综合规划教养、教育和发展的最重要任务 在研究学生实际学习可能性及教学条件的基础上，具体确定教学任务	接受任务并力求在自己的活动中积极地完成这些任务；考虑自己的可能性，规划补充的任务
II 教学内容	突出教学内容中主要的、本质的东西，设法保证学生掌握这些内容。选择讲授课题的最优逻辑顺序	集中注意主要的东西，力求掌握最本质的东西

III 课程教学结构	选择最优的课堂教学结构	在课堂教学的所有阶段都开展积极的活动
IV 教学的方法和手段	选择最合理的教授、激励、检查的方法和手段，在课堂运用时做必要的修正	在学习中进行合理的自我组织、自我激励和自我检查
V 教学形式	选择全班的、小组的、个别的、教学形式的最合理的配合方案，以便进行区别教学	力求发扬自己的长处，克服短处
VI 使用时间的规划	选择最合理的教学进度，在学校和家庭都是用节省时间的专门方法	最合理地使用学习时间，力求加快自己学习活动的速度
VII 教学条件	创造良好的教学条件	参加教学条件的改进
VIII 分析教学效果和时间用量	判明效果是否符合学生的实际学习可能性和规定的师生时间用量标准	自我分析教学效果，把效果同自己的可能性作比较，评价时间用量的合理性

上面所提出的这一套最优化方法是相对全面的和完整的。当然，这并不排除把各个最优化方法再细分的可能性。每一个最优化方法，只有顺利地实现前面的最优化方法后才能实现。所有这些方法作为一个整体，构成了在实践中运用最优化原则的程序。

——选自巴班斯基著，吴文侃译：《教学教育过程最优化》，

教育科学出版社2001年版，第30—36页。

评析：

在这段选文中，巴班斯基指出，教学最优化要求教师教授的最优化和学生学习的最优化，但从方法论上看，教师教授的最优化更为迫切和必要。为此，他总结出八个教授最优化的方法：（1）综合规划和具体确定学生的教养、教育和发展任务。其中重要的是，在实施教学最优化时要尽量照顾学生的特点。（2）使教学内容符合教学任务，把注意力集中到主要的、本

质的东西上。(3)选择最适当的课堂教学结构,即提问→学习新教材→练习→巩固→家庭作业→小结的顺序。(4)选择最合理的教学方法和手段,其中包括口述法、直观法、实践法、复现法、探索法、独立工作法、激励学生积极性的方法、检查和自我检查的方法等。(5)对学生采取区别对待的方法,采用全班形式、小组形式和个别形式等,注重具有学生相互作用性质的集体形式的积极影响。(6)为教学创造良好的条件,其中包括教学物质、学校卫生、道德心理和美化等条件。(7)选择最优的教学速度,以节省教师和学生的时间。(8)按照最优化准则分析教学效果和师生的时间用量。但是,巴班斯基又指出,最优化的教授方法是一个全面的、整体性的系统,必须与最优化的学习方法相结合,两者是不可分割的双边活动。最优化的教授方法需要优秀的教师进行运用,只有优秀的教师才善于掌握教学最优化的方法。

(杨　捷)

14 ／ ［美］古德莱德
《一个称作学校的
地方》1984

　　如果今天的学校安排充满了活力，明天的教育体系就会逐步形成。

——古德莱德

　　《一个称作学校的地方》（*A Place Called School*）是美国教育家古德莱德的教育代表作。这是一本具体阐述美国学校制度研究的著作，集中论述了古德莱德的学校教育改革理论。

作者简介

　　约翰·I.古德莱德（John I. Goodlad）是当代美国教育家。1920年8月19日出生于加拿大不列颠哥伦比亚省温哥华。1939年温哥华师范学校毕业后，在一所乡村单班学校里开始从事教育工作，先后担任教师、校长等职。在加拿大不列颠哥伦比亚大学获得学士和硕士学位。后进入美国芝加哥大学，在美国教育家和课程理论家泰勒（R. Tyler）的指导下于1949年获得博士学位。

　　此后，古德莱德先后在埃莫里大学和阿格尼斯·斯科特学院（1950—1956）、芝加哥大学（1956—1960）、加利福尼亚大学洛杉矶分校（1960—1985）、华盛顿大学（1985年之后）任教。在加利福尼亚大学洛杉矶分校期间，他担任教育研究生院院长16年（1967—1983），并兼任该校附小校长（1960—1984）。在华盛顿大学期间，他主持了一项大型的师范教育改革研究（1985—1990）。他还主持了具有重要意义的学校教育研究（1976—1984），作为美国学校教育史上规模最大和最复杂的调查研究之一，该研究项目在美国教育研究领域里堪称一绝。除外，古德莱德还承担过其他一些研究项目，例如，变化中的学校课程（1963—1966）、学校和班级教学研究（20世纪60年代末70年代初）等。

　　与此同时，古德莱德在一些基金会的资助下，先后建立了一些教育研究机构。其中有教育活动发展研究所（1966—1982）、学校教育与社区教育实验室（1981—1984）、教育更新中心（1986）、教育探究所（1992）等。

　　古德莱德在许多教育学术团体中担任过职务。其中有：美国教育研究协会主席（1967—1968）、德国汉堡联合国教科文组织教育研究所副主任（1974—1975）、美国师范院校联合会主席（1989—1990）等。他还是美国全国教育科学院的创建人之一。

　　在学术生涯中，古德莱德编撰了30多部著作，在期刊上发表200多篇论文。除《一个称作学校的地方》外，其他主要著作有《教育变革的动力学：建立自我更新的学校》（1975）、《课程探究：对课程实践的研究》（1979）、《我们国家的中小学教师》（1990）、《对教育的赞美》（1997）等。由于杰出的学术贡献，古德莱德获得哥伦比亚大学师范学院授予的"杰出服务奖章"（1983）、美国教育研究协会课程与教学分会授予的"课程研究杰出贡献奖"（1983）、美国教育研究协会授予的"教育研究杰出贡献奖"。

内容提要

《一个称作学校的地方》出版于1984年。2004年出版了二十周年纪念版，虽然其章节内容一字未改，但古德莱德增加了"后记"。作为一本研究美国学校教育的著作，该书以美国7个州具有代表性的13个社区（城市的、市郊的、农村的）的38所学校（包括小学、初中和高中）为研究对象，通过问卷、观察、访谈等方式收集大量资料，详细描述了美国学校教育的现状和存在的问题，具体阐述了美国学校的教育目标，全面提出了改革学校教育的方案。除了二十周年纪念版的"序言"以及著者的"前言"和"后记"外，全书共十章。

在二十周年纪念版的"序言"中，赛泽（Theodore R. Sizer）指出：在20世纪80年代初美国两项重大教育工程中，《处在危机中的国家》对于它的时代是重要的。《一个称作学校的地方》则是长久之计。加德纳戏剧化地吸引和集中了全国的注意力。古德莱德提出的是这个国家在创建新的、更好的学校时必须要考虑的问题"。

在"前言"中，古德莱德指出，《一个称作学校的地方》是他本人主持的"学校教育研究"项目的综合报告，整个研究和写作从20世纪70年代末延伸到80年代初。他写道："此书是对特定历史时期美国学校的真实写照。"

在第一章"我们能办有效的学校吗？"中，著者指出，我们需要更好地理解我们的公立学校以及困扰它们的具体问题。只有在这种理解之后，我们才能带着创建更好学校的信心来处理这些问题。大多数学校改革计划的失败都是出于无知。同时指出，需要把学校作为整体来研究。最有希望的学校改革方法就是寻找开发学校自身的能力来解决自己的问题，以成为基本上可以自我更新的学校。

在第二章"我们需要全面的教育"、第三章"超越学术知识"中，著者指出，对学校的期望实际上综合了不同的人对学校教育的各种需要，这是所有学校都面临的问题之一。家长都希望孩子受到综合的和全面的教育。因此，基于学生获得全面的教育，著者讨论了学校的教育目标问题，并具体提出了

"美国学校的教育目标"。同时指出，学校的任务不仅仅是智力目标，只是教会学生读、写、算，而应该是对智力、社会、职业和个人发展的目标给予平衡的关注，进一步接近我们的教育理想。

在第四章"在教室里"、第五章"获取知识的机会"、第六章"教师与教学环境"、第七章"学校和课堂在做些什么"中，著者集中探讨了学校教室和课堂教学问题。一是应该关注教室里的教学活动，例如，用于学习的时间、时间是怎样用的、课堂的模式、教室的气氛等。如果教师开始评估自己的课堂，那改革就有了一个新的开端。二是既要关注学校提供的教育机会的质量，又要关注学校提供的教育机会的平等。三是教室是教师的领地；教师是学生学习中最有影响的因素。但我们要改善教学环境，以使教师发挥出最大的潜力，能够创造性地教学。四是应该考虑：学校正在教的内容是否就是它们应该教的内容、学校教的内容是否能够唤起学生的兴趣等。

在第八章"相同却又不相同"中，著者指出，学校存在着差异，学校的满意指数和课堂气氛有着密切的关系。但是，最令人满意的学校和最不令人满意的学校之间并没有出现明显差异。学校确实是不一样的，这并不是因为它们在组织结构上或行为规则上有所不同，而是因为学校中的人在以个人和集体方式应用这些规则和相互交往时各有不同之处。

在第九章"改进我们现有的学校"中，为了在短期内改进我们的学校，著者提出了学校改进的意见和建议。具体涉及州政府和学区的责任、学校的权力、教师的教学、课程的平衡、教学的改善、组织的调整、教师的培训等方面。著者明确指出："如果今天的学校安排充满了活力，明天的教育体系就会逐步形成。但是如果我们挖自己的墙脚，为目前的现状辩护，并且仅仅在边缘领域进行一些改善工作，那么我们现有的学校就会衰退下去。"

在第十章"超越我们现有的学校"中，著者指出，今天的改革将塑造着明天的学校。为此，应该重新考虑学校教育体系中的衔接环节，考虑教育计划和学习计划以及教育技术，考虑走向教育性社区。但到目前为止，我们对教育的憧憬还是多于对它的实践。

《一个称作学校的地方》一书曾荣获美国教育研究协会的"1985年杰出著作奖",古德莱德本人被誉为美国"学校教育研究的权威"。

选文评析

学校的教育目标

我们将总结出来的教育目标呈现如下,目的是引导学校委员会成员、家长、学生和教师认清共同的办学方向,并发展与这些目标有关的教学计划。这些目标也可以促使我国民众就教育和学校的使命开始一场本应该进行的对话。我们不用从头开始,因为我们并不是还没有学校的教育目标。我们应问自己:这些目标的重要性和意义何在,它们是否足够全面,它们对教育政策和教育实践的含义何在,我们是否要在教学中予以贯彻和实施。

美国学校的教育目标

A. 智力目标

1　掌握学习的基本技能和基本过程

1.1　学会读、写和基本运算。

1.2　学会通过读和听获取思想观点。

1.3　学会通过写和说交流思想。

1.4　学会运用数学概念。

1.5　培养利用信息资源的能力。

在我们的技术文明进程中,个体参与社会活动的能力依赖于对这些技能和过程的掌握以及在变化的生活中运用这些知识的能力。那些缺乏这些能力的人在有效发挥社会作用方面,将无一例外地受到严重限制。

2 智力的发展

2.1 培养理性思维的能力，包括问题解决的技能、逻辑原理的运用和使用不同调研模式的技能。

2.2 培养使用和评估知识的能力。例如，批判和独立思维的能力可以帮助人们在智力活动和生活的各种角色——公民、消费者和工人——中做出判断和决定。

2.3 积累全面的知识，包括数学、文学、自然科学和社会科学方面的信息和概念。

2.4 培养对于智力活动的积极态度，包括好奇心和进一步学习的愿望。

2.5 培养对于社会变革的理解。

随着社会文明程度日益复杂，人们更加强烈地依赖理性思维和能力。而且，今天的社会需要每一个成员的充分发展。这一过程不仅包括大量基础知识的获得，也包括基本思维技能的发展。

B. 职业目标

3 职业教育——职业技能教育

3.1 学会如何选择一种个人满意又适合于自己技能和兴趣的职业。

3.2 学会根据对职业选择的了解和知识做出决定。

3.3 培养实用技能，传授专门知识以使学生获得经济上的独立。

3.4 培养良好的习惯和态度，例如，掌握良好技艺的自豪感，使学生可以有效地参与经济生活。

3.5 培养对工作的积极态度，认识谋生的必要性，欣赏工作的社会价值和尊严。

在我们的社会中，人们的大量时间用于工作。因此，个体的自我满足与他对自己工作的满足有极大的关系。为了做出明智的择业决定，人们需要了解自己的才能和兴趣与职业可能性的关系。此外，他必须获得必要的专业培训来参与他所选择的职业，并培养在这一领域有助于他成功的态度。这一目标对于社会的持续进步与发展也同样重要。

C.社会、公民和文化目标

4　人际关系的了解

4.1　了解相反的价值体系及其对个体和社会的影响。

4.2　了解家庭成员在不同家庭模式和个人家庭中的作用。

4.3　培养在集体中有效交流的技能。

4.4　培养认同和推进他人的目标的关切的能力。

4.5　学会在尊重、信任、合作、体谅和关心基础上建立与他人有效及令人满意的关系。

4.6　培养对于人类的关切以及对国际关系的理解能力。

4.7　培养对于不同于本族文化的其他民族文化的理解和鉴赏能力。

14 ［美］古德莱德《一个称作学校的地方》1984

在我们这个复杂的相互依存的世界，精神健康与更大的社会结构——人际关系——密切相关。没有一个人能够不受他人行为的影响。任何愚蠢的、自我放纵的行为都会冒犯他人的感受，损害他人的健康，甚至威胁他人的生命。仅仅了解自己是不够的——个人必须超越自我，体察和了解其他民族和他们的风俗习惯、其他国家及相互关系、其他文化和文明的过去和现在。学校应当帮助学生理解、鉴赏和评价不同于本族、属于其他社会文化和种族背景的人们，以增加联合、减少隔阂。

5　公民参与

5.1　培养历史的观点。

5.2　了解政府工作的基本运作。

5.3　培养自愿参与国家和社区政治生活的意识。

5.4　培养对自由，对选举产生的政府、有代表性的政府，和全体公众利益的义务和责任感。

5.5　培养对现代社会的复杂组织及机构相互关系的理解，并学会依据这种理解而行事。

5.6　依据个人良知，行使发表异议的民主权利。

5.7　培养经济和消费技能，以做出明智选择，提高生活质量。

5.8　了解环境中生物和物质资源的相互依存关系。

5.9　培养根据这种相互依存关系而行动的能力。

人类比以往任何时代都正面临着诸如人的本质相互冲突的价值体系，模棱两可的种族、道德和精神信仰方面的种种困惑，并且对自己在社会中的作用表示疑问。在人民是为了政府利益还是政府为了人民利益的问题上存在着主要的论争。问题并不是是否应当存在某种形式的政府，而是政府的作用、功能和结构应当是什么，它应当控制什么的问题。现在年轻人正在早早地跻身于政治和国家生活之中，少数民族也希望进入国家的权力阶层。只有社会大众的参与，民主才能焕发生机。人们期望学校能够激发这种参与热情。

6　民族文化修养

6.1　培养对于本民族的价值观念、特性和语言的洞察力。

6.2　知晓和理解本民族文化遗产，熟悉过去曾激励和影响人类的成就。

6.3　了解过去传统至今仍起作用的方式和它对于社会走向和价值的影响。

6.4　理解和采用个人所属团体的准则、价值观和传统。

6.5　学会如何运用美术和人文科学的基本原则和概念去鉴赏其他文化的美学贡献。

对于传统的研究能够揭示现在与过去的关系，领悟当今社会及其价值。此外，个人的社会归属感通过理解个人在传统文化中的位置而得到加强。这些人类精神的记载为个体的生活起导向作用。所有这些感悟将有助于发展人对自己的身份和归属的认识。

7　道德和伦理品质

7.1　培养判断是非善恶的能力。

7.2　培养坚持真理和价值的品质。

7.3　学会利用价值标准做出决定。

7.4　培养正直的道德品质。

7.5　了解道德行为的必要性。

社会、宗教和哲学为道德行为提供支柱。个体要根据一种或若干种价值体系控制个人行为，其中一些价值观念可以从其他人的行为（父母、教师、州领导人）中体现出来，另外一些价值观念是以道德准则的形式体现出来。学校要教会年轻一代如何识别这些隐含在人类行为中的价值观念。

D.个人目标

8　身心健康

8.1　培养学生愿意接受别人的情感表达，丰富自己的爱心。

8.2 培养情感调节和情感稳定的能力和技巧，包括适应社会变化的能力。

8.3 了解人体知识，参与身体保健的活动，远离有害物质和毒品。

8.4 学会有效利用闲暇时间。

8.5 掌握保持身体健康和娱乐的技能。

8.6 培养有建设性的自我反省的能力。

各州的教育目标都把学生的情绪稳定和身体健康看作实现其他目标的必要条件。但是，身体的健康、情绪的敏感度、客观地接受自我和他人，这些本身也是教育的目的。

9 创造力和审美表达

9.1 培养有创意地处理问题的能力。

9.2 培养容忍新观念的能力。

9.3 培养灵活性和考虑不同观点的能力。

9.4 培养体验和欣赏不同创造形式的能力。

9.5 培养评估不同的美学表现形式的能力。

9.6 培养积极地通过创造性活动进行交流的意愿和能力。

9.7 通过自己艺术的、职业的和业余的兴趣爱好寻求为社会文化生活做贡献。

创造性的、有意义的事物和欣赏其他人创造的能力有助于个体的自我实现，并且有益于人类社会。学校起着培养这种鉴赏力和创造力的作用。

10 自我实现

10.1 学会在自身活动中寻求意义，形成人生哲学。

10.2 培养了解和正视自我的必要的自信心。

10.3 学会现实地评价和接受自己的局限和实力。

10.4 认识到个人的自我概念是在与他人的交往中形成的。

10.5 培养有目的地做出决定的能力。

10.6 学会为实现个人目标而计划和组织环境。

10.7 培养愿意为个人的决定及其后果承担责任的态度。

10.8 培养选择个人终身学习目标及其实现方式的技能。

自我实现的理想是基于这样一种观念之上的，做人不只有一种途径，塑造良好自我的努力有助于一个良好社会的发展。那些没有培养出自我定向公民的学校既没有达到社会的目标，也没有实现个人的目标。一个不能规范和引导自己行为的成年人也不能对社会和自己做出规范和引导。由于社会变得日益复杂，日益相对，日益变幻莫测，结构日益松散，社会对个人的要求也日益多样。我们已经创造了一个不再需要每个人都必须掌握一个共同的信息体系的社会，满足未来需要的唯一希望是培养能为自己的需要承担责任的人。学校应该帮助每一个孩子为这个快速变化的世界和无法预见的需求做好准备，在种种需求当中，成人一生的连续教育应该是共同的期望。

这些教育目标或类似的目标，在各州的文献中频繁出现，似乎已在全国达成较大的共识。我们不是没有学校教育目标，但是我们缺乏对于这些目标的详细阐述和实现这些目标的责任心。

——选自古德莱德著，苏智欣等译：《一个称作学校的地方》，

华东师范大学出版社2006年版，第55—61页。

评析：

在这段选文中，古德莱德尽可能把文献中最常见的教育目标总结出来，整个教育目标具体清晰而又富有启迪性。为了使学生受到全面的教育，他把美国

251

学校的教育目标归纳为学术目标、职业目标、社会目标和个人目标四类，具体包括：（1）掌握学习的基本技能和基本过程；（2）智力的发展；（3）职业教育——职业技能教育；（4）人际关系的了解；（5）公民参与；（6）民族文化修养；（7）道德和伦理品质；（8）身心健康；（9）创造力和审美表达；（10）自我实现。古德莱德说得很对，如果教师没有明确的共同的目标，那他们就不能开展关于学校使命的交流和对话；如果缺乏对于这些目标的详细阐述和实现这些目标的责任心，那就不能实现这些教育目标。面对这个快速变化的世界和无法预见的需求，学校应该帮助每一个孩子做好准备。当然，他也认为，总的教育目标指出的是一种方向，在不同地区和不同环境下可以灵活运用。

实现教育改革的共同使命

对我们公立学校教育的希望，加上第二次世界大战后人们对国家未来的信心，在20世纪60年代中期达到了高峰。约翰逊总统的"伟大社会计划"为学校拟定了一个关键性的角色。但是，越南战争、科尔曼报告里关于学校不能帮助贫穷孩子克服家庭经济困难以提高学习水平的悲观论调、城市的衰退、为了种族平等而开展的斗争，等等，都严重地破坏了这个希望。1983年的报告 ——《处在危机中的国家》又使这一希望复燃了一阵子。

这份报告转变了公众对学校改革中的权力关系和责任的看法。里根总统上任时准备取消新的教育部，他对教育的兴趣也没有在此报告里反映出来，但最终他被说服了，承认教育是国人的头等大事。他应该做各州和地区教育行动的啦啦队员。大多数州长举行了教育高峰会议。我记得有一次，当我与赛泽一起疲惫地去加州参加一项类似活动时，我们对彼此在这方面的跨州周游日程表示同情。我们谈起了即将出征改革的教育工作者们却没有新的资源支持的困扰。

拉玛尔·亚历山大是布什总统任期时的第一位教育部长。他呼吁美国的各大城市搭上教育火车，奔向"2000年"。学区的督学们在此趟行程中经常是被忽视的角色。至于这一路行程的终点站在哪儿，途中应当讨论些什么或做什么，那是上路之后再决定的事情。

"系统性"改革是各州会议的时髦话题。还有人提议让大城市学区的督学们从各种学校革新的萌芽中挑选一些来培育和发展。一位批评家形象地比喻说，该向期待中的学校派伞兵救援了。地方学校的决策圈也渐渐地形成了这种气氛，使人感到学校在迫不及待地等救兵。这种期待否定了赛莫尔·萨拉森和其他学者关于学校文化如何吸收来自外部的改革建议的研究。这些建议或是学校没有要求的，或是未经商讨就塞进学校的。

尽管如此，全国各地的一些学校开始结成联盟，以便在实施一些受人欢迎的改革方案时相互支持和促进，一起进步。例如，赛泽创建并领导的"重点改革学校联盟"、詹姆斯·康梅尔的"学校发展项目"、卡尔·格里克曼的"专业学校联盟"、加列夫学院的"不同的认知方式"、亨利·莱温的"高级学校计划"、我们自己组织的联合学校和大学的"全国教育革新联盟"，等等。一群知识分子领导人的改革思想引起了实践工作者的注意。改革的大部分经费来自慈善基金会。

90年代里兴起的这种改革运动既不是响应政商界对学校改革的呼吁，也不是联邦政府过迟地执行《处在危机中的国家》这一报告的改革建议的产物。这些有权势的机构实际上想做些不同的事情：发展一系列测量标准，从而使学校教师和管理人员对学生的成绩负责。

1999年6月，我在西雅图创建的"教育探究所"附近的贝尔夫城举办了一个全国性的名为"赞美教育"的会议。此会议召集了符合"教育探究所"标准的全国21项改革行动计划的代表、他们的领导和其他一些与这些改革联盟有关的重要人士。会场上洋溢着兴奋的感觉，到会者们一一介绍了他们的工作，并聆听了专题组和大会发言人的报告。在此后的很多星期里，人们纷纷打电话到"教育探究所"询问下一次会议的时间和其他有关的细节。但是，不会再有下一次了。

"教育探究所"为数不多的工作人员花了大量的精力和时间来举办此会，仅为此会议筹集资金的经历，就足以使工作人员不愿去想象再办一次会议了。但即使"教育探究所"用五年的时间来筹划这一会议，它也只会是已办会议的影子，不会有太大的差别。当年开会时组成的一些改革联盟如今已是销声匿迹了。它们中间有些已不存在，大多数是在挣扎。今天，寻找出差开会的旅费和津贴更困难了。会议演讲和讨论的内容也会很不相同，就像在今天的学校教师和管理人员的会议上一样：我们怎样才能维持我们和大多数家长认为是学校应该为学生提供的教育？学校的日程里充满了复习备考和考试。是的，我们相信标准；是的，我们也相信要提高学生的学习成绩。但是，这不应威胁到课程的宽度和深度以及教书和学习的乐趣。我们怎样和什么时候才能收回我们已经失去的东西？政治性的学校改革和教育工作者发起的学校革新之间有很大的差距。

　　这些学校改革的阴暗面比改革的反复挫败对学校教育的伤害还要大。改革运动的兴起在报道中被誉为针对做错的事情和表现不好的人，这就加深了公众对学校的不满。教师们的职业信仰也被动摇了。可是人们几乎看不到关于学校的新"语法"应该是什么的书面声明，也找不到对实施改革的支持。结果，上面命令改革的压力越大，教师们越感到远离他们的理想和工作的重心。

　　所以，当每一场改革运动结束时，教师们都会先后回到这些重心，然后再去考虑其他的改革提案。这是不可能在一夜之间发生的，一般需要几年的时间。在此之后，教师们又开始接受新的思想，例如，哈沃德·加德纳的关于多元智能的理论。接受这些理论不等于放弃他们已有的教育信仰体系，而是使他们有机会重新检验、增强或许修饰自己的信仰。

　　这种学习和更新的经历能使生命更充实，它也说明教师对上面所提到的改革和创新有极大的兴趣。但是，令人羞愧的是，一般需要五年或者更多的时间来恢复重心，才能再开始一场新的变革。

　　因此，我们可以得出一条重要的结论。其实每个认真研究教育改革的学者都曾试着报告这一结论，但都没有引起注意。这条结论是：学校和它的教育工作与国家体系中其他的机构很不相同，甚至学校之间也存在着差异。没有一个通用的指南是可以用来指导所有学校的工作的。当这些互相联系极为松散的学校被当成一个互相紧扣的一个大体系中的组成部分时，若给它们统一输血，那就像给所有刚从街上走进医院的病人都输AB型血一样，后果不堪设想。如想帮助学校，就一定要仔细地测量每一所学校的现状、特征和需要。

现在时髦的说法是，学校和教育工作者是抵抗改革的。在过去的几十年里，学校遭到许多外界事物的干扰和侵犯，所以它们的管理人员小心谨慎，甚至会提防可能是朋友的人。学校的问题并不是因为不怀好意的外界力量可能会强加给它什么东西。问题在于那些远离现状的官僚机构把学校的概念抽象化了，以满足它们在言辞和决策上的需要。但是，这样一来，学校就更加令人难以捉摸了。

我在本书中写道，我们必须逐个地改造每一所学校。写下这些话之后，这二十年来我对政策与实践的观察和经历充分证实了我当时的信念。

这一建议要求教育工作者和他们的工作单位承担较大的责任。我们应当把家长、教师和学生看作一个大家庭，而他们的学校则是一户人家，在一个共同的民主教育使命之下与其他家庭联合起来。各州和联邦政府有责任监督和帮助它们执行这一使命。

…………

要想创办优秀的、令人满意的学校，就要广泛传播建立在坚实的调研基础之上的知识和思想。正是这样的知识和思想指引了上面所提到过的革新实验点。卫生界发起的以预防疾病为主的运动已为千百万人提供了信息，并鼓励他们参加健康的、自我更新的活动。但是，有关教育更新的调研成果极少走出专业刊物的范围。因此，学校董事会的成员们、家长、学校管理人、教师和其他人在寻求完成他们所谓的共同使命的时候，却没有共同的理想和纲领。

要想实现教育改革的共同使命，就必须从培养教育工作者开始。进入教育职业的途径太多了，并且各种教师培训项目的实质内容相差很大。教育界不像法学界那样有共同的案例，也不像医学界那样有实习的医院。大学培训机构结交"教学实习"的伙伴学校的建议已引起一些注意，甚至在决策界也产生了影响，但是却没有必要的资金来使它付诸实施。师范教育是一个太被人忽视的领域。出于同样的原因，师范教育改革委员会的报告往往和大多数学校改革报告一样被人忽略。

除了政策的问题之外，教育界的职业教育工作者应该负起主要的责任，创造、解释和传播关于学校革新的知识和策略。最重要的是，如果教育工作者想要公众承认他们是正当的、专门的职业工作者（这是一直有争议的），他们必须建立一套正当的、与实践相关的学术理论。

师范院校必须面向四个非常重要的方向：它们的毕业生们将为之服务的公众、学术界、学校和代表上千所学校利益的几百万主要成员的各种会员组织。由于师范院校与第一者的关系是依赖于它与后三者的关系，我在此先谈后者。

可能是因为长时期地缺乏威信，师范院校没有积极地替未来的教师安排大学文理科基础和专业的学习，而这些正是他们今后工作很需要的。具有讽刺意义的是，学校教育是唯一的在培训时以它自己作为一个教学工具的职业。其他的职业院校规定文理科基础知识为录取前的预备课程，但在录取之后便很少因为职业目标的需要再重温这些知识。教育系在重温这些学科知识时，它的重点是如何传授这些知识的方法，从而导致批评家们把教师们在学术背景上的缺陷怪罪于师范院校。

在教师们必备的知识里，有很大一部分是在师范院校的教学范围之外的。现在，想继续经营师范教育的院校应该忘却它们和文理专业以前发生过的争吵，将后者的一部分学术知识引入我们国家教师的职业知识范畴。文理院校并不急于和师范院校谈判，但师范院校的未来将依赖于它们与文理院校的合作。

大学培训机构结交"教学实习"的伙伴学校或建立专门的专业发展学校的时机已经成熟。我们不应错过这一时机。现在已有足够的成果来证明，只要有必需的经费支援，这些改革计划便可付诸实施。在资金短缺的情况下，学区和大学都没有主动地站出来承担费用。现在，决策者们应该把这些必要的教育开支列入州政府的经费预算。这是一个很费时间的过程。

我的同事们劝我说，我提议建立一个能把参加教师职前培训的三类不同的人联合在一起的教学中心，只是我的又一个幻想。但是，这个想法已在教育界的一些圈子里广泛地讨论过，有正面的也有反面的评论。而且，全国教育革新联盟的一些成员实践过这一提议，尽管有时候用不同的语言来称呼它。蒙特克莱尔州立大学在招聘中心主任的广告中第一个宣布要建立这种教学中心。

在没有新的资金的情况下，重新调整经费预算又成了一个改革的绊脚石，更严重的还是权力问题。将教学中心设在师范学院或文学院都会引起所属单位或双方的紧张，并且会使两个院校平等伙伴的关系混乱起来。再者，参加合作的中小学校似乎被排除在外，而且即使被包括在内也居于次要的地位。所以，三者平等的概念对于这样一个中心的成功运作是至关重要的。

············

每一个面向学校的教育性社团都有它自己的组织，像家长、学区领导、学校领导、教师、指导咨询员等。他们并不阐明有什么共同的使命，只说要教育年轻的一代。在文献中很少提及他们之间有什么改革教育的合作。当学校教育系统被外界干扰时（我指的是前面所举的例子，那些给地方学校文化带来混乱的干扰），这些组织大部分是保持着明显的沉默。

令人鼓舞的是，这种现象正有改变的迹象。新教师在工作的头几年里有很高的辞职率，在一开始工作的三至五年内辞职率可高达1/3。教师和学校领导也在承受越来越多的压力。这些情况给上述的组织敲响了警钟。如果它们为了一个共同的目标联合起来，就能支持教育工作者终身从事教育工作，并且大幅度地减少教师缺乏和离职的问题。有一些组织定期地宣布一些合作项目，但是我们很少能见到有关这些项目重大成果的报告。

在这些组织里，有十几个最大的已经不吭声地但目标明确地联合起来，创办了"学习第一联盟"。它的目的是加强与地方学校的课程和教学有关的知识基础，并与学区领导和家长共享这些知识。这一联盟还认识到，为全民提供优秀的学校就是在增进社会和政治民主的健康，也是推动培养年轻一代的民主精神的教育使命。

这不是一个无关紧要的发展，也不会引起又一场短期的、头脑发热的改革风潮和与它结伴而来的令人烦恼的教育病毒。联盟的发展方案就是成员组织和教育界的其他代表应该做的工作。我们敢希望为一个称作学校的地方带来新一天的曙光的艰苦工作已经开始了吗？

——选自古德莱德著，苏智欣等译：《一个称作学校的地方》，
华东师范大学出版社2006年版，第406-412页。

评析：

在这段选文中，古德莱德指出，在20世纪80年代以来的美国教育改革中，全国各地的一些学校开始结成联盟。他自己也于1999年创建了"教育探究所"。一些教育改革思想引起了作为实践工作者的教师的注意，他们对学校的改革和创新有极大的兴趣。但是，学校改革中的一些阴暗面加深了公众对学校的不满，也动摇了教师们的职业信仰，其比改革的反复挫败对学校教育的伤害还要大。因为承担教育工作职责的学校与国家体系中其他的机构很不相同，甚至学校之间也存在着差异，所以，没有一个通用的指南是可以用来指导所有学校的工作的。古德莱德说得很正确，在学校改革中，"我们必须逐个地改造每一所学校"，才能创办优秀的、令人满意的学校。而且，"要想实现教育改革的共同使命，就必须从培养教育工作者开始"。因此，在学校改革中，特别要注意一场短期的、头脑发热的改革风潮和与它结伴而来的令人烦恼的教育病毒。"我们敢希望为一个称作学校的地方带来新一天的曙光的艰苦工作已经开始了吗？"这是古德莱德在《一个称作学校的地方》一书中所写的最后一句话，实际上为西方学校制度变革发出了新的呐喊。

（单中惠）

15 ［美］诺丁斯
《学会关心》1992

> 我们总的教育目的是鼓励有能力、关心人、懂得爱人也值得别人爱的人的健康成长。
>
> ——诺丁斯

《学会关心》（*The Challenge to Care in Schools*）是美国教育家内尔·诺丁斯的关心教育理论代表作。这是一本以关怀伦理学为理论基础的具有崭新教育视角的教育名著。

作者简介

内尔·诺丁斯（Nel Noddings）是美国教育家、哲学家和女性学家。1929年1月9日出生。在新泽西州蒙特克莱州立学院获数学和物理学学士学位，在拉特格斯大学获数学硕士学位，在斯坦福大学教育研究生院获教育博士学位。诺丁斯在中小学当过17年数学教师和行政管理人员。1977年，进入斯坦福大学工作，1981年、1982年和1997年，她三次获得斯坦福大学优秀教学奖。1992年至1998年，担任杰克斯儿童教育教授（Jacks Professor of Child Education）；还先后担任过为期4年的教育学院助理院长和代理院长。1998年从斯坦福大学退休后，她一直担任该校名誉教授。诺丁斯还曾在哥伦比亚大学、科尔盖特大学和东密歇根大学任职。曾任美国教育哲学学会会长和约翰·杜威学会会长。

作为女性，内尔·诺丁斯个人的家庭生活美满幸福，夫妻俩生有10个孩子，还有39个孙辈和20多个曾孙辈的孩子，许多儿孙都受过良好教育，事业有成。作为学者，内尔·诺丁斯十分勤奋，一直在哲学、教育学、伦理学和女性学领域辛勤耕耘，成就卓著。2009年以来，年过八十的诺丁斯依然奔走于世界各地宣讲她的关心教育理论，依然笔耕不辍和不倦地探求教育问题，曾获美国教育研究协会终身成就奖。

诺丁斯的著述涉及哲学、女性学、社会学、心理学和教育学等领域，其中不少以"关心"为主题的著作，除《学会关心：教育的另一种模式》之外，还有《关心：伦理和道德教育的女性视角》（1984）《给予关心》（与他人合编，1996）、《公正与关心》（与他人合编，1999）、《始于家庭：关心和社会政策》（2002）和《关心伦理：从母性本能到道德》（2009）等。

内容提要

《学会关心》一书于1992年出版，其副题是"教育的另一种模式"（An Alternative Approach Education）。2005年该书出了第二版。中文版（2011年版）除了"引言"和十二章正文之外，还有诺丁斯专门为中文版写的"致中国读者"和后记："在一个缺乏关心的年代学会关心"（作者和译者共同撰写）。

在2005年版的"引言"中，诺丁斯提出，关心教育是对各种需要的一种反应，走的是一条介于传统派和现代派之间的中间道路；关心教育并不主张公立学校私有化；传统学校与进步学校都可以进行关心教育。

在第一章"社会变化与教育政策"中，诺丁斯分析说，自第二次世界大战之后，人们的工作方式、居住稳定性、建筑形式、性生活习惯、服饰、人际交往、语言、音乐、娱乐等方面都发生了很大的变化。同时，学校教育的改革不断翻新，包括教师在内的整个教育系统为改革而精疲力竭。然而，学生却抱怨没有得到应有的关心。造成这种问题的原因在于学校教育改革忽略了社会变化，一味追求学术目的而放弃了对学生的关心。

在第二章"关心"中，诺丁斯首先对关心的定义作了阐释。其次还分析了关心者和被关心者的心理状态，并介绍了关心伦理学方面的若干争论。结尾时，她重申了自己的信念："关心是一切成功的基础。当代学校教育可以借助关心而重新焕发生机。"

在第三章"超越学科：人文教育批判"中，诺丁斯对人文教育的作用提出了质疑，认为人文教育不是适合每一个人的理想教育，将其视为一个具有普遍意义的教育模式更是错误。作者指出，人文教育是一系列学科课程的集合，要求所有孩子学习是不合适的。因此，"给所有孩子一个同等质量的教育并非意味着给所有孩子一个同样的教育。正相反，给所有孩子相同的教育会导致不平等"。

在第四章"一种新模式"中，诺丁斯引用杜威的话对传统的人文教育模式作了批判，并对霍华德·加德勒的"七种智能学说"作了分析。她明确提出，教育应当围绕关心主题来组织教育的新模式，即围绕关心自我、关心最亲近的人、关心所有与自己有关系和没有关系的人，关心非人类的生命、关心人类创造的物质世界，关心环境，关心意识形态的知识等。

在第五章"关心和连续性"中，诺丁斯认为，为了迎接挑战，把关心引入学校，必须注意教育的连续性，包括教育目的的连续性、学校场所的连续性、师生关系的连续性和课程的连续性。

在第六章至第十一章，诺丁斯分章论述了"关心自我""关心身边的人""关心陌生者""关心动物""关心人类创造的物质世界"和"关心知识"等问题，阐述了作者本人的主张。

在第十二章"开始行动:迎接挑战,学会关心"中,诺丁斯再次强调:"教育应当围绕关心主题来重新组织。关心,而非传统学科,应该成为教育的中心。"①同时,她还就课程计划、教师培养和教育评价如何围绕关心主题进行设计和操作提出了自己的建议。

选文评析

关心

德国哲学家马丁·海德格尔(Martin Heidegger, 1962)将关心描述为人类的一种存在形式。他在很广泛的意义上运用这一概念。他认为,关心既是人对其他生命所表现的同情态度,也是人在做任何事情时严肃的考虑。关心是最深刻的渴望,关心是一瞬间的怜悯,关心是人世间所有的担心、忧患和苦痛。我们每时每刻都生活在关心之中,它是生命最真实的存在。

海德格尔对关心的广泛定义在今天仍具有现实意义。不过,我认为关心最重要的意义在于它的关系性。关心意味着一种关系,它最基本的表现形式是两个人之间的一种连接或接触。两个人中,一方付出关心,另一方接受关心。要使这种关系成为一种关心关系,当事人双方都必须满足某些条件。无论是付出关心的一方还是接受关心的一方,任何一方出了问题,关心关系就会遭到破坏。即使在这种情况下双方之间可能仍然存在某种关系,两人的接触仍然意味着某种指向,这种关系可能已经不是我们需要的关心关系了。将关心置于关系中来看待是非常重要的。在教育实践过程中,我们经常遇到这样的情况:不管教师多么努力地关心学生,学生一方却感受不到关心。学生们抱怨"老师不关心我们"是有道理的,这样的抱怨提醒我们,一定是在师生关系的某个环节上出了问题。

---

① [美]诺丁斯:《学会关心》,教育科学出版社2011年版,第179页。

20
世纪外国
教育经典
导读 >>>>

在《关心》（Caring，1984）一书中，我曾经描述过关心者的心理状态是以专注和动机移位为特征的。专注是指关心者对被关心者的那种开放的、不加选择的接受。有些作者以"关注"一词描述这种特征。艾丽丝·默多克（Iris Murdoch，1970）认为，注意是道德生活的关键因素。她还从西蒙娜·薇依（Simone Weil）的著作中找到根据。薇依将注意置于爱这一品质的核心。当我们直接或间接地问一个人："你现在怎么样？"我们就在表达一种对那个人的关注。薇依写道：

> 这种看待别人的方式是需要注意力的。你掏空自己的灵魂以便接纳你所注意的那个人。你对他不加选择，接受他的全部。只有具备了注意这种能力，你才能做到这一点。

薇依的这个描述非常恰当地表达了我用的"专注"一词的意思。"专注"在此并不意味着疯狂或者痴迷，而是全身心地投入和接受。当我真正关心一个人，我就会认真去倾听他、观察他、感受他，愿意接受他传递的一切信息。这种专注或者关注可能仅仅持续片刻，以后可能出现也可能不出现，但在任何关心的交流过程之中，它都是关键因素。譬如，当一个陌生人向我问路，我们之间的交流就可能变成一种关心关系，即使这种交流的时间很有限。我专注地倾听他的问题和需要，然后我认真地回答他。当他接受了我的专注、认真和答案，这种关心的关系就完成了。

15
［美］诺丁斯《学会关心》
1992

············

那么，被关心者的心理状态有什么特征呢？接受、确认和反馈似乎是最重要的。被关心者接受他人的关心，然后显示他接受了关心。这种确认反过来又被关心者认知。这样，一个关心的关系就完成了。

有些批评者认为，在我的理论中，关心者要承受的太多了，而被关心者似乎只扮演被动的接受者的角色。我提醒大家记住，关心基本上是一种接触，一种交流。我所描述的这种关系并不是将"关心者"和"被关心者"像标签一样永久地贴给不同的人。成熟的关系是相互作用的。在交流和接触的过程中，双方交换位置和角色。关心者可以同时变成被关心者，而被关心者也可以变成关心者。

即使在最基本的情况下，被关心者的作用也是明显的。譬如母婴关系。在每一个关心的接触中，母亲当然是关心者，婴儿是被关心者。但婴儿并不是完全被动的，他有各种反应。他呢喃，扭动，注视，微笑，依偎。这些反应是多么温暖人心呀！这些反应是对付出关心的人的最好奖赏。它们绝对是母婴关心关系中不可缺少的。你可以想象，如果一个婴儿不能正常地做出这些反应，那么会是什么情况。母亲们肯定会灰心丧气。她爱的能量源源流出，却得不到丝毫回报。教师们也经常处于同样境地，付出但得不到回报。这样，在关心关系中，即使总有一方是关心者，另一方是被关心者，他们之间的相互作用仍然是至关重要的。

被关心几乎是普遍的人类愿望。当然并非每一个人都愿意被拥抱或者被过分注意。但是肯定每一个人都希望被他人接受，每个人都在以各种方式表达这一内在的需要或者愿望。严肃正统的人愿意别人对他报以尊重和敬仰，开朗随和的人则喜欢微笑和拥抱。每个人都喜欢这样的人，他们知道何时拥抱，何时恭候一旁。学校里所有的孩子都希望得到关心。他们不愿意被视为数字，不愿意被视为像方程式一样的东西。如果真正认识到每一个人都希望被关心，而自己也想给予关心，但就是缺乏所谓关心的秘诀，那么你就会明白我上面谈到的专注是多么重要了。要成为一个真正的关心者，你必须敞开心扉接纳另一个人。你不能说："噢，这家伙需要关心，让我看看怎么做。对了，这里有七个步骤我必须照着做。"关心是处于关系之中的一种生命状态，而不是一套具体的行为方式。

我着重强调关心是一种关系，而我们往往倾向于认为，关心是一种美德，一种个人品质。我们平时确实这样说话，譬如，"他是一个关心别人的人"，或者，"他真的是一个关心人的人，只是不知道如何表达而已"。这两种说法都一定程度上涉及关心的含义，但是，过分强调关心作为一种个人美德则是不正确的。如果我们将关心置于一种不平等的关系之中，其中一个人是关心者，长期默默地奉献关心，而另一个人是被关心者，坐享其成地接受关心，那么，在这种情况下，关心者确实需要一种美德来支持他的关心行动。将关心者置于关心的关系之中更为重要。不管一个人声称他多么乐于关心，重要的是看他是否创造了一种能够被感知到的关心关系。有很多人自称"关心"别人，但是接受他们所谓"关心"的人却感受不到关心。

虽然我将经常用"关心"一词来说明关系，但是关心也可以代表某些能力。它的用途必须视具体情况而定。我确实试图避免将关心解释为一种个人品德，但我也认识到，人们可以拥有关心的能力。这种能力帮助人们建立关心的人际关系，或者帮助人们关心客观物体和意识形态的知识。

当我们深入讨论教学以及师生关系的时候，我们会认同这一点，教师不仅需要建立一种关心的关系——教师在其中成为关心者，教师也有责任帮助学生发展关心能力。这意味着什么呢？在海德格尔看来，关心是不可避免的。所有有认知能力的人都在关心着人或者事物。这是人之所以成为人的一种标志。但是事实是，并非所有人都具备了关心别人的能力，也不是人人都学会了关心知识、其他生命以及客观物体。而且很多时候我们混淆各种关心形式。我们想当然地把关心视为一种综合性能力，它可以自由地从一个领域转移到另一个领域。

15 ［美］诺丁斯《学会关心》1992

············

人类也可以关心意识形态的知识以及客观世界的物体。以关心为基础的教育并不反对智力开发。我们从他人那里接受东西，其中有一部分就可能包括智力上的反应。教师有责任提高学生在某一学科上的理解能力与技巧，但是目前的教育实践却充满了毫无意义的神话和口号。

很多时候，我们听到这个似乎正确无疑的口号："所有孩子都能学习。"这个口号自然是那些怀有良好愿望的人所提出来的。这些人希望，教师对所有孩子都给予充分重视。在决定哪些孩子能学什么而哪些孩子不能学什么的时候，不应该受到孩子们的种族、民族、性别或者经济地位因素的影响。对此，我绝对赞成。

但是，我要阐明的是，不是每一个孩子都能学好我们教的任何东西。蕴含在那个口号里的良好愿望也会导致人们不愿看到的结果：采用高度独裁与控制性的教学方法，因而损害孩子们的学习兴趣和目的。现在，所有教师都在努力激发每一个孩子的学习欲望。然而事实是，所有孩子都想要学习，问题在于，我们不知道或者不关心他们想要学什么。约翰·杜威（John Dewey）早就指出，教学一定要开始于学生们的经验和兴趣，教师要千方百计地在孩子们的生活和他们所学的内容之间建立一种联系。我愿意在杜威观点的基础上再进一步，没有多少东西是所有学生都需要学的。应该允许学生们放弃某些东西，从而去学他们真正感兴趣又有热情学的东西。一个教师如果真正关心学生，那么他会认真倾听学生们不同的需要，并且给予不同的反应。对此，我还要在以后的篇章中加以论证。而现在有足够的理由断定，目前的学校远不是启迪智慧的地方，即使对那些有兴趣和能力在学术方面有所造诣的孩子而言也不是。

············

关心知识和物品与关心人及其他生命是有区别的。严格地说，一个人无法与数学、音乐或者做饭的锅碗瓢盆建立某种关系。这些被我们关心的东西不会像我们一样有感觉，也不会产生情感体验。不过，有时候人们也声称能从他们关心的物体那里体会令人惊奇的反应。据说数学家高斯被数学"抓住"过；诗人罗伯特·福罗斯特（Robert Frost）宣告"一首诗自己流出来"（参阅 Noddings & Shore, 1984）。我们也知道运转良好的发动机微微震颤，打磨过的工具闪闪发光。只要我们真正投入关心，那么即使是这些没有生命的东西也会给予我们一种反应。学生们有机会听到如此奇妙的故事吗？

最后，必须再来思索一下海德格尔所主张的那种最深层次的关心。作为人类，我们关心发生于自己身前身后的事物。我们想知道是否我们死后还能复活，是否有一个神在保佑我们，是否我们爱着的人也同样爱着我们，究竟哪里是我们的归宿，我们会变成什么，我们到底是谁，我们多大程度能够控制自己的命运。青春期少男少女也经常被这些问题所困扰：我是谁？我将成为一个什么样的人？谁会爱我？别人如何看待我？然而，学校目前把更多的时间都花在了二次方程式上，而不去关心任何一个具有终极存在意义的问题。

很明显，学校教育面临挑战，必须将关心引入学校。当前的学校结构妨碍关心，而现在人们对关心的需要又超过以往任何时候。

伦理学上的争论

讨论关心不能不涉及关心伦理学。……

这种关心伦理以需要和反应为基础，它对许多传统伦理学和道德教育学的理论前提构成挑战。首先，关心伦理有自己独特的核心。其次，它拒绝普遍性。所谓普遍性是指如果任何事情一旦被证明是符合道德的，那么任何别人面对相似情景时都有义务做同样的事情。这种普遍性意味着，处于人际关系中的我们、他人及其双方所处环境与我们的道德推理和决策过程都没有关系。关心伦理不承认这种道德普遍性。再者，虽然关心伦理重视行为的前后顺序与结果，换句话说，重视对人际关系的影响，但是，它不是一种功利主义。关心伦理并不主张有一种最伟大的共同利益凌驾于所有个人利益之上，也不主张将手段与目的分割开来。最后，关心伦理不能被冠以一种美德伦理。虽然它号召人们成为关心者，要求人们发展关心的美德和能力，但它并不将关心仅仅视为一种个人化的品质。关心伦理明确强调被关心一方的作用，它是一种关系伦理。

在道德教育领域里，关心伦理强调动机，从而向道德教育中推理的权威地位发起挑战。我们主张集中发展有利于维系关心关系的态度和技巧，强化行为的欲望，而道德推理过程是第二位的。劳伦斯·科尔伯格（Lawrence Kohlberg，1981）和他的同事们继承柏拉图和苏格拉底所开创的传统，重视道德推理过程。他们的一个理论前提是，道德知识是道德行为的充分条件。以这种观点来看，人们做错事都是因为无知了。吉列根公开向科尔伯格的道德推理的理论范围以及它所强调的等级体系发起了挑战（她的研究提供了另一个很有说服力的发展模式）。不同于吉列根，我们这些主张关心伦理的人向整个发展模式都提出了挑战。……

从这种关心伦理角度出发，道德教育包含四个主要组成部分：榜样、对

15／［美］诺丁斯《学会关心》1992

话、实践和求证（Noddings，1984）。榜样在道德教育过程中很重要，对于关心则是关键因素。在我们的理论框架下，我们不去试图教导学生记住一些原则以及如何应用这些原则去解决问题，就像教数学推理一样。相反，我们将向学生们展示在自己的社会关系范围内怎样关心。……我们无须告诫学生去关心，我们只需与学生建立一种关心的关系，从而来演示如何关心。

还有一个原因可以说明为什么榜样是如此重要。关心他人的能力高低或许取决于有多少被关心的经历。即使一个孩子年龄太小，不能成为一个关心者，他也可以学会如何成为一个会反应的被关心者。这样，我们作为关心者的角色似乎比作为榜样的角色更为重要，但是事实上我们同时在扮演两种角色。在道德教育过程中，我们不可避免地成为榜样。每当我们对此角色有所懈怠，我们就会提醒自己振作起来。而在每一天的日常生活中，每当有需要，我们就会成为关心者。当我们试图解释在道德教育中我们的所作所为及其原因时，榜样的功能自然凸现出来。以关心者的身份对学生的需要做出反应，这是源于我们内心的道德反应。

对话是道德教育的第二个重要组成部分。我这里对"对话"一词的使用与保罗·弗莱雷（Paulo Freire，1970）的用法相似。对话不仅仅是双方在一起随意聊天，当然也不是一方长篇大论、另一方洗耳恭听。对话是无固定答案的，是开放性的。在一次真实的对话中，参加者在对话的开始并不知道对话的结果。作为父母或者教师，我们不能先做出了决定，然后才来与孩子们对话。……对话是双方共同追求理解、同情和欣赏的过程。对话可以是轻松的，也可以是严肃的；可以富于逻辑性，也可以充满想象力；可以偏重结果，也可以着重过程。但是对话永远应该是一个真正的探寻，人们一起探寻一个在开始时不存在的答案。

…………

对话在道德教育过程中还发挥另一种功能。它把人们联系在一起，从而使我们有可能建立一种充满关心的人际关系。对话使我们得以相互了解，这是关心的一个基础。关心他人既需要知识和技巧，也需要一定的个性态度等非智力因素。……

　　道德教育的第三个要素是实践。态度以及其他思想活动至少部分由经验决定。我们经常说，这是一种"军人思维"，那是一种"警察思维"，那是一种"商人思维"，等等。虽然这些说法不乏墨守成规不加思考的成分，它们仍然抓住了特定人类行为的一些本质特征。所有组织的规章制度和训练活动都不仅仅旨在训练一些特殊技巧，更旨在锻造思想，打造特殊的人生态度以及处世哲学。如果我们希望人们过一种符合道德的生活，关心他人，那么我们应该为人们提供机会，使他们练习关心的技巧。更重要的，使他们有机会发展必需的个性态度。

············

　　从关心伦理的角度来看道德教育，它的第四个组成部分是求证。马丁·布伯（Martin Buber, 1965）将求证描述为对他人行为的优点进行确认和鼓励。当我们证实一个人具有某种品质时，我们就是看到了这个人人性中的闪光点，并且鼓励它的发扬光大。只有当我们对这个人非常了解，知道他的行为方向的时候，我们才能这样做。任何程式化或者喊口号之类的思维方式都无济于事。与我们打交道的人当然很多，我们没有必要为所有人都树立一个理想，或者寄予种种期望，但是，我们要力争在每一个遇到的人身上发现也许不能被轻易发现的可取之处甚至可赞美的优点。……

——选自诺丁斯著，于天龙译：《学会关心》，

教育科学出版社2011年版，第30—40页。

评析：

　　在这一段选文中，诺丁斯论述关心伦理学的几个方面。第一，对"关心"的基本概念作了清晰的界定。"关心"意味着两个人的一种特殊关系，这种关系建立的前提是，在一方付出关心后要被另一方接受；如果另一方不接受，关心关系就没有建立。诺丁斯的这一观点合理地解释了一种现象：教师自己觉得付出很多，已经非常关心学生了，而学生却抱怨没有受到教师的关心。

其原因是教师的关心没有被学生接受，关心关系尚未建立。第二，分析了关心者和被关心者的心理状态。关心者的心理状态以专注和动机移位为特征。"专注是指关心者对被关心者的那种开放的、不加选择的接受。"而被关心者的心理状态，则是接受、确认和反馈，有了这一心理状态，而且这种被关心者的接受和确认又得到关心者的认知，关心关系便建立了。诺丁斯强调，在关心关系的建立中，被关心者的作用是明显的。第三，诺丁斯还讨论了围绕关心理论的伦理学上的有关争论。在她看来，讨论关心必然涉及伦理学问题。关心不是一种功利主义，"关心伦理并不主张有一种伟大的共同利益凌驾于所有个人利益之上，也不主张手段与目的分割开来"。但是，也不要将关心伦理看成一种美德伦理，虽然它号召人人成为关心者，但它毕竟不是一种个人化的品质。

关心人类创造的物质世界

关心人类创造的物质世界，也就是各种物品和工具，与关心人类自己当然不同。关心物品不产生直接的道德影响。物品不会因痛苦而哭泣，因快乐而欢呼。物品不会表达爱或恨。尽管如此，我们怎样对待物品却对人类和物质世界都具有重要的影响。如果我们不珍惜所拥有的物品或者放纵自己的物质贪欲，那么就是在滥用这个世界的资源。我们的行为因此具有道德上的意义，要接受道德评判。

在另外一个意义上，可以将关心物品和工具视为道德生活的一部分。当我们想要成为有道德的人，就会认真思考应该过一种什么样的人生。从关心伦理的角度来看待问题，永远不能忽视自己的生活会对别人产生什么样的影响。另一方面，我们也应该认真思考古代希腊人所说的优良品质的意义。我们要在自己身上培养一些不能用道德标准衡量的优良品质，而且，欣赏别人身上的这种优良品质不仅在美学上而且在道德上也是可取的。这种欣赏涉及对我们周围物质世界的珍惜和尊重。我们应该问下列问题：谁制造了这些物品？物品的现有形式是如何演进而来的？怎样评判物品的价值？如何使用这些物品？

物品的使用

大多数人谈到有关物品的问题时，会首先想到物品的使用。沙发和椅子是用来坐的，我们不愿意看到孩子们在它上面蹦蹦跳跳，不愿意看到它上面留有肮脏的鞋印。餐桌上的刀子是用来切割食物的，看到有人用刀往嘴里送东西吃，我们不由得皱起眉头。对工具的不恰当使用有时源于粗心，有时则因为无知。

物尽其用到底有多重要呢？玛利亚·蒙台梭利（Maria Montessori）将教育孩子恰当使用工具视为教育方法中的一个关键要素。她认为，如果孩子们能够恰当地使用工具，懂得物尽其用的道理，那么教师就应该放手让孩子们自由地使用工具。各种工具还应该有它们自己的"家"，不用的时候就放回原处，使一切都井然有序。蒙台梭利相信，孩子对秩序的热爱在其成长的过程中的某一个关键期内会自然形成。她认为秩序"是和平与幸福的必要条件"。在蒙台梭利的教室里，物质世界的秩序是用来引导灵魂深处的宁静，或者是被她称作"优雅"的一种品质。

即使大多数人都会怀疑是否今天的孩子还具有这种自然的秩序感，我们仍然认为恰当利用工具是重要的。我们都知道，当你想用某个工具而一时又找不到时，该有多沮丧。好不容易找到了，又发现你的工具要么很脏，要么坏得根本不能用，那么你还怎么开始工作呢？

在学校里，我们几乎不教孩子们注意物质设施的秩序。实际上，批评家们一直在批评，学校长期以来强调秩序，从而压制了孩子们的创造力。学校确实重视秩序，但不是物质设施的秩序。学校重视的是带来控制和压抑的秩序，不是能够引导宁静和优雅的秩序。学校里处处可见这样的情景：座位横排竖直；学生在自己的位子上安静自习；简明扼要地回答教师提问；不准缺席；不经允许不能上厕所；等等。生活在这样的环境里，学生们不大可能体验到蒙台梭利所倡导的那种秩序感。

15/
［美］诺丁斯《学会关心》1992

如果能够使各种设施和工具各尽其用，各归其位，那么我们就会有充分的时间和空间干我们想要干的事情。需要的时候，就能找到需要的东西；请求帮助，帮助就在身边。任何人所拥有的工作空间和工具都应该不受侵犯，即使是教师也无权随意干涉学生的工作，必须要有学生的邀请或者授权才能进入学生的世界。这种秩序应该由师生双方共同合作确定。教师为学生提供学习的大方向，在这个框架下，学生们自由探索。教师们还应该指导学生注意有关秩序和正确使用物质设施，让学生明确可利用的资源材料及它们的用途。为什么今天的年轻人对书桌、书本、铅笔等学习用品不加珍惜？这其实一点也不奇怪。成人们虽然在批评甚至惩罚孩子对工具的滥用，但是却很少引导孩子认真思考工具的使用价值。

对物品使用价值的思考必然导致对其形态的探究。为什么这个物品被设计成这个样子呢？能被设计成别的样式吗？带着这些问题，孩子们有机会探索写作工具、桌椅和书本等的演进历史。也应该有机会让孩子们了解置身于其他文化的学生们是怎样学习的，特别是当那些孩子缺乏我们所拥有的学习用品的时候。

应该引导孩子们认真研究物质世界。有时候，一个产品会有形形色色的各种品牌。哪一个是最好的？什么样的才是最好的？谁定的标准？是不是有些牌子更具有美学上的价值？是不是有些牌子综合起来看更胜一筹？

在研究物品的同时，应该引导学生们探究自己的生活方式。他们也许会认识到浪费和不加节制的消费是在道德上不可取的行为。他们可能开始对夸张的广告产生抵触。也许他们还能学会从不同的角度对同一件产品进行评估。

…………

对各种物品研究到什么程度呢？这应该由学生们的特殊兴趣和能力来决定。在语言和数学领域有特殊爱好的学生们或许会对计算和测量工具更感兴趣。有音乐天赋的孩子自然要探究各种乐器。定位于机械技术领域的孩子们则会时刻与各种机器和工具为伍，他们中的一些人甚至可能着迷于老式汽车、蒸汽机以及飞行物。而在人际关系方面想有所发展的孩子可能会对用于社交礼仪上的器皿以及服饰感兴趣，会留心于家具和家庭装饰，还可能爱上城市规划和环境设计。有的孩子可能具有内省领域的发展倾向，那么，他们也许渴望探究用于宗教礼仪场所的物品。

…………

学校需要对物品和工具进行认真的研究。这种研究必须与我们的生活方式有关，与我们的道德义务有关，与我们对美的感受和对大自然的热爱有关。学生们应该学会拒绝技术万能论，也应该放弃技术无用论。物质世界就像自然世界一样充满了神奇。在我们学会恰当利用物质世界的过程中，这种神奇与我们紧密相随。

物品的安排

孩子们不仅应该学会正确使用各种工具，还应该了解对物品的恰当安排和摆设。在讨论秩序的时候，我们已经对这个问题有所涉及。合理地安排各种物品、建筑以及其他设施不仅有助于我们有效利用它们，也有助于我们的身心健康和美感体验。

15 ［美］诺丁斯《学会关心》1992

…………

在学习物品安排的过程里，孩子们有机会接触历史、科学和艺术等各科知识。假定一组孩子研究我们国家的早期开发者。早期居民是如何设计家庭卫生设备的？考察他们怎样安排水井和厕所，这还可以引出对土壤风化和污染问题的研究。这样的环境研究还会帮助孩子们理解为什么穷人总是容易成为各种疾病的受害者。进一步的探索还会揭示出这样一个事实：很多宗教信仰和政治意识形态倾向于掩盖人类痛苦。那么，在今天，这样的情形是否仍然存在呢？

诸如此类的讨论显示，如果以关心来重新组织教育活动，那么教育会变得多么令人激动。卫生对于当代人类生活意义重大。探讨卫生问题离不开科学、历史、社会学、政治学、健康学、美学以及宗教学方面的知识。如果从历史的角度来探讨卫生问题，那么历史上很多重大事件的解释就会增加一个新的注脚。

…………

学生们还可以将卫生问题与动物饲养联系起来。屠宰场堆积如山的动物杂碎和粪便是怎样污染饮用水的？不同的屠宰方式导致怎样不同的浪费？哪些动物副产品可以利用？哪些被可惜地丢掉了？

探讨物品的安排设置可以从自己的周围环境开始，也可以从探讨处于远方或者过去的一个地点开始。不管从哪里开始，这样的讨论关系到我们今天的生活和子孙后代的生活。城市里的孩子应该探索他们住家的内外环境，进而探索城市规划问题。街道上有足够的树吗？怎样监控空气质量？用什么设备？哪些植物能够在这样的空气环境里生长？什么植物能够有助于空气净化？什么人类活动可以促进环境改善？

…………

物品的维护

我的高中历史老师曾经说过："公民的第一个责任是保持所在地方的清洁卫生。"我同意他的观点，保持卫生的确是一个孩子对环境所能做出的有意识的贡献。可是，过去30年以来，我们却在这个问题上缩手缩脚。我们不敢严格要求孩子注意整洁卫生，因为担心这种要求会妨碍他们的个性发展，扼杀他们的创造能力。我承认，在这个问题上我自己的态度和行为也缺乏连续性。我喜欢秩序，主张家里要保持整洁。但是我也给孩子们管理自己房间的权利。只有当他们的房间变得实在惨不忍睹的时候，我才威胁要实行监督检查。我会在他们的卧室门上贴上这样的告示："此房间被卫生局强行关闭！"见到这样的警告，那个孩子往往显得如梦初醒的样子，接着便是一阵风似的大扫除。

现在回想起来，我的做法不是很妥当。我应该花更多时间教育孩子们真正关心身边的物品，而不是为了获得我的容忍或者认可而对待它们。应该准确评估玩具和艺术品的价值并且精心保护它们。当然，我们不想让孩子整天围着他们的物品团团转，做那些清洁保护的工作。应该允许他们自由地利用自己拥有的东西。但是，必须让他们懂得，以后对那些东西的欣赏和利用取决于今天如何关心它们。

…………

当我们一起努力使环境变得更加整洁美丽，我们也会对那些为了我们的环境付出辛勤劳动的人们产生更多的感激之情。这是学会关心的最重要的任务：孩子们必须有机会亲身实践关心；有经验的关心者要陪伴孩子们一同实践。没有多少人不经实践就学会对人、对劳动、对动植物以及知识的关心。我们需要与人面对面手牵手的接触才能发展对人的真实的关心。同理，我们需要亲自投身物质世界，在实践中关心。

....

——选自诺丁斯著，于天龙译：《学会关心》，
教育科学出版社2011年版，第145—152页。

评析：

关心人类创造的物质世界是诺丁斯关心理论的重要组成部分。按照诺丁斯的理论，关心是一种关系，被关心者的接受或反应是构成关心关系的重要条件。但物品对人的关心是不会有直接反应的。那么，如何去理解人和物品的关心关系呢。诺丁斯作了这样的解释："关心人类创造的物质世界，也就是各种物品和工具，与关心人类自己当然不同。关心物品不产生直接的道德影响。物品不会因痛苦而哭泣，因快乐而欢呼。物品不会表达爱或恨。尽管如此，我们怎样对待物品却对人类和物质世界都具有重要的影响。如果我们不珍惜所拥有的物品或者放纵自己的物质贪欲，那么就是在滥用这个世界的资源。我们的行为因此具有道德上的意义，要接受道德评判。"因此，当关心物品和工具被视为道德生活的一部分时，人类创造的物品也是人类关心的对象，关心关系也能因此成立。在诺丁斯所讨论的物质世界中，环境又是她最为重视的。诺丁斯引用她高中时代老师所说的一句话给人以启迪："公民的第一个责任是保持所在地方的清洁卫生。"在关心环境方面，学生应当受到很好的教育。因为，只有当每一个学生即未来的公民都能关心环境时，环境才有可能得到良好的有效的保护。

（朱镜人）

16 ／ ［美］加德纳
《多元智能》1993

　　学校教育的宗旨应该是开发多种智能并帮助学生
发现其智能特点的职业和业余爱好。

——加德纳

　　《多元智能》（*Multiple Intelligence*）是美国发展心理学家和教育家加德纳的教育代表作。这是一本在智能开发上打开全新视野的著作，集中阐述了加德纳的多元智能理论及其在教育上的应用。

作者简介

　　霍华德·加德纳（Howard Gardner）是"多元智能理论"的创始人。1943年7月11日，他出生于美国宾夕法尼亚州的斯克兰顿。现任哈佛大学教育研究所发展心理学教授、波士顿大学医学院精神病学教授以及哈佛大学《零点项目》研究所两位所长之一。30多年来，《零点项目》是美国乃至世界教育界持续时间最长、规模最大的一项课题研究。加德纳长期从事发展心理学研究，受到了皮亚杰的思维理论的很大影响。他又是一个注重实验的科学家，其结论大多来自于他自己的或者与他人合作的实验的研究成果。

自1983年在成名作《智能的结构》一书中提出多元智能（MI）理论后，加德纳与他的同事们主要研究这种理论在教育上的应用，提供强化智能的方法、设计新的评估手段以及与愿意采用多元智能理论改革教育的学校合作。

至今为止，加德纳在心理学和教育学领域出版了18本专著。除《多元智能》（1993）外，他的主要心理学和教育著作有《艺术与人的发展》（1973）、《受损的智能》（1975）、《发展心理学》（1982）、《智能的结构》（1983）、《受训练的心理》（1999）和《智能的重构：21世纪的智力》（1999）等。因为其学术成就卓越，加德纳获得过包括美国普林斯顿大学在内的世界各国18所大学荣誉学位和其他荣誉奖项。他还被《纽约时报》称为当今美国最有影响力的心理学家和教育家。

在向关于智力的传统观点提出挑战和对人类潜能及其开发研究的成果基础上，加德纳提出了有关人类思维的新观点。首先，在智能的本质上，加德纳认为，智能就是在一定的社会文化背景下，人类个体用以解决自己面临的真正难题以及生产和创造出社会所需的有效产品的能力。这些智能是相对独立的，各自按照自己的程序工作。其次，在多元智能上，加德纳提出，人类身上所存在的智能并非是相互排斥的。有些个体能够把好几种智能发展到很高的程度，而其他一些个体只着重开发一二种智能。最后，在多元智能理论在教育的应用上，加德纳认为，教育方面的努力必须构筑在对这些智能倾向及其可塑性与适应性的认识之上。在智能的培育中，首先要对不同的智能有更好的理解，并采用符合这些智能发展的教育过程。其中，正确的教育介入以及恰当的评估方法对于智能的培育是十分重要的。

内容提要

《多元智能》出版于1993年。这是加德纳的多元智能理论和实践的最新总结。在该书的"前言"中，加德纳这样写道："这些年来，我渐渐感到……概括智能结构理论在教育学上的应用很有必要，很多对此有兴趣的人也期待着我这样做。这本《多元智能》的出版及《智能的结构》一书在十年后的再版，就是为了满足人们的这种需求和愿望。"除"前言"和"结束语"外，全书分为四篇，共十三章。

第一篇："多元智能理解"，分为四章，具体包括：第一章，绪论；第二章，多元智能理论简介；第三章，多元智能理论问答；第四章，智能与人类其他珍贵潜能的关系。在这一部分中，加德纳主要论述了三个问题：

（1）"智能"的概念以及多元智能理论的起源。加德纳认为，与传统的观点不同，所谓"智能"，就是在特定的文化背景下或社会中解决问题或制造产品的能力，这些能力对于特定的文化和社会环境是很有价值的。研究表明，人类的神经系统经过一百多万年的演变，已经形成互不相干的多种智能。多元智能理论的产生，源于对智商概念和智能一元化的怀疑。

（2）多元智能理论简介及对教育的启示。加德纳认为，多元智能（即智能多元化）的观点，既承认存在许多不同的、相互独立的认知能力，又承认不同的人具有不同的认知能力和认知方式。研究发现，人的智能可以分成音乐智能、身体运动智能、数学逻辑智能、语言智能、空间智能、人际关系智能、自我认识智能七种。[①] 每个人与生俱来的智能的种类可能不同，但在生命终结时特定的智能的种类肯定不同。因此，我们必须承认并开发各式各样的智能和智能的组合。应该看到，多元智能理论对教育具有许多有益的和值得认真思考的启示。

（3）智能与人类其他潜能的关系。加德纳认为，不管评价天才惊世骇俗的举动，还是评价普通人平淡无奇的行为，都有一个可行的分析方法。具体

---

① 早在1983年出版的《智能的结构》一书中，加德纳就提出了六种智能：语言智能、音乐智能、逻辑—数学智能、空间智能、身体—动觉智能、人格智能。后来，在1993年出版的《多元智能》一书中，他把人格智能分成了人际关系智能和自我认识智能两种。2004年5月，加德纳在华东师范大学讲学时指出，每个人至少有八种智能：语言智能、音乐智能、逻辑—数学智能、空间智能、身体运动智能、人际交往智能、内省智能、自然观察智能（见《文汇报》2004年5月24日）。——本书编者注

来讲，"智能"是一种生理心理潜能；"天赋"是早期发育的生理心理潜能的标志；"奇才"是在某一领域内有登峰造极的表现；"专才"是被视为仅具有高超技术的人才；"创造力"是某种特定作品或产品的特征；"天才"既是杰出的专家，又有非凡的创造性。应该说，智能与人类其他的潜能是相互联系的，有时很难说清它们之间的界限。

第二篇："智能的培育"，分为五章，具体包括：第五章，未来的学校；第六章，幼儿早期多元智能的确认和培育:《多彩光谱》项目的模式；第七章，小学阶段多元智能理论的《重点实验学校》项目模式；第八章，怎样在学校表现出色——初中阶段的《学校实用智能》项目模式；第九章，高级中学的学科探索——《艺术推进》项目简介。在这一部分中，加德纳主要论述了两个问题：

（1）未来的学校设想。加德纳认为，未来的学校应该是一种"以个人为中心"的学校模式。这种以个人为中心的学校包容了更广的范围，力求寻找与智能匹配的教育机会，增加了学生最大限度地发挥其智力潜能的可能性，以便使教育在每个人身上得到最大的成功。在这种学校里，有三个重要的角色：第一个角色是"评估专家"，其任务是对儿童在学校中所表现出来的特别才能、倾向和弱点定期提供最新的评估。但是，这种评估不是以标准化测验为基础的。第二个角色是"学生课程代理人"，其任务是根据从最新的评估中得到的智能分析结果，向学生提出选修什么课程的建议。第三个角色是"学校—社区代理人"，其任务是为学生在更大范围的社区内寻求受教育的机会。但必须看到，设计出这三个角色并不是要贬低或削弱教师的作用。由此，加德纳认为，教育改革的成功至少取决于四个要素的综合，那就是："智能展示"的评估过程和方法、重新确立的课程体系和教学内容、师范教育和教师进修，以及社区的参与。

（2）介绍有关智能培养的四种示范性项目。一是《多彩光谱》项目，其重点是对幼儿早期多元智能的确认和培育。研究发现，事实上，从幼儿的早期开始，各种智能就不会以单一的形式出现，而是多种智能一起包含在各种

[美]加德纳《多元智能》1993

279

符号和记号系统里。而且，每个幼儿都与其他人一样，都会有一个相对强和相对弱的领域。二是《重点实验学校》项目，其宗旨之一是每天都要激发每一个学生的多元智能。它提出了三个具体做法：第一，每一个学生都要参加一次小组活动；第二，学校每周都要请一位专家介绍一种职业或一门技能；第三，每个学生每年都要完成三个专题作业。三是《学校实用智能》项目，其目的是帮助学生做好适应初中和高中更具挑战性环境的准备。最主要的是，如何将学术智能与更实用的人际关系智能和自我认识智能结合起来，以实现学业和事业的成功。四是《艺术推进》项目，其开始时探索采用一种更公平合理的方法评估学生的智能，后来演化为一种课程模式，不仅能用于艺术课程，而且能用于多种不同学科。

第三篇："评估与超越评估：多元智能教育的组成要素"，分为两章，具体包括：第十章，情景化评估：标准化考试的替代方案；第十一章，超越评估：教育的目的和手段。在这一部分中，加德纳主要论述了两个问题：

（1）情景化评估。加德纳认为，尽管评估是任何学校体系的支架，但是，必须设计出能够公正地评估每一种智能的方法，那就是情景化评估。如果学习都是在相关的情景中进行的，那么，评估在类似的情景中进行才有意义。这种评估方法的主要特征是：重视评估胜于考试；在个体参与学习的情景中"轻松"地进行评估；提高评估的效度；对智能的公正评估；使用多种测试方法；考虑个体差异以及发展阶段和专业知识的多样化；为帮助学生而进行评估等。实施情景化评估的主要障碍，不在于缺乏费用，而在于缺乏愿望。

（2）提供一种适合培养理解并融会贯通能力的教育。加德纳认为，教育的一个直接目的就是真正理解并学以致用。要实现这个目的，就必须使"真正理解并学以致用"成为整个教育事业的中心。为此，需要放弃"涵盖一切"的错误做法，而彻底缩减课程。对于教育来说，其所面临的挑战就是专业知识与通用知识之间的平衡。但是，有效的教育说到底取决于每天实际参与其中的人才的素质和投入的程度。

第四篇："多元智能研究的未来"，分为两章，具体包括：第十二章，智能研究的七个阶段；第十三章，智能研究的运用。在这一部分中，加德纳主要论述了两个问题。

（1）智能研究的阶段。加德纳认为，20世纪的智能研究可以按时间顺序排列成七个各具特征的阶段：智能概念的提出、智能研究的科学化、智能的多元化、智能的情景化、智能的分布、智能的个性化、开发智能的教育。

（2）智能研究的运用。加德纳认为，应该把人类智能看作一种出现于不同文化背景的潜能。而人类所有的智力活动，都是在这些各自的文化背景中展现的。我们必须根据个体的特点和文化要素来考虑拓宽智能的概念。伴随着智能的新观念，需要新的教育和评估体制，以培养大多数人的能力。

在"结束语：2013年的多元智能"中，加德纳指出，随着认知科学的进展，到2013年时，多元智能的思想将会更加合理，并能开发出对于不同智能组合的个体都有效的课程方案的设计。

《智能的结构》一书自1983年出版后曾产生了相当大的影响。在它出版后的十年里，加德纳所进行的研究工作大多数集中在对教育问题的思考和对教育方法的设计上。《多元智能》一书正是这些研究工作的一个总结性成果。因此，该书的出版无疑推动了多元智能理论的发展及其传播。1997年7月，美国哈佛大学还举办了名为"多元智能理论新指南"的国际研讨会，与会代表来自世界上许多国家。当今，多元智能理论已成为美国和欧洲许多国家教育改革的重要理论基础之一。美国乃至世界各国教育界对多元智能理论的兴趣不断增长，相关的文章、著作、研究以及实验项目相继出现，这充分说明了多元智能理论的生命力。从《多元智能》一书中，人们可以清楚地领悟到这一点。

选文评析

智能的组成

智能最恰当的定义到底是什么？这是读者向我们咨询最多的问题。的确，正是在智能的定义上，多元智能理论与传统的观点不同。按照传统观点，智能可应用性的定义就是解答智力测验试题的能力。运用统计方法，与不同年龄接受测试者的解答加以比较，可以从测验分数推断出他们的能力。不同年龄接受测试者在不同测验中所得结果的明显相关性，证明智能随年龄、学历、经历的变化不大，是每个人与生俱来的属性或能力。

另一方面，多元智能理论比传统的智能观念要复杂一些。我们认为，智能是在特定的文化背景下或社会中，解决问题或制造产品的能力。解决问题的能力，就是能够针对某一特定的目标，找到通向这一目标的正确路线。文化产品的创造，则需要有获取知识、传播知识、表达个人观点或感受的能力。从构思一部小说的结尾到下棋时把对方将死，甚至修补一床棉被，都是生活中需要解决的问题。科学理论、音乐作品甚至成功的政治竞选，都是上文所说的创造文化产品。

解决问题的每一种技能都与生物本能有关，多元智能理论就是由这些生物本能构建而成的。但我们探讨的只是人类普遍拥有的技能。即使如此，实际解决某种特定形式的问题时，生物的本能还必须与这领域的文化教育相结合。如语言是人类共同拥有的技能，但在一种文化中可能以写作的方式出现，在另一种文化中可能以演讲的形式出现，在第三种文化里说不定就是颠倒字母的文字游戏。

智能的选择既源于生物学，又要考虑根据一个或多个文化背景来评价。究竟怎样识别一种智能呢？在列出以下智能种类之前，我们曾参考了来自几个不同来源的证据。它们是：有关正常儿童和超常儿童成长的研究信息；脑损伤后认知技能受损的情况；对特殊群体如天才、白痴、患孤独症儿童的研究成果；过去一千年人类认知进化的资料；交叉文化认知的研究；心理测量的研究，包括不同测试方法相关性的研究；心理训练的研究，特别是不同学习能力转化和普遍化的研究。与智能有关的概念中，只有那些满足以上全部或大多数研究结果的，才被选中。这些智能的标准以及到目前为止我们所提出的七种智能，在《智能的结构》一书中都有详尽的讨论。本书也考虑到多元智能理论可能会遭到反对，所以将其与对立的智能理论加以比较。

除了满足以上标准外，每一种智能都必须具有可辨别的基本能力的特征或一组特征。就像以神经系统为模式设计的电脑系统一样，每一种智能都经所提供的、内部或外部的特定信息活化或激发。例如音乐智能的基本能力特征，就是对于音高的敏感性。而语言智能的基本能力特征，就是对于发音和声韵的敏感性。

智能对于特定文化创造出来的符号系统，应该是敏感的。这个符号系统是捕捉、表达、传播信息的重要形式。语言、图画、数学就是三个几乎在全世界范围内使用的符号系统，它们对于人类的生存、生产是不可缺少的。能够被选作智能的，必然和人类所应用的符号系统有一定的关系。事实上，人类每一种基本能力的存在，必定伴随着能够发展那种能力的有意义的符号系统。虽然有时可能某种智能无法用任何符号表示，但人类智能的基本特征也是能够具体化的。

七种智能的例证

简略介绍了智能的特征和判据后，我们现在分别讨论七种智能。在讨论每一种智能时，我们首先摘录了在那种智能上表现突出的人物的传记的一部分。这些被引用的传记的描写，揭示了人物的天赋或与生俱来的能力，它们对于这些人自如地运用某种智能是必要的。虽然每一篇被引用的小传只说明一种特定的智能，我们并不希望这暗示成人的智能运作是孤立的。事实上除了非正常的人，智能总是以组合的方式运作的。任何有经验的成年人在解决问题时，都会运用多种智能的组合。在每一篇小传之后，我们还要评述不同的数据和资料，以支持每一种被挑出来的智能"候选人"。

1. 音乐智能

耶胡迪·梅纽因（Yehudi Menuhin）3岁时，被父母偷偷带去欣赏旧金山交响乐团的音乐会。音乐会上路易斯·帕辛格（Louis Persinger）美妙绝伦的小提琴演奏是如此深深地打动了小梅纽因，以至于他向父母坚持要一把小提琴作为生日礼物，并且非要帕辛格做他的老师。他的这两个愿望都实现了。

10 岁时，梅纽因已经成为世界知名的小提琴家。

梅纽因身上的音乐智能，甚至在他还没有接触小提琴、尚未接受任何音乐训练时就表现出来了。他对那种特殊声音的强烈反应以及他在小提琴演奏上的飞速进步，表明他从生理上具备发展音乐智能的先天条件。从此类超常儿童那里得出的证据，使我们认为特定的智能有其生理上或先天的渊源。其他特定的群体，如患孤独症的儿童，他们中有些人也能熟练地演奏乐器，这同样证明音乐智能是可以独立存在的。

下面再对有关证据做简单的分析，以进一步证明音乐技艺是一种智能。大脑的一部分，大约位于右半球，在对音乐的感知和创作上起重要的作用。但它不像语言技能一样，精确地定位于大脑的某一特定区域。虽然音乐才能受脑损伤影响的程度，与所受音乐训练的程度和个体的差异有关，但有证据表明，脑损伤的确会造成人的"失歌症"（失去唱歌和辨别音乐的能力）或音乐能力的消失。

在旧石器时代的社会里，音乐明显地起着重要的协调和统一的作用。歌唱具有与同伴联系的功能。从多种文化得到的证据表明，音乐是人类的一种普遍的本能。婴儿智力发展的研究认为，在幼儿阶段确实有一种与生俱来计算音高的能力。最后，我们说音符本身实际上就是一种清晰易懂的符号系统。

简而言之，音乐才能是一种智能的概念，得到了不同来源的证据的支持。虽然音乐技能不像数学一样被当作典型的智力技能，但它符合我们的智能标准。它不但根据定义值得考虑，而且从资料和研究结果中也得到了充分的证明。

2. 身体运动智能

15 岁的巴比·罗斯（Babe Ruth）担任三垒手。在一场比赛中，本队的投手表现不佳，罗斯站在三垒位置上大声指责他。他们的教练马塞尔斯大声喊道："罗斯，如果你这么内行，你来投球！"罗斯听后十分吃惊，因为他从未投过球。但教练坚持要他这样做。后来罗斯说，在那个非同寻常的时刻，从站上踏板的一刹那起，他就知道自己是一个天生的投球手。对于他来说，投出的球将对手击出局是非常自然的事。后来他真的成了伟大的主联队的投球手，同时还是被神化了的击球手。

就像梅纽因一样，巴比·罗斯也是一个超常儿童。第一次见到他的"乐器"时，他立刻就认出来了。请注意这种识别早于正规训练。

身体运动由大脑运动神经皮层控制。大脑的每一个半球都控制或支配相对的另一半身体的运动。对于一个惯用右手的人，运动的支配部位通常为大脑的左半球。即使对于一个能够条件反射地或并非情愿地做某一动作的个体，如果命令他做同样的动作，其能力也会削弱。这种特殊的运动失调症的存在，是身体运动智能的证明。

特定的身体运动，明显地有利于该物种的进化。对于人类来说，这种进化就延伸到工具的使用。身体运动清楚地表明了儿童发育的时间表，不同的文化对此没有异议。因此，以上的身体运动的知识符合判定一种智能的条件。

认为身体运动的知识是解决问题的能力也即智能，不那么好理解。的确，表演一个哑剧或打网球不同于解数学方程，但使用自己的身体表达一种感情（在跳舞时）、从事一种游戏（运动场上）或制造一种产品（设计发明），都是运用身体或运用身体认知的特征。解决某种需要身体运动的特殊问题，究竟需要哪些特定的基本能力，蒂姆·盖勒威（Tim Gallway）总结如下：

球离开发球者球拍的一刹那，大脑就得计算出：球大约在哪里着地和球拍应在哪里回击。这种计算包括判断球的初速度、使球减速的因素、风的作用和球的反弹等。同一时刻，大脑还要对肌肉下动作的命令。不仅仅下一次命令，而是时时根据最新信息加以修正。肌肉必须配合，脚一移动，就得将拍向后拉，且拍的正面必须保持一个特定的角度。精确的击球点的位置取决于发出的命令，是要回击到对方球场的底线，还是让球刚好过网。大脑必须在几分之一秒的时间里分析对手的移动和平衡状况，做出回球的决断。

为了接一个发球，你大概只有一秒钟的时间做以上这一切事情。要每次都能击中球，似乎很不容易，但一般人往往都可以做到。这是因为每个人的身体本身都具有非凡的创造性。

3. 数学逻辑智能

由于在微生物学研究方面的杰出成就，巴巴拉·麦克克林托克（Barbara McClintock）1983年获得了诺贝尔医学生理学奖。她在观察和推理方面的能力表现出了以数学逻辑为形式的智能，这种智能通常被人们称为科学思维。她经历的一件偶然事件特别能说明问题。19世纪20年代，麦克克林托克在康奈尔大学从事研究工作时，曾遇到一个问题：虽然理论上预测有50％的玉米不结果，但她的研究助手在试验田里发现只有25％到30％的玉米植株不结果。这一不小的差异使她很困惑，因此而离开玉米地回到办公室，坐下来想了半小时：

我突然跳了起来，跑回玉米试验田。刚到玉米田的上方（其他人在玉米田的下方），我就大喊着："尤瑞卡，我知道了！我知道30%的玉米不结果的原因了！"

他们让我证明。我于是坐了下来，拿出纸和铅笔飞快地写起来，而这些计算工作我刚才在实验室里一点也没有做。当时这些演算工作好像一下子就完成了，答案如泉水般喷涌而出，我就跑向田野。现在我一步一步地进行着复杂的推理和计算工作，最后得到了同样的结果。同事们看着计算结果，发现和我刚才说的完全相同。有了结论之后，我却感到非常纳闷：为什么我还没在纸上计算时就知道了结果？为何我如此确信？

这件趣闻表明了数学逻辑智能的两个基本点：第一，天资优异的个体在解决问题时的速度常常快得惊人。如成功的科学家往往在同一时刻处理许多变量或提出大量的假说，然后一一加以评价并决定接受还是放弃。

这一趣闻还表明了智能的非语言性：问题的答案在用语言表达之前就已经得出了。事实上，这个解题的过程甚至对解题者本人也可能是看不见的。但这并非暗示此种发现即我们所熟悉的"啊！"一声惊呼后恍然大悟的现象很神秘，或只能凭直觉而不可预期。恰恰相反，这种情况发生在某些人（如诺贝尔奖获得者）身上就不是偶然的。我们将这种现象解释为数学逻辑智能的作用。

数学逻辑智能和语言智能是智商测试的主要基础。传统心理学家已经对这两种形式的智能进行了大量的调查与研究，它们被认为是可以跨越不同领域或专业解决问题的"原始智能"。但具有讽刺意味的是：对于获得有关数学逻辑问题答案之过程的准确机理，至今仍没有一个令人信服的恰当的解释。

这种智能同样可用我们的经验来加以证明。大脑的特定部位在数学计算方面起重要作用。一些白痴学者在其他很多领域里表现了可悲的无能，但在数学计算上却有可能十分出色。儿童中数学天才的例子是很多的，皮亚杰和许多心理学家多年来已经认真地研究和总结了儿童在这种智能上的发展。

4. 语言智能

10岁的时候，艾略特（T. S. Eliot）创办了一份杂志，名为《壁炉旁》，他是这本杂志的唯一撰稿人。寒假中，他在三天时间里出了八期。每一期杂志里都有诗歌、探险小说、随笔和幽默故事，其中一些流传至今，展示了诗人的特殊天才。

16 ［美］加德纳《多元智能》1993

和数学逻辑智能一样，把语言技巧称为智能，合乎传统心理学的观点。语言智能的存在也有实验证明。如大脑的一个特定区域，通常称为"布罗卡区"（Broca），负责产生合乎语法的句子。这个区域受到损伤的人，能够很好地理解单词和句子，但除了最简单者外，他们不能将单词组合成句。与此同时，这些人的思维过程可能完全不会受到影响。

天生具有语言能力，对于人类是共同的。令人吃惊的是，儿童语言能力的进展，在各种文化和社会中都是一致的。即使是没有接受过哑语训练的聋哑儿童，也会发明他们自己的手语并悄悄地使用。我们因此可以看出，这种智能是独立的，与输入和输出无关。

5. 空间智能

环绕西太平洋卡罗林群岛上的土著居民航海时不用仪器。除了星座的位置靠视线中出现的岛屿确定以外，气候的特点、海水的颜色都是他们判断地理方位的依据。每一次航行都被分解成多个较短的旅程，航海者必须弄清每个旅程中星座的方位。在实际航行中通过每一个岛屿时，航海者的脑中就出现一幅地图，在图上计算已经走完了多少旅程，还剩下多少旅程，对方向还要做哪些修正。航海者在旅途中可能无法真正看到这些岛屿，但脑中必须有它们的位置。

解决空间位置的问题，如航海和使用有标记的地图，都需要空间智能。其他与空间位置有关的问题，如下棋和想象从不同的角度看到的物体的形状，也是如此。视觉艺术同样是空间智能的一种运用。

从大脑研究所得出的证据非常明确，很有说服力。经过长期的进化，正如大脑的左半叶掌管惯用右手的人的语言功能一样，这些人大脑的右半叶掌管空间位置的判断。脑右后部位受伤的病人，会失去辨别方向的能力，易于迷路，其辨认面孔和关注细节的能力明显减弱。

大脑右半叶特定部位受伤的病人，总是试图用语言技巧来补偿空间智能的缺陷。他们尽力大声辩解，主动求战，甚至拼凑答案，但这些非空间策略很难成功地解决有关空间的问题。

以盲人为例可以说明空间智能和视觉之间的区别。一个盲人能够通过间接的方法来判断物体的形状。他们用手沿着一个物体的边缘以固定的速度摸过去，根据所用时间的长短，可计算出物体的大小。盲人的触觉系统，相当于普通人的视觉系统。盲人的空间智能与聋哑人的语言智能极具相似性，值得我们注意。

视觉艺术的各个领域很少出现超常儿童或曰神童，但也有如那迪亚（Nadia）那样的白痴学者。尽管患有十分严重的孤独症，这个学龄前儿童却能画出极精确、极细致的图画来。

6. 人际关系智能

基本上没有受过正规的特殊教育、几乎是盲人的安妮·沙利文（Anne Sullivan），开始承担起教育既聋又盲的7岁女孩海伦·凯勒（Helen Keller）的艰巨任务。由于海伦对外部世界感情上的对抗，安妮试图和海伦交流的努力很难奏效。以下是她们第一次一起进餐的情景：

安妮不允许海伦将手伸进自己的盘子里去取她想要的食物，而海伦和她的家人在一起时，已经习惯了这样做。因此与安妮的第一次进餐成了意志的较量：海伦的手一伸进盘子里，就被安妮坚决地推开。海伦的家人为此很不高兴，离开了餐厅。安妮把房门锁上，继续用餐。海伦干脆在地板上又踢又闹，推拉安妮的椅子。半小时以后，海伦绕着桌子找她的父母，却发现没有人在那儿，这使她感到迷惑。最后，她只好坐下来开始吃早餐，但却用手。安妮给她一把勺子，却被哗啦一声扔到地上，于是意志的较量又重新开始。

安妮·沙利文对海伦行为的反应很敏锐。她在给家人的信里说："我必须解决的问题，是既要规范和控制她的行为，又不能伤害她的心灵。我起初只能非常缓慢地、一点一点地进行，并试图赢得她的爱。"

两周以后，第一个奇迹发生了。安妮将海伦带到家庭住所附近的一个小木屋里，以便两人可以单独生活在一起。经过七天的相处，海伦的性格发生了意义深远的变化，治疗生效了。安妮写道：

今天早上我的心在快乐地歌唱，奇迹发生了！两星期前粗暴的小生命已经变成了温顺的小女孩。

再过两星期，海伦首次突破了语言障碍，开始学说话，她的进步神速。她的语言奇迹的关键，是安妮具有看穿或洞悉海伦内心世界的眼光。

人际关系智能的核心，是留意他人差别的能力，特别是观察他人的情绪、性格、动机、意向的能力。按照更高的要求，就是能够看到他人有意隐藏的意向和期望。我们可以在宗教和政治领导人、教师、心理咨询专家和家长身上，观察到复杂微妙的人际关系智能的高级形式。海伦·凯勒和安妮·沙利文的故事，说明这种智能不依赖于语言。

大脑研究报告一致指出，大脑前叶在人际关系的知识方面起主要作用。这一区域的损伤，虽然不会影响解决其他问题的能力，但会引起性格的很大变化。这部分受伤以后，人们会认为他已经变成另外一个人。

阿尔兹海默症（Alzheimer's disease）是一种早年痴呆症，表现为后脑部位受到伤害以后，患者的空间辨认、逻辑推理、语言运算能力大大减弱。但患阿尔兹海默症的病人能经常保持良好的风度和举止，并会为他们所做的错事频频道歉。与此相反，皮克症（Pick's disease）是另外一种大脑前叶受损产生的早年痴呆症，患者会失去彬彬有礼的风度。

人际关系智能还有另外两个被人引用的生物学例证，均为人类所独有。一是灵长目有较长的婴儿期，对母亲有强烈的依附。在早期发育阶段失去母亲的个体，正常的人际关系智能开发将受阻，这是很危险的。二是对于人类来说，社会交往很重要。在史前社会里，狩猎、设陷阱、宰杀动物都需要许多人的参与、合作，团体的凝聚、领导、组织的存在都很自然地遵循这一原则。

7. 自我认识智能

弗吉尼亚·沃尔夫（Virginia Woolf）以日记的形式写过一篇文章，题为《往日随想》，专门谈到"生活的花絮"，即生活中所发生的琐碎事情。在这些事情中，有三件很特别，给她的童年以深刻的印象：和弟弟打了一架、在花园里看到一朵奇怪的花、听到一位过去的来访者自杀的消息。

这三个难忘的时刻即使我不想到它们，也会悄然浮现在我的脑海里。现在我第一次把它们记录下来，产生了从未有过的体会。两件事的结尾令人绝望，第三件还算让我满意。

听到那个人自杀的消息，恐怖的感觉使我浑身软弱无力。但是看到花的那次，我发现了一个战胜敏感和怯懦的方法，我不再感到软弱了。

虽然惊吓产生的震撼在我身上仍然存在，但现在我对此已能欣然接受。在一次受到惊吓之后，我总是觉得这种经历特别宝贵。我因而猜测正是这种接受惊吓的能力，使我成了作家。我大胆地对此做出这样的解释：因为我受到惊吓之后，立刻有将一切记录下来的愿望。我感到好像受了打击，但事实上没有。我像小孩子一样，想象这打击来自藏在日常生活琐事后边的对立面，它就是或将是某一哲理的闪现，是生活表面现象后面某些真实事物的标记。于是我将其组成句子，写出它的本质。

以上引文生动地说明了自我认识智能。这就是有关人的内心世界的认知：了解一个人私人的感情生活和情绪变化，有效地辨别这些感情，最后加以标识，作为理解和指导自己行为的准则的能力。具有较好自我认识智能的人，脑中关于自己有一个积极的、可行的有效行为模式。因为这种智能的隐私性，如果观察者想探测的话，就需要有来自语言、音乐或其他显性智能的证据。在以上引用的短文中，语言智能就用来表现自我认识智能，它使智能之间的相互作用具体化了。这是一个普遍的现象，我们后面还要讨论。

　　我们已经熟悉的智能标准，也适用于自我认识智能。像人际关系智能一样，对于每个人性格的变化，大脑前叶也起着重要的作用。脑前叶的下部区域受到伤害，很可能造成性格的易激动、易烦躁或欣快症①。脑前叶上部区域受到伤害，则可能造成冷淡、散漫、迟钝、漠然等沮丧人格的特征。脑前叶受伤者的其他认知能力大都保持不变，可失语症患者就不同。有些失语症病人后来恢复到能够诉说他们的经历时，我们发现了十分相同的结论：虽然这些病人的敏感程度有所降低并对此感到沮丧，但绝不认为自己已经变成另外一个人。他们知道自己的需求和愿望，竭尽全力想得到它。

16
[美]加
德纳《多
元智能》
1993

　　患有孤独症的儿童是自我认识智能受损的典型例子。这些儿童有时虽然无法自我表达，却多半在音乐、计算、空间判断或机械工程等领域里，表现出不同凡响的才能。

　　自我认识智能较难找到生物进化方面的证据。我们推测可能因为它是一种超越了生存本能的智能。但对于今日已不必时刻为生存担忧的人类来说，这种智能却越来越为人们所需要。

　　总而言之，人际关系智能和自我认识智能都已被证明确是智能的一种。这两种智能所要解决的问题，对个人和集体都很重要。人际关系智能使人了解他人、更好地与他人一起工作。自我认识智能可以使人更好地认识自己和处理个人的问题。在个体的自我意识中，人可以感到人际关系智能和自我认识智能的融合。的确，自我感觉和认识是人类最神奇的发明，是所有与个人有关的信息的象征，也是使所有人自我完善的发明。

——选自加德纳著，沈致隆译：《多元智能》，

新华出版社2003年版，第16—28页。

---

　　① 欣快症，莫名其妙地容易高兴。——译者注

评析：

在这段选文中，加德纳主要论述了"智能"的定义以及人的七种智能。就"智能"的定义来说，智能就是个体在一定的社会文化背景下解决自己所面临的问题和制造社会所需要的产品的能力。它基本上是一种生命的心理潜能。就"智能"的特征来说，每一种智能都必须具有可以辨别的基本特征。虽然某种智能有时可能无法用任何符号来表示，但智能的基本特征是能够具体化的；而且，智能总是以组合的方式运作的。通过例证研究，加德纳指出，人类个体至少在相对独立的七个领域内拥有认知能力，表现为以下七种智能：（1）音乐智能，指对音乐的感知、辨别音符、演奏乐器以及掌握音乐技能的能力。（2）身体运动智能，指运用整个身体或身体的一部分来解决问题或制造产品的能力。（3）数学逻辑智能，指数字和逻辑推理的能力以及科学分析的能力，通常被称为"科学思维"。（4）语言智能，指对语言文字的掌握能力。（5）空间智能，指在头脑中形成一个外部空间世界的模式并能运用和操作这个模式的能力。（6）人际关系智能，指观察他人和理解他人的能力。（7）自我认识能力，指对自己内心世界的认知能力以及处理个人问题的能力。

多元智能理论对教育的启示

发展多元智能理论，是为了使人类的认知理论得到验证。除此而外，此理论对教育学也有许多有益的启示，值得认真思考。在以下的讨论中，我们将开始简要地介绍智能自然发展的轨迹。转到教育方面，我们将谈谈能力的培养和有目的的指导在人的智能的发展中所起的重要作用。从以上分析中我们可以发现，智能的评估在课程体系的开发中，将起着关键性的作用。

智能的自然形成：发展的轨迹

因为所有类型的智能都是遗传基因的一部分，所以用基本的标准来衡量，每一种智能都以相同的形态出现，而与所受的教育或文化背景无关。除了某一时刻特殊群体的表现，对于每一种智能来说，人类都具有一定的基本能力。

　　每一种智能发展的自然轨迹，都来源于原生的模仿能力，如音乐智能中分辨音高的能力，空间智能中辨认三度空间的能力等。对于这些人类所共同拥有的能力，在某一领域里，一部分人可能会有更为突出的表现。这种原始的智能，在人出生的第一年里占有主导地位。此后的发展，则需在不同的阶段，通过不同的透镜来观察不同的智能。在后续阶段中，智能会通过符号系统来表现。如语言智能通过句子和故事表达、音乐智能通过唱歌、空间位置的理解通过绘画、身体运动智能通过姿势和舞蹈等。在此阶段，儿童对各种符号系统的掌握情况，就表现了他们各类智能的潜力。梅纽因对于小提琴声音的反应，说明一个具有音乐才能的超常儿童是如何与特定的符号系统接近的。

　　随着智能的发展，每一种智能连带着如前所述相关的符号系统，将由另一种体系的标记或记号所代表。如数学公式、地图、字母、乐谱等，都属于第二级符号系统，均用纸上的标记或记号来表示。在我们的文化背景下，每个人都是在接受正规的教育时学会这一级符号系统的。

　　最后，在青春期和成人阶段，智能则是通过对理想的职业和业余爱好的追求来表现的。现以数学逻辑智能为例加以说明。在婴儿阶段，它以单纯的原始模仿能力为开端；在幼儿的早期，发展为对于初级符号的掌握；学龄期间，则表现为对第二级符号系统的掌握；到成熟期，才以数学家、会计师、科学家、收款员或出纳的形式表现。同样地，空间智能从幼儿脑海中的图案，到画画时符号的使用，再到辨别地图的标记，最后表现为航海家、棋手和地质学家这类人物的能力。

　　虽然人类在一定程度上都拥有某种智能，但还是有些人被认为"才智杰出"，他们在某一种智能上被赋予很高的能力和技巧。这对整体文化来说是很重要的。一般情况下，这些具有特殊天分的个体，运用特定文化背景下的智能，将会做出显著成绩。其实并不需要所有普鲁瓦（Puluwat）部落里的人都表现出通过星座位置航海的空间能力，也不需要所有的西方人都对数学精通到能为理论物理做出显著贡献的程度。只要那些在每一领域内有特殊才能的人都能各得其所，人类在所有领域的认识就都会取得进展。

在一些个体的某种智能很突出的同时，另外一些个体却可能存在问题。如果不提供特殊的帮助，后者在需要运用这种智能解决问题的时候，就可能失败。相反，前者成功的机会极大。在儿童教育的早期运用特定的手段干预和强化，可以将大量的儿童提高到前者的水平。

智能表现突出者的智能发展轨迹，因智能种类的不同而有所不同。例如在数学或音乐上很有天赋的儿童，年纪很小的时候就可能表现出与成年人相同或相当接近的水平。与此相反，人际智能则是逐渐展现出来的，这方面很少有超常儿童。此外，在某一领域内有超常表现，并不意味着在其他领域内也会有超常表现，就好像在某一领域内取得了辉煌的成就，并不预示着在别的领域内也会有同样的成就。

发展轨迹对教育的启示

因为智能在其发展的不同阶段都是以不同的方式显现的，所以对智能的评估和开发，都要以适当的方式进行。婴儿期的方法可能不适合后续阶段，反过来也是如此。在学前期和小学低年级，应该尽量向儿童提供机会。他们往往就是在这一阶段和年纪，发现自己最感兴趣的东西和能力最强的领域。

对于天分很高的儿童，兴趣和能力的发现往往是自动发生的，我在这里姑且称之为"觉醒体验"。这种情形通常发生在童年时期。儿童个体对于某一领域极具吸引力的特征，有明显的反应。儿童身上立即产生的强烈的感情效应，会使他或她对此领域感到特别亲切，就像梅纽因初次在交响音乐会上听到小提琴演奏一样。因此这个儿童会在此领域内坚持不懈。加上强有力的适当的智能组合的作用，不需太长的时间，他或她就有可能在那个领域具备很高的技能。

对于天分极高的儿童，这种"觉醒体验"似乎很难避免。它们出现于音乐和数学领域里的可能性最大。不过有意地安排机会，让儿童接触特定的工具、器材和设备以及各个行业的人，有助于发现他们的才能。

在我们的社会里，就学期间掌握一定的标记或记号系统是必要的。学校教育的初期，不可能提供自我发现的环境，让儿童掌握奏鸣曲式或代数符号那样的体系。事实上，这个阶段的儿童都需要某些指导，关键是要找到正确的方法。因为有些情况下，集体指导是有益的，有些情况下则是有害的。另外还有一个问题，那就是如何将实践知识和由各种符号和记号所体现的知识联系起来。

最后，青春期阶段大部分学生在选择职业时都需要帮助。无论对于哪一种文化背景下的角色，这项工作都因多种智能的相互作用而变得很复杂。例如，要成为一名医生，数学逻辑智能是必不可少的；但要独立开业行医，还需具备较强的人际智能；对于外科医生来说，则需要精密的身体运动智能。对于这个阶段智能的发展，实习期、新老医生的师徒关系、与角色文化背景有关的物资，都是重要的。

从这些分析中可以得到对学校教育的指导。首先，教育与指导的作用，随着智能发展的轨迹会有所不同。与青春期的学生相比，强化的环境更适合于儿童期的学生。反过来说，直接使用记号或标记系统教学，对年纪较大的儿童是合适的，对年幼的儿童可能就不合适。

教育和指导必须根据智能发展的轨迹来评估。只有适合学生特定发展阶段的，才能使他们获益。某一种教学方法在一个阶段可能太早，在另一个阶段却可能太迟。例如铃木音乐教学法不大注重音乐符号系统的学习，而是提供许多帮助以促使儿童学会乐器演奏的技巧。这种训练方法对学龄前儿童可能很有效，应用于智能发展轨迹的后续阶段，就有可能对音乐智能的发展起阻碍作用。这种高度结构化的教学环境，有可能加快儿童的发展并培养出大量的智能突出者，但最终也可能限制了儿童的选择，抑制了他们的自我表现。

正规的学校教育往往特别注重语言智能和逻辑智能，从而忽视了个体的其他智能。即使在看起来语言智能占支配地位的西方社会里，从成年人身上得到的证据也表明空间智能、人际关系智能、身体运动智能有时也起着关键性的作用。然而语言智能和逻辑智能却一直是大部分智能测试的核心，一直在学校教育中唱主角。

最大的需求：评估

我们在这里所介绍的课程，以能够准确地了解学习者智能的状态为先决条件。这样一种精心策划的评估过程，才能使学生根据充足的资讯证明做出适当的职业或副业领域的选择，也才有可能在发生问题时有针对性地寻求补救方法。对于智能缺陷的评估，可以预测学习者将要面临的困难，并提出通过另外的途径达到教育目标的建议（如通过空间关系学习数学，通过语言技能学习音乐）。

这样一来，评估在教育中扮演了中心的角色。我们确信，摆脱标准化测试是完全必要的。标准化纸笔简答类的测验，只能测出智能的一小部分，而且需要的只是分析上下文的技巧。我们所欣赏的评估方法，将跨越物质条件的限制，最终真正找到解决问题和制造产品的能力。

每一种特定智能（或智能的组合）的评估，应当侧重该种智能所要解决的问题。也就是说，数学评估应该提供数学领域的问题。对于年幼的儿童，可以采用皮亚杰式的提问，尽量减少语言的使用。对于年龄较大的儿童，在一个新的数字系统中做出推导证明也就足够了。对年龄较小的儿童，可以让他们练习用小节组合成旋律；年龄较大的儿童，可以要他们说出如何从主题发展成回旋曲或赋格曲。

智能评估的一个重要方面，是在使用该种智能的媒体时，看被评估者解决问题或创造产品的能力。同等重要的是，评估必须在被评估者有选择余地的时候，确定其最愿意使用的智能。做到这一点的一种方法，就是使被评估者置身于相当复杂的环境中，而这环境能够激发他所拥有的多种智能；或能提供一组根据不同智能设计的器材或场景，然后观察他是否被吸引及钻研的程度。

现在举例说明如下。假设一个孩子看了一部情节复杂的电影，其中几种智能的特征十分突出。如音乐迷人、人物关系错综复杂、有个谜团正待揭开或形体动作精彩等，都有可能吸引这名小观众。电影看完之后，经过询问可知这孩子感兴趣的是什么并从中得出他的智能特点。或者可以考虑将孩子们带到一间大屋子里去，屋子里陈设着或提供了许多不同种类的器材设备或游戏，简单地记录他们在不同区域和不同游戏中所花费的实际时间，就能知道不同孩子的智能状况。

这种类型的测试与传统的智力测验有两个不同。第一，此种测试采用物质、器材、交谈来提出需要解决的问题，而传统的智力测验仅仅使用纸笔。第二，此种评估的结果只被认作被评者智能状况的部分表现，既不是其智能的唯一指数，也不与其他人相比较并排序。将受评者自己的强项和弱项加以比较，有助于提出未来学习方向的建议。

分数并不代表一切。这种评估过程应该向家长、老师，甚至向学生自己提出建议，告诉他们在家里、学校和更广大的社区里，什么样的活动是可行的。根据这些信息，儿童能够加强他们自己智能的弱项，结合自己智能的强项，以便将来满足职业和副业的需要。

——选自加德纳著，沈致隆译：《多元智能》，
新华出版社2003年版，第30—35页。

评析：

在这段选文中，加德纳明确指出，多元智能理论能对教育提出许多有益的启示。由于智能发展的轨迹表明，智能在其发展的不同阶段都是以不同的方式显现的，因此，对智能的开发和评估都要以适当的方式来进行。第一，教育与指导应根据智能发展的轨迹而有所不同。例如，对儿童期的学生应该强化其环境和尽量给他们提供机会；对青春期的学生则可直接使用记号或标记系统教学。某一种方法在一个发展阶段采用可能太早，而在另一个发展阶段采用却可能太迟。第二，正规学校教育要改变特别注重语言智能和数字逻辑智能而忽视其他智能的做法。学校应该提供特殊的帮助，使那些在每一个领域具有特殊才能的学生都能各得其所并得到进一步的发展。第三，学校应该改变分数代表一切的观念和摆脱标准化测试，而采用情景化评估。一种精心策划的评估过程应该向家长、教师甚至向学生自己提出建议。

（单中惠）

17/ ［美］派纳等 《理解课程》1995

20
世纪外国
教育经典
导读 》》》》

> 当代课程研究的目的就是激发自我反思、自我理
> 解以及社会变革。……与传统课程领域相比，当代课
> 程领域走向理解课程。
>
> ——派纳等

《理解课程》（*Understanding Curriculum*）是美国教育家和课程理论家派
纳等人的教育代表作。这是一本阐述当代西方课程领域概念重建理论的著作，
对派纳等人的概念重建主义课程理论进行了集中的论述。

作者简介

威廉·F.派纳（William F. Pinar，1947年生）是西方课程领域新一代概
念重建主义学派的主要代表人物。1969年，他毕业于美国俄亥俄州立大学教
育学院。大学毕业后，派纳在纽约长岛附近的一所中学任教；同时，他又在

哥伦比亚大学师范学院进修课程理论，学习和研究了概念重建主义学派前辈的课程观点。1972年，派纳在俄亥俄州立大学以题为《以精神分析为基础的人文学科课程设计》的论文获得博士学位。

此后13年，派纳一直在罗彻斯特大学任教。从1981年起，他开始从事课程领域范式转换这一课题研究。1985—1991年，他曾担任路易斯安那州立大学课程与教学系系主任。

在他自己的学术生涯中，派纳对传统的课程开发理论进行了批判，倡导课程理论的多样化和跨学科性，提出课程领域的概念重建理论，发起了概念重建学派的年度学术研讨会，创办了反映当代课程研究发展的《课程理论化杂志》（JCT）。

派纳现任路易斯安那州立大学课程与教学系教授。他还担任国际课程研究促进协会（IAACS）主席，是美国课程领域最富有影响力的课程理论家之一。他曾获美国教育研究协会（AERA）终身成就奖、路易斯安那州立大学杰出教师奖等。

在课程理论方面，派纳的著述十分丰富。除《理解课程》（1995）外，他的主要教育著作还有《课程理论化：概念重建主义学派》（1975）、《当代课程话语》（1988）、《自传、政治与性别：课程理论论文集，1972—1992》（1994）、《课程：走向新的认同》（1998）、《课程研究：概念重建》（2000）等。

在批判传统的课程理论的基础上，派纳明确提出了从"课程开发"走向"理解课程"的理念。在课程的本质上，他把"课程"理解为"存在经验课程"，构建了新的课程理论；在课程的研究方法上，他倡导质性评价的"自我履历法"，并把它分成回归、前瞻、分析和综合四个步骤。

内容提要

《理解课程》出版于1995年，其副题为"历史与当代课程话语研究导论"。该书被派纳本人"视为课程研究的一个导论"。它系统地描绘了课程研究的历史，对当代课程文本也作了颇为详尽的分析，并阐述了当今课程领域的问题与可能性。正是在这本著作中，派纳等人深刻地阐述了课程领域从"课程开发"走向"课程理解"的思想。全书除"前言"外，分为四个部分，共十五章。

第一部分："导论"（第1章）。在这一部分中，派纳等人明确提出"课程开发"的时代已经过去，同时提出了"从课程开发到理解课程"这一见解。从20世纪70年代起，美国课程领域已经经历了深刻的变化，那就是：对课程领域的主要概念、研究方法、地位以及课程领域在更大的教育领域中的作用进行了根本性的概念重建。它具体表现为：从被"课程开发"所占据的传统课程领域转向以"理解课程"为中心愿望的当代课程领域。无疑地，当代课程理论研究在20世纪80年代后获得了迅速的发展，并取得了最新的成果。派纳等人坚信，课程领域的概念重建运动是充满生机的，并具有激动人心的未来。

第二部分："历史话语（1828—1979）"（第2—4章）。在这一部分中，派纳等人主要描述了课程研究的历史。从1828年至1979年的课程研究历史可以分成三个时期：

第一个时期是课程研究的开创与变迁的时期（1828—1927）。尽管1828年《耶鲁报告书》的出版表示了一种对课程问题兴趣的加强，但一般认为，1918年博比特（F. Bobbitt）的《课程》一书的出版是课程作为一个研究领域诞生的标志。这本著作确立了一个新的而且至今仍在发展的课程研究领域。1923年查特斯（W. Charters）出版的《课程编制》一书指出，课程是由制定目标的方法组成的，从而把课程理论的焦点从内容转向选择内容的方法。

第二个时期是课程研究的危机、转换、危机的时期（1928—1969）。进步教育运动的儿童中心与社会两翼相互争战，使当时的课程领域也产生了论争。尽管20世纪30—40年代课程研究方面的学术潮流一直是动荡的，但进步主义占据了课程领域的中心。泰勒（R. Tyler）在1949年出版的《课程与教学的基本原理》一书中阐述了对行为和目标的重视，其对课程研究的重要影响持续了30年之久。1946年，课程开发和督导协会的成立使得理论折中主义在课程领域得到了制度化。从50年代起，开始了对美国学校及其课程的大规模的批判。60年代，美国教育界选择了学科专家来领导国家课程改革运动。布鲁纳（J. Bruner）1960年的《教育过程》一书概括了以学科结构观为基础的课程理论，成为形成国家课程改革运动框架的课程宣言。但是，这场课程改革运动后来受到了批判，其不足之处就在于没有注意课程的全面统一。值得注意的是，课程开发与督导协会1962年发表了题为《感知、行为、生长：教育的一个新焦点》的年鉴，为课程研究带来了人本主义心理学，这种取向后来影响到概念重建的课程研究。1967年在俄亥俄州立大学举行的课程会议，被看作对传统课程领域进行概念重建的重要一步。

第三个时期是课程研究的概念重建时期（1970—1979）。20世纪70年代，课程领域经历着一次深刻的变革，人们称之为"范式转换"。尽管许多学者的理论与20世纪早期的进步主义理论之间有着重要的区别，但它们实际上是相联系的。这一时期在课程领域出版了400多本著作，使之成为一个巨变的、争论的和范式转换的时期。更为重要的是，出现了对课程领域进行概念重建的运动，参加这一运动的人被称为"概念重建主义者"。这一运动出现的标志是派纳1975年出版的《课程理论化：概念重建主义者》一书。1973年由罗切斯特大学教育学院发起召开的课程研究大会开始了课程领域的概念重建。到80年代早期，课程领域的概念重建运动失去了凝聚力，甚至可以说，原先的概念重建运动已经消失了。但值得注意的是，从90年代早期的优势地位来看，经过概念重建运动，美国课程领域已相当彻底地改变了。

第三部分："当代课程话语（1980—1994）"（第5—14章）。在这一部分中，派纳等人主要对当代课程的十种文本进行了分析。

（1）把课程理解为政治文本。认为人们只有把课程置于社会、经济和政治的背景中研究，才能在任何综合的意义上理解课程。一般意义上的学校，尤其是课程，在压迫和改革中起着重要的作用。

（2）把课程理解为种族文本。认为在理解课程中，必须把种族看作是一个独立存在的概念。作为种族文本来理解的课程，既是独立存在的，又是与其他文本（如政治文本）交织在一起存在的。由于种族所具有的影响力和复杂性，使它居于当代课程文本中一个较为重要的位置。

（3）把课程理解为性别文本。其旨在研究课程和性别之间的关系，尤其主张把女性主义理论确立为课程领域的中心话语。

（4）把课程理解为现象学文本。它可以简化为"现象地理解课程"，认为理解课程需要现象学的探究，强调课程研究必须直面事实，阐述"暂存性"这一概念对于理解课程的意义。

（5）把课程理解为后结构主义的、解构的、后现代的文本。从20世纪70年代中期起，后结构主义、解构、后现代主义这三个术语一直互换着使用。它们都摒弃了结构主义、人本主义和现代主义，抛弃了各种学术科目以"传统的方式"呈现它们对实在的表达方式。在后结构主义中，"话语"是一个重要的术语，因为话语构建现实。

（6）把课程理解为自传/传记文本。认为传记理解比现象学理解更为重要。其将自传/传记作为一种方法，旨在帮助课程领域的学生学习如何描述学校知识、生活史和思想发展之间的关系，从而达到自我转变。

（7）把课程理解为美学文本。认为美学经验与课程之间存在着密切的关系，课程是动词而不是名词，课程必须激励感知、判断、信仰、记忆、想象等活动。其将课程的重点转移到无意识的思维过程以及交织在学生认知观点中的感情上来。

（8）把课程理解为神学文本。作为神学文本理解的课程，可以被看作是作为个人的教师和作为集体的班级相结合的产物。当代伦理学、解放神学和解释学的进展，都有助于神学在当代课程文本中的合法化。

（9）把课程理解为制度文本。把课程理解为制度文本意味着在课程的官僚化运作中理解课程。这是传统的"课程开发"的特点。具体来讲，课程政策已先于课程的规划与设计而制订下来，而在实施时课程规划与设计将课程政策制度化。

（10）把课程理解为国际文本。课程研究不应被密封于一个国家的范围内。一般来讲，从国际上研究课程有七种研究传统：描述性研究、分析性研究、解释性研究、评价性研究、预见性研究、计划模式或组织方案、理论研究。把课程理解为国际文本的一个核心问题就是比较教育评价，尤其是国际比较中考试的效度和信度。

第四部分："结论：附言"（第15章）。在这一部分中，派纳等人认为，当代课程研究的目的就是激发自我反思、自我理解以及社会变革。受到人文学科与社会理论的影响，当今课程已成为一个集理论研究与制度实践于一体的混合性学科领域。因此，当今课程领域已从范式统一（泰勒原理）转向个别主义（各种当代话语）。但是，从当今课程领域所存在的问题看，一是有些课程理论著作忽视理论部分；二是有些课程理论表现出过激的行为；三是课程领域被分解成彼此割裂的部分，各个流派之间无法沟通。出现于20世纪80年代的课程史研究是当代课程理论研究最重要的一部分。总之，我们需要的是对课程的更为深刻的理解。

《理解课程》一书出版后，在美国教育界尤其是课程研究领域受到了极大的关注。特别是派纳等人在该书中提出的"从课程开发走向理解课程"这一见解，已成为20世纪90年代以来课程领域概念重建主义者的一种共识。任何想了解或进入课程领域的人，除了阅读泰勒的《课程与教学的基本原理》外，还必须阅读《理解课程》这本书。确实，《理解课程》一书中的许多观点和见解是富有启迪作用的。

选文评析

从课程开发到理解课程

我们发现，美国当代课程领域被严重地巴尔干化，即是说课程学术被分解为彼此割裂的领域或部分，除偶尔的批评外，课程领域通常彼此忽视。课程领域是一项集体事业，所有课程学者都在一起工作，尽管研究观点和方法非常不同。这种意识在当今时代显然是缺乏的。……

"课程开发"时代已经过去。有人可能不会接受这个观点。我们预计，甚至我们的一些朋友都将会认为这是一种"宏大叙事"，试图把迥异的话语置于一本书中、把不同的人置于一个屋子里的任何努力，都在原则上是独裁主义的或家长制的。如果他们确实这样认为的话，那么这些朋友是忘记了课程领域的现状。这种现状可刻画为：一群理智上僵化而无生气的传统课程专家在教授那些传统的纲要式的教科书——比如，第一本教科书写于1954年——这些教科书描绘了一个已不再存在的课程领域。实际上，通过教授这些过时的但依然在印刷的教科书，他们对许多重要的但有时是年轻的、理智上更加复杂的学者们的声音保持缄默，比如对女性主义者、后结构主义者和现象学者。通过把每一个人带入同一间屋子里，我们渴望终结传统课程教科书的排斥性的政治学，这类教科书像祷告书中的连祷文那样不断重复课程目标、设计、实施与评价，这类内容现在已毫无学术基础。这些东西已不再是今天的主要概念。确实，这些概念依然维持着某种高度还原了的制度现状，即是说，它们存在于学校之中……这些概念有时候是以非传统、非制度的方式被理解的。今天的主要概念与那个学校建筑和学校人口以几何级数增长的时代所产生的概念非常不同，那个时候把维持课程秩序并将之组织得井井有条视为专业活动的主要动机。那是一个课程开发的时代。课程开发：生于1918年，卒于1969年。

从"开发"到"理解"。我们生活在一个不同的时代。确实，在科学和数学教育中，传统的课程开发依然存在。作为优势领域，科学和数学教育依然在接受来自联邦政府和私人的大量资助。（在20世纪60年代，美国和苏联的空间／军事竞争导致这样一种非理性的观念：数学和科学是维护国家霸权的关键；而现在则是国际经济竞争的需要。）然而，就一般课程领域而言，该领域开始对不同学校科目之间的联系、对一门科目内部不同观点之间的联系、对课程与世界之间的联系感兴趣。该领域不再为开发（development）抢先占有。正如我们将要看到的，今天的课程领域开始为理解（understanding）所占有。理解课程并不意味着我们中的许多人不想在理论上和制度上变革课程。事实上，只要观察一下课程领域的文献便可清楚：我们想变革。然而，做课程工作意味着什么，成为一个课程专家意味着什么，从事课程变革意味着什么，课程领域的复杂性程度制约着我们关于这些问题的观念。总而言之，我们不再是技师，即不再是毫不犹豫地接受别人的优先性的人。然而，这里必须指出，课程领域总是存在这样一种倾向，使该领域承担着简单地执行别人政策的不幸角色。以前我们是技师，我们是技术熟练的规划者，但这已是相对古老的历史（1950年以前），至多是初学者所关心的。……请注意，本书，如果你愿意的话，亦可称为这幅照片，及时制作出来，但另一个时代已经开始。你们，将来某一天自己可能成为课程理论家，可能希望或被期待着去表达这个新时代。

课程领域的语言。为把握美国课程研究的现状，我们认为有必要思考对课程领域事实上写了些什么。你可能建议说我们的英语背景正彰显这一点。但我们并不退回到英语教师的角色。我们是在承认研究领域就是研究领域，是一种语言或话语传统。研究领域植根于世界，当然是它所选择并加以考察的世界。它也受到整个世界的影响：历史、政治、生命与死亡。理解当代课程领域，有必要把课程领域理解为话语（discourse）、理解为文本（text），并且最简单却最深刻地理解为语词与观念。我们用"话语"一词意指一种特殊的推论实践，或者一种表达形式，它包含着特定规则，正是这些规则建构了他研究的对象。任何学科或研究领域都能作为话语来对待，并能作为话语来分析。这样做需要研究特定研究领域的语言。是的，课程领域是涉及学校中所发生的事情的。但在反映学校中所发生的事情的时候，课程领域采用语言并由语言所构成。正是语言反映并决定着"学校中所发生的事情"意味着什么。因此，理解课程领域意味着我们需要密切注意该领域的学者所运用的语言。

我们怎样关注语言？我们再一次采用相当频繁引用的策略，这样，你们学生能够准确欣赏一个课程学者用她或他自己的语言所说的话。而且，为帮助我们关注课程领域的语言或话语，我们决定在本书中经常包含书和文章的题目。因为这些题目清晰地展示出作者工作的主题、语言和话语。而且，这些题目确实有助于形成、构成他或她对下列问题的理解：课程是什么，课程发挥怎样的功能，课程可能是什么。经常关注题目和语言可能使这本教科书看上去像一本目录学论著，即一本关于题目的书。这只是部分正确。为描绘构成当代课程领域的话语，我们需要这些话语在题目上的表现。然而，书或文章的题目并不总是以简单的形式传递着一本书或一篇文章的主要思想，尽管经常暗示着这些思想。我们对题目及其暗示的思想的总结不应当代替阅读原书或原文章。……

传统课程领域：课程开发。可能因为课程专家在过去确实更多地接触学校，或至少他们是这样写的，因此，他们的关切更多地集中在学校中和为了学校的课程开发。他们的作品针对中小学教师和行政管理人员而写，正像今天的有些作品依然如此。相对而言，这对发展一个有助于积累知识和促进理解的领域的意义微乎其微，这个领域同时是理论性的和历史性的。约翰逊（Mauritz Johnson,1967）曾简明地表达了传统课程领域的这种核心理念："活跃于课程改革之中的教育学家、教育实践者和学者，指向于改善而不是理解，指向于行动和结果而不是探究。"（p.267）关注学校课程及其日益增加的改善，这限定了传统课程领域的视界。我们因此这样观察到：传统课程领域的范式是课程开发。[其他学者——像坦纳（Laurel Tanner, 1982）——运用"范式"概念特指泰勒原理；其他人好像把这个时期称为前范式时期（Rogan & Luckowski, 1990）。我们用范式一词指概念重建运动似乎并非完全不合理。]

评论早期（大致是1920—1980年）出版的纲领性文本揭示了它们被课程开发所霸占的事实。从20年代查特斯（W. W. Charters）的《课程编制》（Curriculum Construction, 1923）、30年代卡斯韦尔（H. L. Caswell）和坎贝尔（D. S. Cambell）的《课程开发》（Curriculum Development, 1935）、40年代泰勒的《课程与教学的基本原理》（Basic Principles of Curriculum and Instruction, 1949）、50年代史密斯（Smith）、斯坦利（Stanley）和

肖尔斯（Shores）的《课程开发的基础》（Fundamentals of Curriculum Development, 1957）、60年代塔巴（Hilda Taba）的《课程开发：理论和实践》（Curriculum Development: Theory and Practice, 1962）、70年代坦纳夫妇（Daniel 和 Laurel Tanner）的《课程开发:从理论到实践》（Curriculum Development: Theory into Practice, 1975），均说明这一点。即使经历了这种范式的一定数量的学者，也开始看出该范式的局限性,特别是将之与"测量课程"（measured curriculum）（Klein, 1986）联系起来的时候。"测量课程"是那种被测验的课程,导致了可能测量学习的数字等级。对这些学者而言,理论与实践开始不幸分离开来。在这一方面，一个主要学者这样界定她的处境:"一只脚踏在课程空想家的营地里……另一只脚踩在现实世界里,在这里,教师和校长处理着日复一日的问题。"（Berman, 1985, p.66）可以说，这些学者横跨于课程领域的"代际分化"中（Klohr, 1992）。

课程领域的概念重建：理解课程。20世纪80年代的主要纲领性文本是舒伯特（William H. Schubert）的《课程》（1986a）。注意，"开发"一词已从题目中抽掉。该词也不出现在副标题《观点、范式与可能》中。在舒伯特的教科书中，对课程开发的专注让位于关注课程开发的基本范畴的表征，即课程目标、课程内容或学习经验、课程组织和课程评价的选择。这些范畴依然与泰勒原理(1949)即课程开发范式的四个要素的陈述相一致。确实，在舒伯特的教科书中，有些章节是用来阐述课程探究——这在纲领性文本中是第一次——和70年代的学术研究，这些研究用来对课程领域进行概念重建以使其摆脱课程开发范式。然而课程领域中概念重建运动的方向在舒伯特的多元性方案中并不完全清晰。舒伯特的教科书反映了课程领域正在转向功能重构：从课程开发——一种在政治上和制度上不再具有的功能——转向理解课程。在科学和数学教育领域，课程开发依然存在。然而,对一般课程专家而言,即那些对学校学科之间的联系感兴趣，以及对学科与非制度化的因素像种族和性别的联系感兴趣的人，课程开发的范围已大大减少（Jackson, 1992a；Tanner & Tanner, 1990）。

这种变化的标志来自对"课程开发"一词本身的观察。戴维斯（O. L.

段的右侧页边标注：

17
［美］派纳等《理解课程》1995

307

Davis,1986）曾这样观察到:"随着年代的流逝,在教育的日常语言中,慢慢把'课程开发'（curriculum development）一词衰变为一个缩略语'课程'（curriculum）。"课程"一词被赋予了更新的内涵。课程的内涵在以下两点交替: 既指实践的事情,与此同时又提升了其符号潜能。"（p.86）本书《理解课程: 历史与当代课程话语研究导论》反映了课程定义的变化: 从仅仅是学校材料（school materials）转向符号表征（synbolic representation）。把课程理解为一种符号表征是指那些制度性和推论性实践、结构、形象和经验能够以不同的方式被确认和分析,这些方式包括政治的、种族的、自传的、现象学的、神学的、国际的、性别的和解构的。我们可以说把课程理解为符号表征的努力,在相当程度上确定了当代课程领域。

理解课程。我们教师和学生如何利用上述理论,在很大程度上取决于我们是否愿意对本书呈现的各种话语中隐含的问题予以探索。正如教师遵循只将知识体系与技能传递给学生的教学模式是不够的,正如学生单单视学习为复制这些内容与技能是不够的,课程学者视研究对象为等待描述与表征的静态事物,从而为教师提供模式和处方也是远远不够的。我们所需要的是更为深刻的对课程的理解。理解课程并非意味着最终明确地表征已经存在的等待适当的词汇来描述的事物。也不是说教育经验可以瓦解为话语,仅仅作为我们实践的对象而出现。相反,理解课程意味着对经验及其推论性表征予以重新编制,以便我们能更清晰地考察过去与现在,以及探讨这一考察将我们引向何处。感谢政治理论帮助我们清楚地意识到课程是一种意识形态的文件,既表现也要求奠基于权力生产之上的特定劳动形式。我们认识到,在政治上予以抵抗意味着将课程形式与更大的社会、与"选择性传统"的分析、与区别性分配给不同人群的文化资本联系起来。政治性地理解课程引导我们进行种族的和性别的考察（这一考察又引导我们回到政治）,它们是两套旨在区别性分配知识与权力的表征。现象学的、美学的、自传的与神学的经验在表现政治特权的同时又对它予以破坏。对课程的国际理解帮助我们质疑信以为真的观点。概念重建领域提供的对课程的文本间理解，引导我们以更大的复杂性与深度提出传统的课程问题：什么知识最有价值？我们如何对待给予我们的世界，以及我们如何重新创造自我以便创造新的社会秩序？杜威关于哲学的声称适用于当代课程领域：

> 意识到自己的事务与界限的〔课程理论〕，将会察知它是一种思想的愿望，一个需要经过理性检验的志向，一个简化为行动计划的社会希望，一种对未来的预知，但要经过认真的思考与知识的训导。

（Dewey，引自Westbrook，1991，p.147）

在此杜威将自我实现与社会（Westbrook，1991）——当代课程理论的两大主要潮流——联系起来。一个表现为社会实践的思想愿望，经过完全的理论化，经受严密的批判，旨在重构愿望并重新表现为实践：一种运动的形式，这便是今天的理解课程。

——选自派纳等著，张华等译：《理解课程》（上），
教育科学出版社2003年版，第3—8、14—16、46—51页。

评析：

"从课程开发到课程理解"是派纳等人在课程领域概念重建运动中提出的一种见解。在这段选文中，派纳等人概括而又简明地表明了他们对课程研究领域的转向的看法。第一，课程开发是传统的课程领域，因此，课程专家在过去更多地关注学校的课程开发。课程开发的核心理念是：指向于改善而不是理解，指向于行动和结果而不是探究。以泰勒的《课程与教学的基本原理》一书为代表的早期课程理论著作基本都是关注课程开发这一传统课程领域的范式。但是，当代课程研究学者必须接受这样的观点："课程开发"时代已经过去。课程开发生于1918年，卒于1969年。第二，"理解课程"是课程领域的概念重建。应该看到，尽管传统的课程开发依然存在，但今天的课程领域已开始为理解所占有。在当代课程领域中，必须以政治的、种族的、自传的、现象学的、神学的、国际的、性别的和解构的等方式来理解课程。我们所需

要的是更为深刻地对课程的理解。理解课程旨在课程领域重构愿望并重新表现实践。因此，它意味着对经验及其推论性表征予以重新编制，同时密切关注课程领域的学者所运用的语言。

今日课程领域之走向

课程领域走向何处？ 最后……我们将设想课程领域发展的下一个平台。我们承认，尝试这样的推测需要某种自大。并且，我们知道没有人会对这种描述感到高兴，至少开始是这样。我们大多数人太专注于我们个人的研究计划，并且课程领域的一般政治情形似乎太复杂、太易于变化，以至于很难拉开一些距离想象它将往何处去及它发展的下一个平台是什么。我们尝试这种描述，既不是希望显示对事业的忠诚，也不是希望借以提高我们个人特殊的理论地位。相反，我们的打算是尽我们所能清楚地阐述一种课程领域向何处去的观点。我们在这样做时，结合了当代课程领域几种重要成果，这样，结论在形态上就不是没有取舍的折中主义（正因如此，我们应该尝试公正而全面地对待过失）或没有根据的学术偏见（仅仅为了强调我们自己的特定目标而引用他人的已有研究）。更确切地说，我们尝试一种整合性的描述，这也许会使我们稍微偏离作为课程领域来源的起始学科（即社会科学或现象学），并采用更倾向于一种智慧的自主领域。我们希望这种努力将指明理论和研究所需要的制度，把课程领域带入它发展的下一个平台，这一平台很少把重点放在其他学科和领域上而作为自己的来源，而是更直接地反映课程领域本身及理解课程的特殊挑战性问题。此外，我们非常清楚，下一个平台需要那些迄今尚未出现在课程领域或至少在该领域尚未凸显出来的人的努力。我们这一代——"我们"是指那些在课程领域已经工作了20年或更久的——也许太执着于过去、太执着于那些把我们带入今天的论争，以至于不能应付将把我们带到下一个平台所需要的东西。然而，重要的是约定下一个平台的基本性质以及把我们带到那里所需运动的性质。当然，我们无法约定它的主题内容，但我们可以在我们的学生中、在我们的会议上、在我们的杂志上、在我们的课堂里鼓励新的学术研究所需要的那种制度。

我们写作本书，部分地是因为课程领域中还没有人显示出愿意这样做。正如罗根（Rogan）和勒科威斯基（Luckowski）指出的，大多数纲领性教科书对概念重建主义简直不予理会，而许多概念重建领域里的杰出人物也不理会他们自己研究领域以外的人的工作（Pinar, 1990）。本书试图通过兼容并包把它们带到一起，虽然我们承认本书并非百科全书一部分是由于空间的原因。特别是，我们将展示概念重建主义是如何产生的。我们既要辨别它与传统领域的分歧，也要找出它对传统领域的继承。在这个意义上，我们希望《理解课程》将鼓励课程领域的一定的一致，但至少也关注该领域当下如何产生了分歧。我们现在的观点是，必须向新一代的课程论学生介绍该领域的真实面目。正如舒伯特（1986a）在书中生动描述的那样，教科书与课程领域之间的鸿沟太大，我们不能说我们向学生展示了课程领域的准确画面。舒伯特是值得赞扬的，他所展示的课程领域的画面，与其他人如多尔（Ronald C. Doll, 1989）、威尔斯和邦迪（Wiles and Bondi, 1984）等的书相比，至少是可以辨认的，而其他人的书只是展示了假如传统领域能够存在下去将会是什么样的想象。对这个领域的新生而言，这种想象展示的是美国课程领域的歪曲画面。没有反映这个领域今天真实情况的辅助阅读材料，用那样的书进行教学是不负责任的。

当我们组织本书时使用与后结构主义相关的词汇——诸如"文本"和"话语"这类词汇，我们是有所示意的。当然，我们不是在宣布当今课程领域的主要取向是后结构主义，尽管现在这种话语的崛起已相当引人注目，足以单独占据一章。我们也不认为这个领域将要变成或应该变成后结构主义者的一统天下。我们使用"文本"和"话语"等术语，是为了关注课程领域的语言，也就是该领域的学术产品，为了坚持课程领域即它自己的学术产品。我们已经提出了这些词汇的初步定义，现在，我们可以在某种程度上更详细地论述一下这些词汇，就像我们在论述"理解"一词时所做的那样。

文本。文本这一概念，既指称写作的特定条目，更宽泛地，也指社会现实自身。例如，一位学者指出，"现在，对'文本'这一概念……的理解是非常宽泛的：社会实践和制度，文化产品，甚至是人类行为和反应所创造的任何结果"（McEwan，1992，p.64）。作为从后结构主义那里借来的一个词汇，特别是从德里达（Jacques Derrida）的作品中借来的一个词汇，文本是指所有的实在都是人类的实在，并且作为人类的实在，基本的推论是它是语言的一种素材。现象学的观点（Pinar & Reynolds，1992a）则认为，语言是从一种前概念经验的更基础和先在的基质中引申出来的。两相对照，后结构主义的观点是，所有经验都与原始经验是不同的（因此才有著名的结构分延），并且在这种"差距"中产生了语言和历史。阅读，用德里达的话说，"不可能合法地跨越文本朝向另外的一些东西，朝向一种参照（一种形而上学、历史、心理生理学等的实在）或朝向其内容能够在、已经在语言之外发生的文本"（Derrida，1976，p.158）。这就是说，没有什么东西外在于文本。关于教学的研究，约瑟夫·P.麦克唐纳（Joseph P. McDonald，1992）认为，"我们也许把我们所观察到的作为一种文本来思考为好"。（p.16）对理解课程——我们把教学归于其中——来说，意味着把课程作为文本来研究，意味着课程话语的研究。

话语。作为后结构主义者所使用的词汇，话语传递着人类世界的社会关系，更特别的是，传递着铭刻于语言中并通过语言来表述的我们的社会关系。我们再一次遭遇到人类世界是一个语言世界的见解。这种理念涉及"理论"和"实践"之间仅存于表面上的区别。二者都是推论性实在。以这种观点，理论就是实践，实践就是理论。这样，"话语"和"文本"的使用，意指课程领域不能与学校课程混合。从这种观点来看,坦纳夫妇（1990）最近的《学校课程史》（History of the School Curriculum）是模糊的，更准确的题目应该是《学校课程话语史》（History of School Curriculum Discourses）。正如他们自己所说，我们并不确切知道学校中发生的事情。我们并不知道学术话语和学校中那些日常实践之间的逼真情况（Short，1985）。如我们已经指出的，课程领域对学校中所发生的事情的关系，并不比经济学领域对美国经济的关系、政治学对美国政治的关系、预防医学对普通人群的日常营养实践具有更大的一致性。当然，学术领域的发展有许多理由，但它们存在的一个当然理由是为了更深刻地理解探究的领域。大多数公民可以相当自由地不理会这些探究，这种情况正如医学领域之于香烟说明。

理解。我们对这个词的使用，指向没有排斥其常识性界定的解释学（见第8章和第12章）和后结构主义（见第9章）。由于课程领域是文本性的，由一系列时而交叉、时而分离的话语组成，因此理解在这里就引起了解释和意义的问题。麦克尤安（Hunter McEwan）写道：

> 意义正是存在于文本之中……它是人类共同体之创造的一个特征〔参见课程〕……意义是文本的一种性能，而文本不限于仅只写出来的文件。人类的行动和实践、社会制度、文化产品以及艺术家创造的作品也可以被看作文本或类似文本，它们是向阅读敞开的。
>
> （McEwan，1992，p.64）

那么，对理解课程而言，就需要阅读——亦即解释——这个领域中产生的那些话语。在这个意义上，"实践"自身是一种文本，我们已经在第13章中总结了那些把自己界定为"实践"的话语，作为把课程理解为制度文本的一种交流。理解也是政治性的，意指向那些课程与教学的"推论性领域"的转换，当课程与教学被重新解释，即是说被理解的时候。正如我们前面提到的，当我们建设性地使用这些词汇，并且不取任何狭义和技术意义时，我们是在它们自身的传统中来讨论它们的，特别是在现象学和后结构主义的传统中……

一种变化了的情形。同教育领域中其他广泛的专业相比，课程领域的情形是什么样的？在我们还不能准确地回答这个问题时，我们确知的是自被概念重建以来它已经发生了戏剧性的变化。……自从20世纪60年代早期的国家课程改革运动以来，课程领域已经衰退。其他领域认为它概念上发展不充分。然而过去20年间，这种观点已经改变。这个领域的"自我概念"（self-concept）也已改变。作为反理论和反历史的一个领域，其在普遍性意义上已经转而强调理论和历史，并且，也许我们可以加上一句，这种变化伴随着一种激动人心的清晰的意义。与其他领域相比，如教育心理学尽管有了重大提高，但我们仍倾向于认为，该领域及与教育基础相关的其他领域，在理解自身领域的复杂性方面远远落后于课程领域。我们认为它们在社会主流的形式主义和行为科学的重压下失去了平衡。当然，我们课程学者为自由创造所付出的代价是高水平的过度思索。也许，这是一种必要的付出。与教育心理学的规范以及它的科学地位（无论如何这是一个尊称）和享有的相当威望相比，我们更喜欢探究那些不仅没有解决而且也没有描述清楚的智慧表现领域，包括思维领域。

人文学科和艺术的影响。当代课程理论的特色是什么？除了集中关注课程，无论其定义多宽泛和复杂，以及对学校作为一种建制（"实践"的范围）的明确兴趣，概念重建课程领域是广阔的教育领域中一个少有的部分。在这个领域中，即使我们不能说人文科学和艺术取得了全面胜利，至少它们已占据了绝大部分概念和方法领地。课程论不是其他领域所遗留下来的孩子，正如教育心理学可以说是心理学遗下的孩子或教育哲学是哲学遗下的孩子，尽管课程理论还处于其来源在其他学科中比在本学科中还要清晰的阶段。我们作为核心的课程问题解释的问题——在我们习以为常的东西中，能够创造什么［这就是派纳曾经描述的知者与被知的关系（Pinar, 1980b）］——证明在课程领域发展的现阶段是一个问题。这样，我们要问，从我们现在所用的来源中将会制造出什么？我们相对接近哪些？

当人文学科、艺术及社会理论在概念重建课程领域中已经被形式化时，"科学的"影响还没有消失。……在哈蒙德和斯奈德（Linda Darling Hammond and Jon Snyder, 1992）等人对课程探究中的科学传统的评论中，他们简明有效地总结了行为和发展研究对课程研究的影响：

　　　行为研究已经引起了我们对环境条件重要性的注意并参与学习
类型的塑造。发展研究已经描述了认知策略如何通过成熟而获得发
展以及这种发展如何通过积极参与环境的机会而获得支持。认知结

构的研究已经证明感知和表征如何影响信息加工和解释。认知科学家已经扩展了这项工作，以证明认知图式的发展和激活以及信息加工策略的有意识改变可以改善学习。在过去的时间里，各种研究观点之间的区别已经变得越来越模糊。（Darling Hammond & Snyder, 1992, p.56）

不仅各种科学观点之间的区别变得模糊，当代课程话语本身的界限也同样如此。

界限可以渗透。自然，当代课程研究每一个部分的界限在某种程度上是可以渗透的。例如，把课程作为政治文本阐发的研究，现在对课程作为种族文本或性别文本也感兴趣。然而，为了方便的缘故，我们可以区别出那些看来把政治维度作为最重要的方面、把次要兴趣放在其他领域上的研究。此外，某些领域的作者会争夺正由另一领域使用的概念。例如，几个女性主义作者争辩只有新马克思主义的政治性研究是实际上的政治性研究。我们的空间允许这些争辩，对此我们充满信心。然而，我们确实使用这些范畴的主流观念，即例如，政治性既包括性别，但也是关于更多传统的问题的，诸如权威、特权及社会控制。对于初学者，要记住的关键问题是，这幅课程图景不是最终的固定版本，它更多的是变化。改变这幅图景的是研究。

课程领域目前在说些什么？

用概括性的方式来回答这一问题是不可能的。试图做此概括便要冒撰写"元叙述"（masternarrative）的危险，创造出一种错觉，即我们或任何观察者可以站在领域之外的位置上，能够将复杂的话语蒸馏为单一的描述。理论并不是这样一种描述。在重新构建的领域中，理论旨在瓦解这种趋向确定性与普遍性的假饰。鲍尔斯（Bowers）的观察是正确的："在自由派—技术派教育工作者的手中，理论成为在决策过程中集中权威以及提高控制与预见的效率的法宝。我们都清楚'客观的'立场在原则上是不可能的。"（Bowers, 1984, p.14—15）意识到这种"立场性"的基础上，我们认为对概念重建后的领域做出一般性的陈述是可能的。

不再是受困的。在总结之始，我们可以说课程领域不再处于困境。施瓦布（J. J. Schwab）于1969年、休伯纳（Huebner）于1975年以及派纳于1978年分别做出课程领域是垂死的以及处于困境的宣称时，传统的课程领域占主导。但泰勒范式正处于崩溃之中，这不仅是由于克利巴德（Kliebard）、休伯纳、艾斯纳（Eisner）、麦克唐纳等人于60和70年代明确指出的内部困境，而且由于60年代全国课程改革运动的外部发展，以及学校与教育部门政治情况的变化……一代教授所致力的范式的崩溃给课程领域带来了危机。当然这一代人不会说："哦，已经结束了，是吗？好吧，把话筒拿走吧。"我们这些造反者——革命者——也不会礼貌地请求话筒。或许在任何范式转变中，情绪激化与夸大其词是难免的……

相当迅速的转变。尽管有过激行为，课程领域还是经过了相当迅速的概念重建（我们估计这一转变发生的时间大概是10年），但如本书所表明的，被广泛称为"传统派"的主要学者的声誉保持不变（参见Hlebowitsh，1992）。即便泰勒自己——他并没有得到完全公平的对待——仍是一个重要的人物，他的影子至今仍然存在。自然，今日的课程领域难以成为"一个快乐的家庭"。即便在所谓的"规范科学"时期，当一个范式处于稳定阶段，没有来自内部的不可克服的挑战，也没有来自外部的不稳定因素的影响，观点上的不同也会带来张力甚至尖刻的辩论，如政治流派（第5章）或神学流派（第12章）内部的争论。其他辩论则跨越话语边界，如女性主义对政治流派与后结构主义的批判。有的流派相对地没有受到来自内部或外部的实质上的批判，如现象学流派。有迹象表明，现象学运动正在超越自己的边界而影响其他流派，如奥基（Aoki）关于教师声音的研究（参见第13章）、卡森（Carson）关于课程实施的现象学修订（参见第8章）、他为促进和平教育的政治努力（参见第5章）以及他对国际与全球教育的兴趣（第14章）。神学与国际分析通常被忽视。那么，在一般的意义上而言，这一动态的情境告诉我们些什么？

我们并不希望同化各个话语的个别性。例如，持政治性分析的学者会提倡行动主义。不过在尊重各个话语的"极端性"的同时，我们必须认识到没有一种话语可以为课程问题提供最后的答案。我们或许希望形成课程的综合理论，但它不能成为"极权式"的理论。如果我们认识到这种综合性的理论，用麦卡锡（McCarthy，1990）的话来说，是非同步的，那么我们便可以避免极权倾向，非同步意味着不是单纯的相加，如两部分为政治的，两部分为种族的，一部分为神学的。相反，我们意识到，应根据时间、地点与声音——包括个别的机构情境——运用综合观点的不同要素，并以杜威的风格，促进实际情境的发展。与拉希（Lasch，1991）所持的观点不同，我们相信进步是可能的，尽管进步常常呈现出错觉性、争议性，尽管伦理的、道德的以及政治的困境通常与之相联系，并存在技术上的危险。我们相信并接受人类的道德观的神学基础，这一道德观肯定了人类研究、教学与理解的重要性。

我们现在对课程的理解比我们的前人更为复杂，当然，比政治家或许多人文学科同事的认识要远为复杂。从这个角度而言，我们处于一个奇特的地位上，即我们比其他与课程有关的群体更了解课程，但我们却是在政治上最没有权力的群体，无法根据我们对课程的知识采取行动。也许这就是理解的一个代价，尽管我们不希望如此，因为在教育机构中工作的人为此承受得最多。

教科书是起点。课程不只是那些由专家或教科书作者所编写的材料；教科书只是起点。这听起来似乎很傲慢。当然，在书本中和计算机磁盘上记录的人类知识具有很大的重要性。这是毫无疑问的。问题的关键在于重建后的课程领域所研究的内容是什么：在我们当今重大的政治、种族、美学与性别问题的背景中，为了达到我们的目的，我们曾经如何运用、正在如何运用以及我们可能如何运用人类知识？当我们运用简单的和科层化的"教科书"一词时，我们并没有贬低"传统"的作用。传统和教科书是我们进行与促进课程研究的基础。现在生活的我们与在我们之后生活的人们是这一格式塔中的人物。于是，课程问题成为：我们如何运用这一知识，即我们如何创造世界，如何创造自我？

运动。从不同的传统走向不同的目的，当代话语的每一派别都从运动甚至可以说是速度的角度来理解课程，知识激发的问题将学生（包括学生、教师以及学者在内的意义广阔的概念）从一个"地点"移向另一个地点，作为教育工作者的我们希望那是思想上更复杂、发展水平上更成熟、更具有激情、更具有同情心的地点。这一运动像是在事实、普遍推论、理论的冰面上滑冰，但它创造了一种思想空间感，这一空间得以开拓、扩大与增长，从而使智力自身也得到增长与"尖锐化"。从这一观点来看，课程不仅是穿越空间的粒子，而且是粒子在其中运动的空间，是运动的速度与强度。通道是思想的，也是身体的，它们具有关联的、性别的、种族的、政治的以及现象学的特点。有些人将这一运动界定为宇宙论的（cosmological）（Oliver & Gershman）。当课程受意识形态、政治以及制度的科层化所包裹之时，"表达者的自由游戏"（free play of the signifier）即观念的自由运动便缩小了，于是速度与强度也就减小了，宇宙观随之变得模糊不清。课程再生产或抵制现状，"脱离"其通道，在思想中造出裂口，制造减缓运动的常规与仪式，生产不真实的认知和静态的、官方的知识。与此相类似，为了测试而进行的教学颠覆了课程运动，再现了19世纪官能心理学与古典课程记诵模式。

这并不是说速度与强度隐含着教与学的无政府主义，尽管"混沌"作为一个概念在课程中取得了合理性（W. Doll, 1993a），但它的确指出，问题在于课程的组织设计只是表面地存在于我们所阅读的书、我们所做的讲座以及我们所参加的小组讨论之中。课程的组织应发生在教育工作者与学生的生活之中，涉及政治的、种族的、性别的、现象学的、自传的、美学的、神学的、国际性的结构以及制度特点。学校课程是反映知识暂时性、历史性和条件性的事实与感情的推论性构型。课程设计与组织有点儿像万花筒式的结构，像我们所忘记与压抑的痕迹，通过生活史、大众文化的回声与阴影得以传播，充溢着愿望。换言之，鲍尔斯（1984）说：

> 与个体获得的符号编码的复杂性相对应，生活的选择随之得以扩展。一个复杂的符号世界为选择解释方案以及想象不同方案的未来可能性提供了途径……不能想象到的就不能被选定。（p.47）

过去与现在。像杜威一样，波德（1927）也谈到了学科的心理（与逻辑相对立）组织。波德令人信服地（如果不是"随意地"的话）（Bullough, Jr.1981, p.4）为杜威的进步主义辩护。当时是课程建设的高潮期——20年代末期与30年代。在波德的《现代教育理论》一书1927年版的导言中，巴格莱谈到学校对课程编制的专业观念（即来自大学的观念）的接受性问题。在某种程度上，他提出的问题仍然是关于什么知识最有价值的问题，但他在学科内容的组织、课程编制之中寻找答案。当时这种做法是理所当然的，在大的公共层次上存在这样的机会。

今天机会的定位已经不同了。不再存在当年杜威、博比特和波德所争论的那种范围与意义上的课程编制。今天的公共课程编制由多个教科书集团、州教科书采用委员会、学区课程指南等来定位。由地方来编制课程材料的时期已经结束了，尤其是在中学水平上。现在课程编制的地点是在课堂"生活空间"之中，在学生与教师的体验之中。在这一空间与这一经验之中，从事认知活动的教师与学生可以在给定的信息与可能创造的事物之间寻求通道，在严格遵循事实与即兴参与之间寻找"中间途径"，在混沌和亲密的特定性和自发性与科层化的可预测的形式主义之间寻求"中间点"。通道、中间途径与中间点可以通过一个自知的（self-knowing）教师的"学科教学知识"而得以讨论，这样的教师知道她或他的教育责任不在于传递别人的邮件（尤其是"废物"邮件），而是与学生们一起撰写自己的信件（Figgins & Pinar，1993），采用教科书出版商和学区课程指南颁布的知识为主题。

变化与不变。从这些观点中，我们可以看到课程领域如何发生变化，同时又如何保持不变。我们不再通过建构课程材料来寻求对课程根本问题——什么知识最有价值——的回答。我们通过与学生一起开展的以及自身的推论性"运动"来回答这一问题。课程领域体现出运动的复杂性，但它们是脱离作为文字、机构和官方律令而出现的课程的通道。这些运动是政治的、种族的、性别的、自传的、现象学的、美学的、神学的运动，是解构的运动，是脱离美国的局限性而走向全球与国际理解的运动。概念重建后的领域寻求对根本问题——包括什么知识最有价值——的回答。从特定的角度而言，70年代概念重建主义者努力重新界定被忘记了的过去。通过对这些根本问题的解答，课程开发作为范式性组织概念和活动大体上被丢弃了。课程领域仍然支持它在学校中作为一个构成成分出现，以及在政府中以更小的范围出现，但崛起的主要是重建领域的另一部分，如称之为"教师学问""个人实践知识"和"合作性自传"的项目。课程领域还创造了理论一翼，以确保它不会再次瓦解于现存科层体制的表面之上，从而避免构成传统领域的博比特（J. F. Bobbitt）与泰勒（R. W. Tyler）①模式占主导时所发生的情况。

——选自派纳等著，张华等译：《理解课程》（下），
教育科学出版社2003年版，第875—881、884—885页。

评析：

20
世纪外国
教育经典
导读 >>>>

在这段选文中，派纳等人在探讨课程研究史和当代课程文本之后，提出了一个重要的问题："课程领域走向何处？"其目的是设想课程领域的下一个平台，更直接地反映课程领域本身以及理解课程的特殊挑战性问题。但这需要在课程领域已经工作很长时间的一代人的努力。在课程历史研究中，之所以使用"文本"和"话语"等术语，就是为了关注课程领域的语言。尽管"文本"和"话语"是与后结构主义相关的词汇，但这并不意味着课程领域将要变成或应该变成后结构主义者的一统天下。然而，对"理解课程"来说，它意味着把课程作为文本来研究，意味着对课程话语的研究。在当代课程研究中，每一部分的界限在某种程度上是可以渗透的。一幅课程图景不是最终的和固定的，更多的是变化。但由于各自观点的不同，因此也会带来张力甚至尖刻的辩论。派纳等人指出，希望形成课程的综合理论，但并不希望同化各个话语的个别性。因为当代课程话语的每一派别都从运动甚至可以说是从速度的角度来理解课程。从这个意义上讲，学校课程是反映知识暂时性、历史性和条件性的事实与感情的推论性构型。总之，概念重建后的课程领域寻找对包括"什么知识最有价值？"在内的一些根本问题的回答。

（王晓宇）

---

① 泰勒，美国教育家，因创立课程开发理论而被誉为"现代课程理论之父"。——本书编者注

18 / 联合国教科文组织《教育——财富蕴藏其中》1996

18/
联合国教
科文组织
《教育——
财富蕴藏
其中》1996

　　教育在人和社会的持续发展中起着重要的作用。……
教育的任务是毫无例外地使所有人的创造才能和创造潜
力都能结出丰硕的果实。

——德洛尔等

　　《教育——财富蕴藏其中》（*Learning : The Treasure Within*）是以德洛尔为主席的国际21世纪教育委员会向联合国教科文组织提交的报告，即"德洛尔委员会报告"（*Delors Commission Report*）。这是一本在世界教育领域被誉为具有跨世纪里程碑意义的著作。

作者简介

　　雅克·德洛尔（Jacques Delors，1925年生）是法国前财政部长。作为一位经验丰富的政治家、经济学家和社会活动家，他曾担任欧共体及后来的欧盟委员会主席长达十年之久（1985—1995），有"欧盟之父"之称。早在

1991年11月，联合国教科文组织大会提请总干事召开一次国际委员会会议，对21世纪的教育与学习进行思考和研究。1993年初，"国际21世纪教育委员会"正式成立，当时的联合国教科文组织总干事马约尔（F. Mayor）邀请德洛尔担任该委员会的主席。该委员会的其他14位成员均为来自世界各国或地区具有不同文化和专业背景的人士，大多数为政治家、科学家、经济学家、社会活动家和教育家。该委员会面对世界范围内教育形势、教育概念和教育组织形式的多样化以及联合国教科文组织所拥有的丰富教育信息，认真遴选了六个主要议题和三个相关的横向专题。

国际21世纪教育委员会计划在两年内按照拟定的日程表开展工作，并于1995年完成一份报告。在研究方式和方法上，该委员会采取磋商的形式，先后举行了8次全体会议和8次工作组会议；此外，还采用了邀请学者介绍、会晤和信函、发放调查表以及参加政府或非政府组织的会议等形式。国际21世纪教育委员会为自己制定的使命是："就教育在未来的岁月中应接受的种种挑战开展研究和思考工作，并以一份可作为最高层决策者和负责官员之革新和行动计划的报告形式提出意见和建议。"该委员会还确立了在探讨和追求教育目标过程中应遵循的六项基本原则：第一，教育是人的一项基本权利，具有普遍的人文价值；第二，正规或非正规教育应有益于社会；第三，将制定整个教育政策的公正、有针对性和精益求精的三个目标协调地结合起来；第四，教育革新和措施均应建立在深入的研究和分析的基础之上；第五，教育发展均应考虑国际社会和联合国系统范围内现有协议所涉及的基本价值和关注事项；第六，教育应由整个社会负责。

1996年，国际21世纪教育委员会正式向联合国教科文组织提交了《国际21世纪教育委员会报告》，即"德洛尔报告"。德洛尔主席借用拉封丹（Jean de La Fontaine）①的一首寓言诗"农夫和他的孩子们"中的话："千万不要把祖先留给我们的产业卖掉，因为财富蕴藏其中"，将报告的题目定为"教育——财富蕴藏其中"。

---

① 拉封丹（1621—1695），法国寓言诗人，主要作品有《寓言诗》（1668—1694）、《故事诗》（1664—1685）。——本书编者注

着眼于21世纪人类发展的秩序和教育的目标，从全球范围的视角透视教育问题，《教育——财富蕴藏其中》一书试图回答21世纪人类所遇到的挑战和应当遵循的发展模式，提出了教育社会化、教育大众化、教育多样化、教育个性化、教育信息化、教育国际化的21世纪教育发展的新趋势。该报告提出了具有重大和深远影响的未来教育的四个支柱，即学会认知、学会做事、学会共同生活、学会生存；提出了"终身学习是打开21世纪光明之门的钥匙"的科学论断；还从理论与实际结合上提出了迎接未来挑战的对策与建议。

内容提要

《教育——财富蕴藏其中》出版于1996年。除"前言"和"结束语"外，全书分为三个部分，共九章。

序言："教育：必要的乌托邦"。在序言中，德洛尔等人主要论述了四个方面的问题：

（1）从广泛的视野分析了教育的重要性。教育在社会和个人的可持续发展中起重要的作用。教育是通过使人获得和谐、完整的发展从而减少贫困、愚昧、不平等的排斥、压迫和战争的一种手段。

（2）提出将终身教育放在社会的中心位置。终身教育是21世纪的一把钥匙，应在四个支柱之上建立一种具有新精神、新内涵的终身教育。

（3）重视影响教育改革的因素。有利于教育改革成功的因素主要有三个方面：一是当地社区，特别是家长、学校校长和教师；二是公共当局；三是国际社会。

（4）扩大国际合作。在政治领域和经济领域的国际合作模式也应运用于教育领域。联合国教科文组织应通过强调教育的价值为和平及人与人之间的相互谅解服务，充分利用其资源优势与其他国家和地区以及成员国之间建立伙伴关系。

第一部分："前景"（3章）。具体包括：第一章，从基层社区到世界性社会；

第二章，从社会团结到民主参与；第三章，从经济增长到人的发展。在这一部分中，德洛尔等人主要论述了三个方面的问题：

（1）全球化的态势和困境。由于在自由贸易理论的推动下产生的经济生活的开放，使当今世界各国在经济、科学、文化和政治等领域的相互依赖性越来越强。全球化的特征主要表现为经济全球化。因此，人们应该超越教育和文化领域，对国际组织的作用进行全面思考，通过教育逐渐认识和接受人类在精神和文化上的差异性。

（2）教育在促进民主化方面的任务。教育是文化价值的传播工具，其使命就是在人与人之间建立一种基于共同准则的社会联系。面对人类社会发展中出现的社会交往危机，教育应该具有把多样性转变成人与人或社会群体之间相互了解的积极因素的功能，具有通过促进人的理解力和判断力的发展从而有益于民主参与的功能。

（3）教育与经济增长和人的发展的关系。虽然世界经济取得了前所未有的发展，而且其主要动力来自科技和教育，但是，这种发展模式是以发展的更加不平等和耗费大量人力与自然资源为代价的。因此，对教育的理解不应仅从经济发展的角度来考虑，更要考虑到教育的本质在于促进人的发展，教育的主要作用是使人类有能力掌握自身的发展。

第二部分："原则"（2章）。具体包括：第四章，教育的四个支柱；第五章，终身教育。在这一部分中，德洛尔等人主要论述了两个方面的问题：

（1）教育的四个支柱。21世纪人类社会将对教育提出双重要求：一是传授知识和技能；二是明晰判断事物的标准。教育既要提供适应世界变化的"地图"，又要提供航行的"指南针"，所以，教育应围绕四种基本学习来完成自己的使命。

（2）终身教育。将"终身教育"界定为：与人的生命有共同外延并已扩展到社会各个方面的连续性教育，它是人类进入21世纪的关键所在。

第三部分："方针"（4章）。具体包括：第六章,从基础教育到大学;第七章,教师在探索新的前景;第八章,教育的选择性:政治当局的作用;第九章,国际合作：地球村的教育问题。在这一部分中，德洛尔等人主要论述了四个方面的问题：

（1）对各级各类教育进行了重新解析，认真分析了不同类型教育的地位、作用、功能、使命、方针以及所面临的主要问题。

（2）阐明教师的作用。高度评价了教师在教育过程和终身教育中的作用，同时提倡建立一种尊重学生选择自由、相互平等的师生关系。

（3）强调教育与政治当局的关系。政治当局应高瞻远瞩地阐明未来社会的发展走向，使教育系统处于相对稳定的状态并具有自我改革的能力；应在对教育系统进行明确的评估的基础上，开展广泛的辩论，通过民主的方式达成一致意见，这是教育改革战略成功的最佳途径；有义务提出各种选择方案，对教育进行全面调整。

（4）加强国际合作。报告认为，当今世界的国际化趋势需要一种全面的解决方法，教育无疑是其中最重要的一种，因此，必须把教育合作纳入国际社会的努力范围，加强国际教育交流，并确立联合国教科文组织的新使命。

结束语。收录了国际21世纪教育委员会11位成员单独撰写的文章，以便更好地反映所讨论问题的多样性和内容的丰富性。

《教育——财富蕴藏其中》一书是联合国教科文组织通过对整个世界教育的考察，在迎接新世纪的社会变迁中对教育的未来进行总体性思考的一部经典之作，堪称具有里程碑意义的教育文献。该书自出版以来先后被译成多种文字。1996年，联合国教科文组织中文科将其译成中文本。目前世界上已有100多个国家均以此为参照，全力推进各自的教育改革。

选文评析

教育的四个支柱

下一个世纪将为信息的流通和储存以及为传播提供前所未有的手段，因此，它将对教育提出乍看起来近乎矛盾的双重要求。一方面，教育应大量和有效地传授越来越多、不断发展并与认识发展水平相适应的知识和技能，因为这是造就未来人才的基础。同时，教育还应找到并标出判断事物的标准，使人们不会让自己被充斥公共和私人场所、多少称得上是瞬息万变的大量信息搞得晕头转向，使人们不脱离个人和集体发展的方向。可以这么说，教育既应提供一个复杂的、不断变动的世界的地图，又应提供有助于在这个世界上航行的指南针。

根据对未来的这种展望，仅从数量上满足对教育的那种无止境的需求（不断地加重课程负担）既不可能也不合适。每个人在人生之初积累知识，尔后就可无限期地加以利用，这实际上已经不够了。他必须有能力在自己的一生中抓住和利用各种机会，去更新、深化和进一步充实最初获得的知识，使自己适应不断变革的世界。

为了与其整个使命相适应，教育应围绕四种基本学习加以安排；可以说，这四种学习将是每个人一生中的知识支柱：学会认知，即获取理解的手段；学会做事，以便能够对自己所处的环境产生影响；学会共同生活，以便与他人一道参加人的所有活动并在这些活动中进行合作；最后是学会生存，这是前三种学习成果的主要表现形式。当然，这四种获取知识的途径是一个整体，因为它们之间有许多连接、交叉和交流点。

但是，在一般情况下，正规教育仅仅是或主要是针对学会认知，较少针对学会做事。而另外两种学习往往带有很大的随意性，有时也被看作是前两种学习的一种自然而然的延伸。然而，委员会认为，在任何一种有组织的教育中，这四种"知识支柱"中的每一种应得到同等重视，使教育成为受教育者个人和社会成员在认识和实践方面的一种全面的、终生持续不断的经历。

委员会的委员们从一开始工作就明显地感到，为了迎接下一个世纪的挑战，必须给教育确定新的目标，必须改变人们对教育的作用的看法。扩大了的教育新概念应该使每一个人都能发现、发挥和加强自己的创造潜力，也应有助于挖掘出隐藏在我们每个人身上的财富。这意味着要充分地重视教育的作用，就是说使人们学会生存，实现个人全面发展的作用，不再把教育单纯看作是一种手段，是达到某些目的（技能、获得各种能力、经济目的）的必经之路。

学会认知

这种学习更多的是为了掌握认识的手段，而不是获得经过分类的系统化知识。既可将其视为一种人生手段，也可将其视为一种人生目的。作为手段，它应使每个人学会了解他周围的世界，至少是使他能够有尊严地生活，能够发展自己的专业能力和进行交往。作为目的，其基础是乐于理解、认识和发现。即便那种没有直接目的去学习的情况愈来愈少，但由于学习有用的知识在现实生活中变得很重要，学制越来越长、空闲时间越来越多，这将使越来越多的成人能够去感受知识和个人自学带来的乐趣。扩大知识面可以使每个人更好地从各个角度来了解他所处的环境，有助于唤起对知识的好奇心，激发批判精神并有助于在独立思考的基础上去辨别是非。从这种观点出发，让我们再次强调，每个儿童无论他在哪里，都应使他能够以恰当的方式学习科学而且终生成为"科学之友"。[1]在中等和高等教育中，入门培训应向所有大、中学生介绍科学进步和当代思维模式所提供的各种手段、概念和参照方法。

然而，由于知识涉及方方面面，并且始终都在不断地发展变化，试图想什么都知道愈来愈做不到，而且在基础教育之后仍保持对所有学科的教学也不切合实际。不过，专业化学习，哪怕是未来的研究人员的专业化学习也不应排斥对普通文化知识的学习。"今天，一个真正受到全面培养的人需要有广泛的普通文化知识并有机会深入地学习研究少量的学科。在整个教育过程中，应该促进这两个方面同时发展。"[2]因为普通文化教育使受教育者能接触到其他语言和知识，首先就有助于交往。专家封闭在自己的学科中，可能对他人所为不感兴趣。不管在什么情况下，他都会感到难以与人合作。另一方

18／
联合国教
科文组织
《教育——
财富蕴藏
其中》1996

---

① 委员会第三次会议报告，巴黎，1994年1月12日—15日。
② 参阅罗朗·施瓦茨在《关于教育的思考》一书中发表的"科学教育"，巴黎，弗拉马里翁出版社，1993年。

面，文化教育作为超越时间和空间将各个社会联系起来的纽带，势必会使受教育者了解到其他领域的知识，从而有助于充分发挥各学科之间的协同作用。特别是在研究方面，某些知识的重大进展就是在各学科的交叉领域中产生的。

为了解知识而学习，首先要学会运用注意力、记忆力和思维能力来学习。特别是在电视图像占主导地位的社会里，青年从小就应开始学习将注意力集中在人和事上。传播媒体的新闻报道从一项内容到另一项内容变换很快，观看电视节目时以转换频道方式跳过广告节目的情况如此常见，其实这些都不利于发现过程，因为这一过程需要时间，需要加深理解。学习集中注意力可以采取各种不同的形式，也可利用生活中的种种机会（游戏、到企业中去实习、旅游、科学实验课等）。

另一方面，记忆力的训练是避免完全受传播媒体传播的即时信息影响的一种必要的方法。如果以为我们如今已拥有巨大的信息贮存和传播能力，记忆力就不再有用了，那将是很危险的。当然，对于应"记牢"的东西我们肯定要有所选择，人的联想记忆能力并不是自动发挥作用的，应认真地加以培养。所有专家都认为，应该从幼年就开始训练记忆力，而且在学校中取消一些被看作使人厌倦的传统训练是不当的。

最后，是思维能力的训练，它是儿童首先在父母然后在其老师的引导下开始进行的思维，它包括从具体到抽象然后再由抽象到具体的反反复复的思维过程。因此，在教学和研究中，应该把演绎法和归纳法这两种往往被视为对立的方法结合起来。根据所教学科的不同，其中一种方法可能会比另一种更有针对性，但是在大多数情况下，思想的连贯需要两者相结合。

学习知识的过程永无止境，并可通过各种经历得到进一步的充实。从这个意义上说，随着工作性质和内容一成不变的情况日益减少，学习过程与工作经历的结合就越来越紧密。如果最初的教育提供了有助于终身继续在工作之中和工作之外学习的动力和基础，那么就可以认为这种教育是成功的。

学会做事

学会认知和学会做事在很大程度上是不可分的。不过，后者与职业培训问题的联系更为紧密：如何教会学生实践他所学的知识？还有在不能完全预计到未来工作变化的情况下，如何使教育与未来的工作相适应？委员会尤其力求对第二个问题做出回答。

在这方面应该区别以雇佣劳动为主的工业化经济与在很大程度上仍以个体劳动或非正规职业为主的其他经济的情况。因为，在整个20世纪按照工业模式发展起来的雇佣劳动制社会里，机器取代人工劳动的结果是使人工劳动的强度日益减轻，加强了工作的知识性（甚至在工业部门也是如此），加强了服务行业在经济活动中的重要性。另外，这些经济的未来还取决于它们能否把知识的进步转化为能开创新企业和新的就业机会的革新。因此，已经不能再像过去那样简单地理解学会做事的含义就是为了培养某人去从事某一特定的具体工作，使他参加生产某种东西。学习应有相应的发展变化，不能再被看作单纯地传授多少有些重复不变的实践方法，即使这些方法仍具有一定的不应忽略的教育作用。

18
联合国教
科文组织
《教育——
财富蕴藏
其中》1996

从资格概念到能力概念

在工业部门，特别是对机器操作员和技术员来说，由于知识和信息对生产系统起着支配作用，专业资格的概念变得有些过时，个人能力的概念则被置于首要地位。技术的进步实际上正在不可避免地改变新的生产过程需要的资格。随着机器变得更加"聪明"，体力劳动的强度日益减轻，单纯的体力劳动正在被更带有知识性和脑力性的生产劳动（如机器的操作、维修、监视）和设计、研究、组织方面的工作所取代。

各级对资格提出更高的要求是有多种原因的。就具体执行任务的人员而言，往往是按照日本企业的做法，即与泰勒制正好相反的做法，采取"劳动集体"或"项目小组"的组织方式，而放弃把规定任务和个人操作结合在一起的做法。另一方面，工作任务的个人化正在取代领薪者之间可以互换的特点。雇主们越来越注重能力方面的要求，而不是资格方面的要求；在他们看来，资格与实际技能的概念仍然过于密不可分，而能力则是每个人特有的一种混合物，它把通过技术和职业培训获得的严格意义上的资格、社会行为、协作能力、首创能力和冒险精神结合在一起。

如果除了这些新的要求之外，还要求被视为变革参与者的劳动者做出个人承诺，那么很清楚，被企业领导人常常称为"生存技能"的那些先天的或后天的有很强个人色彩的素质便同知识和实际本领结合在一起，构成所需要的能力。正如委员会强调的那样，这种能力清楚地反映出学习的各个方面之间的联系，这种联系应由教育加以维持。在上述素质中，交往能力、与他人共事的能力、管理和解决冲突的能力越来越重要。服务性活动的发展进一步加强了这一趋势。

劳动的"非物质化"和实行工资制部门的服务性活动

如果观察一下服务行业在数量和质量方面发生的变化，就可以看出先进经济的"非物质化"对学习产生的影响特别明显。服务行业是个极其多样化的行业，尤其是可以用它不包括的活动来界定它的范围，即它是一个既不包括工业活动也不包括农业活动的行业；尽管它的活动是多种多样的，但共同的一点是不生产物质产品。

许多服务主要是根据其引起的人际关系加以确定的。我们在因经营管理日益复杂（各种专门知识、技术监视或技术咨询服务、金融、会计或管理服务）而不断扩大的商业部门和比较传统的非商业部门（社会福利事业、教育、卫生事业等），都可以发现这样一些例子。在这两种情况下，信息和交流活动都是极其重要的；在这方面，重点是以个性化的方式为某个确切的项目捕捉和处理特定的信息。在这类服务中，提供者与使用者之间关系的好坏在很大程度上也取决于使用者。因而，我们可以懂得，这种工作不能再像耕地或生产钢板那样来加以准备了。与材料和技术的关系应当由处理人际关系的能力来补充。因此，服务行业的发展迫使人们必须培养提高人的那些不一定是由传统教育反复灌输的素质，这些素质与在人与人之间建立稳定而有效的关系的能力是相一致的。

最后，我们可以想象，在未来的高度技术化的组织里，关系上的困难可能造成严重的机能障碍，这就需要一种主要是基于行为表现而非基于知识的新型资格。这对那些没有文凭或文凭不多的人来说可能是一个机会。直觉、觉察力、判断力和使一个集体紧密团结的能力，这些的确不一定是持有最高文凭的人独具的能力。如何传授这些多少有些先天性的能力以及在哪里传授这种能力呢？我们不能简单地推断旨在培养所需能力或才干的计划内容。在发展中国家的职业培训方面也存在着这样的问题。

非正规经济中的劳动

在领薪职业不占主导地位的发展中经济里，劳动性质是很不同的。实际上，在撒哈拉以南非洲的许多国家以及拉丁美洲和亚洲的一些国家中只有一小部分人有带有工资的职业，绝大多数人还是参加传统的自治经济活动。确切地说，不存在职业参考标准；技能往往是传统的。另外，学习的作用不限于从事什么工作，但应符合正式或非企式参与发展这一更广的目标。这往往既涉及社会资格也涉及专业资格。

在其他一些发展中国家，除了农业和一个小规模的正规部门之外，还有一个有时颇具活力，以手工业、商业和金融为基础的既现代又不正规的经济部门，它表明存在着一种很适应当地情况的企业潜力。

在上述两种情况中，委员会与发展中国家进行的许多磋商表明，这些国家已经觉察到它们的未来与获得能使它们接触到现代技术的科学知识的情况有着紧密的关系，但是并不因此而忽视与当地情况紧密相连的特殊的革新能力和创造能力。

这又使我们回到发达国家和发展中国家共同面临的一个问题上：如何学会有效地应付变化不定的情况？如何参与对未来的创造？

学会共同生活

这种学习可能是今日教育中的重大问题之一。当今世界往往是一个充满暴力的世界，它与一些人对人类进步寄予的期望背道而驰。人类历史始终是一部冲突史。但是，一些新的因素，特别是人类在20世纪创造的奇特的自毁能力，正在增加冲突的危险。通过传播媒介，广大公众成为那些制造冲突或维持冲突的人的软弱无能的观察者，甚至成为他们的人质。迄今，教育未能为改变这种状况做多少事。能否设计出一种能使人们通过扩大对其他人及其

18
联合国教
科文组织
《教育——
财富蕴藏
其中》1996

文化和精神价值的认识，来避免冲突或以和平方式解决冲突的教育呢？

在学校传授非暴力的想法是值得赞赏的，即使它只是同导致冲突的偏见做斗争的手段之一。这项任务是艰巨的，因为很自然，人越来越过高估计自己及其所属群体的长处，而对其他人怀有偏见。另外，普遍的竞争气氛已成为各国内部尤其是国际上经济活动的特点，它愈来愈突出竞争精神和个人的成功。事实上，这种竞争现在终于导致无情的经济战争，导致贫富之间的紧张关系，从而造成各国和整个世界的分裂；这种竞争也激化了历史上存在的敌对情绪。教育有时因为对竞赛概念的解释不正确而有助于这种气氛继续存在下去，这是令人遗憾的。

怎么能做得好一些呢？经验证明，为了减少这种危险，光是安排属于不同群体的人之间（如在多个民族或多种宗教共有的学校内）进行接触和交往是不够的。如果这些不同的群体正处于竞争之中，或者它们在共有的环境中所处的地位不平等，那么这种接触反而有可能激化潜在的紧张关系，进而转化成冲突。反之，如果这种接触是在一种平等的氛围中进行的，而且又有共同的目标和计划，那么偏见和潜在的敌对情绪可能会消除，取而代之的将是一种比较平静的合作，甚至是友谊。

因此，教育似乎应该采取两种相互补充的方法。首先是逐步去发现他人；然后是在一生当中从事一些共同的计划，这似乎是避免或解决潜在冲突的一种有效方法。

发现他人

教育的使命是教学生懂得人类的多样性，同时还要教他们认识地球上的所有人之间具有相似性又是相互依存的。因此，从幼儿开始，学校就应抓住各种机会来进行这一双重教育。某些学科特别适合进行这种教育：从基础教育开始教授人文地理，晚些时候教授外语和外国文学。

认识他人必须首先认识自己；要使青少年正确地认识世界，无论是在家庭、社会还是在学校进行的教育，都应首先使他们认识自己。只有在这个时候，他们才能真正设身处地去理解他人的反应。在学校培养这种情感同化的态度，会对一个人一生的社会行为产生积极影响。比如教会青年人采纳其他民族或宗教群体的观点，可以避免能导致成年相互仇恨和发生暴力的互不理解的情况。因此，宗教史教育或习俗教育可以作为未来行为的有益参照标准。①

最后，教学形式本身不应与这种对他人的承认相违背。一些教师由于教条武断扼杀学生好奇心或批评精神，而不是反复培养他们的好奇心或批评精神，他们这样做可能害多益少。如果他们忘记应该为人师表，他们就很可能由于自己的态度而永远削弱学生向相异性开放的能力以及应付人与人之间、群体之间、民族之间不可避免地出现的紧张关系的能力。通过对话和各自阐述自己的理由进行争论，这是21世纪教育需要的一种手段。

为实现共同目标而努力

当人们为一些能使自己摆脱日常习惯、值得一做的项目共同努力时，人与人之间的分歧甚至是冲突就会逐步减弱，有时就消失了。从这些有助于人们超越个人陈规和突出共同点而不是不同点的项目中，能产生出一种新的鉴别方式。例如，通过体育运动，不同社会阶级或民族之间的紧张关系最终在比赛和共同努力的幸福之中转化成团结互助关系的事例是何等多啊！同样地，在工作中，假如某个共同的项目没有超越上下级组织中通常存在的冲突，那么有许多事情就无法成功了。

因此，正规教育应在其计划中留出足够的时间和机会向青年人传授这类合作项目；要从幼儿开始，就在体育或文化活动中，以及通过参加居住区的翻新、帮助处境最不利的人、参加人道主义行动及两代人之间相互帮助活动等社会活动，对学生进行这种教育。其他教育组织和协会应接替学校继续开展这项工作。另外，在学校日常生活中，教师和学生参加一些共同项目，可以为传授某一解决冲突的方法，并为学生今后的生活提供参考标准提供机会，同时还能加强师生关系。

---

① 戴维·A.汉堡著：《关于冲突解决方法的教育》（摘自纽约卡内基公司的《1994年年度报告》）。

学会生存

委员会从它举行第一次会议开始就坚决地重申了一个基本原则：教育应当促进每个人的全面发展，即身心、智力、敏感性、审美意识、个人责任感、精神价值等方面的发展。应该使每个人尤其借助于青年时代所受的教育，能够形成一种独立自主的、富有批判精神的思想意识，以及培养自己的判断能力，以便由他自己确定在人生的各种不同情况下他认为应该做的事情。

《学会生存》报告（1972年）在序言中对世界因技术发展而非人化表示担心。[①]从那时起，社会发生的一切变革，特别是传播媒介能力的巨大发展，加剧了上述担心，并使源于这种担心的必不可少的做法更加合法。21世纪有可能使这些现象在更广的范围出现。到那时候，问题就不再是培养儿童为某一特定的社会做好准备，即不再是不断地向他们每个人提供有助于其理解周围世界并成为有责任感的和公正的参与者的力量和知识方面的标准。教育的基本作用，似乎比任何时候都更在于保证人人享有他们为充分发挥自己的才能和尽可能牢牢掌握自己的命运而需要的思想、判断、感情和想象方面的自由。

这不只是一种个人主义的迫切需要。因为最近的经验表明，那种从表面上看只是个人面对束缚人的或被认为是敌对的制度的一种自我保护方式的东西，有时也为社会提供最好的机会。个性的多样性、自主性和首创精神，甚至是爱好挑战，这一切都是进行创造和革新的保证。在减少暴力或同影响社会的各种祸害做斗争方面，从实地经验中产生的新方法已显得很有效。

在一个以社会和经济改革为主要动力的迅速变革的世界里，可能更重视想象力和创造性；它们是人的自由的最明显的表现，有可能受到某种个人行

---

① "这个人处于很有强迫性的宣传气氛的环境中，而后在行为上要服从外界强加于他的准则，损害了他的真正需要以及他在智力上和情感上的同一性。这样的环境便有可能对他造成一种精神错乱的危险。有些领域，一个人一向觉得他是可以在里面自由活动的，至少是可以按照他自己的方式追求他的目标的。但是现在人们已经设计出各种机器（从事理智活动），这样便把他从他原先自由活动的领域中驱逐出来了。"《学会生存》，联合国教科文组织国际教育发展委员会报告，法亚尔出版社，巴黎，1972年。

为准则规范化的威胁。21世纪需要各种各样的才能和人格，而不只是需要杰出的个人，当然这种人无论在何种文明中也都是很重要的。因此，应该向青少年提供一切可能的美学、艺术、体育、科学、文化和社会方面的发现和实验机会，这将补充人们对以前各代人或现代人在这些领域里的创造所做的吸引人的介绍。许多国家重视功利而不重视文化的教育，艺术和诗歌应该在学校里重新占有重要的地位。对提高想象力和创造性的关注，还应导致进一步重视从儿童或成人的经历中得来的口头文化和知识。

因此，委员会完全赞成《学会生存》报告提出的原则："发展的目的在于使人日臻完善；使他的人格丰富多彩，表达方式复杂多样；使他作为一个人，作为一个家庭和社会的成员，作为一个公民和生产者、技术发明者和有创造性的理想家，来承担各种不同的责任。"[①]人的这种发展从生到死是一个辩证的过程，从认识自己开始，然后打开与他人的关系。从这种意义上说，教育首先是一个内心的旅程，它的各个阶段与人格的不断成熟的各个阶段是一致的。因此，教育作为实现成功的职业生活的一种手段，是一个非常个人化的过程，同时又是一个建设相互影响的社会关系的过程。

不用说，我们在本章中所述的教育的四个支柱不能只涉及生命的某个阶段或单独某一处。正如我们将在下一章看到的那样，对教育的各个阶段和领域应作重新思考，使其相互补充，相互渗透，从而使每个人在一生中能够充分利用范围不断扩大的教育环境。

提示和建议

◆终身教育建立在四个支柱的基础上：学会认知、学会做事、学会共同生活、学会生存。

◆学会认知，途径是将掌握足够广泛的普通知识与深入研究少数学科结合起来。这也就是说学会学习，以便从终身教育提供的种种机会中受益。

◆学会做事，以便不仅获得专业资格，而且从更广泛的意义上说，获得

---

① 见《学会生存》"呈送报告"，第2页。

能够应付许多情况和集体工作的能力。这还意味着要在青少年的各种社会经历或工作经历范围内学会做事；这类经历可能因地方或国家的具体情况而属于自发性的，也可能由于学习和工作交替进行的教育的发展而属于正式的。

◆学会共同生活，其途径是本着尊重多元性、相互了解和平等价值观的精神，在开展共同项目和学习管理冲突的过程中，增进对他人的了解和对相互依存问题的认识。

◆学会生存，以便更充分地发展自己的人格，并能以不断增强的自主性、判断力和个人责任感来行动。为此，教育不应忽视人的任何一种潜力：记忆力、推理能力、美感、体力和交往能力等。

◆正规教育系统不顾其他学习形式，越来越强调获取知识，而现在十分重要的是应把教育作为一个整体来加以设计。这种看法应该在制订教学计划和确定新的教育政策方面给未来的教育改革以启示和指导。

——选自联合国教科文组织编著，联合国教科文组织总部中文科译：《教育——财富蕴藏其中》，教育科学出版社1996年版，第75—88页。

评析：

教育的四个支柱是《教育——财富蕴藏其中》一书中最富有创新性和理论与实践意义的部分。在这段选文中，德洛尔等人认为，21世纪教育必须建立在四个支柱之上：（1）学会认知（learning to know）。学会认知是为了掌握认识的手段，而不是为了学习系统化知识。它既是一种手段，又是一种人生目的。作为手段，学会认知就是使每个人学会了解他周围的世界，使其能够有尊严地生活和发展自己的专业能力与交往能力；作为目的，学会认知的基础是乐于理解、认识和发现。（2）学会做事（learning to do）。学会做事从具体形式上看主要是掌握职业技能；但是，从广泛和深层意义上讲，其目的在于培养创造能力和较强的适应性。通过学会做事，不仅获得专业资格，而且获得应付复杂情况和集体生活的能力。（3）学会共同生活（learning to live together）。学会共同生活要求教育有助于扩大对其他人或文化和精神价值的认识，有助于解决冲突。它要求学会发现他人，因为教育的使命之一就是教会学生懂得人类的多样性、相似性和相互依存性。其中，首先是认识自己，只有在认识自己的时候才能真正地去理解他人的反应；其次是为实现共同的目标而努力，这是人们彼此增进相互了解以及避免或解决潜在冲突的一种有效方法。（4）学会生存（learning to be）。学会生存是前三种学习的主要表现形式，处于主导地位。其实质上是"学会做人"，就是指教育应当促进每个人的全面发展，即身心、智力、敏感性、审美意识、个人责任感、精神价值等方面的发展。它要求每个人都形成一种独立自主的、富有批判精神的思想意识以及培养自己的判断能力，以便由学习者自己确定在人生的各种不同的情况下应该做的事情。总之，这四种基本学习是每个人一生中的教育支柱。作为一个整体，教育应围绕这四种基本学习加以安排。

18/
联合国教
科文组织
《教育——
财富蕴藏
其中》1996

参与变革与发展的教师

在教育青年不仅满怀信心去迎接未来，而且以坚定和负责任的方式亲自建设未来方面，教师的贡献是至关重要的。自中小学开始，教育就应致力于迎接这些新的挑战：参与发展，帮助每个人理解并在某种程度上掌握国际化这一现象，促进社会团结。教师在培养积极的或消极的学习态度上也起着决定性的作用。他们应激发好奇心，培养自主能力，鼓励思考的严谨性，并为正规教育和继续教育的成功创造必要的条件。

教师作为变革的因素，在促进相互理解和宽容方面，其作用的重要性从未像今日这样不容置疑。这一作用在21世纪将更具决定意义。……

要提高教育质量，首先必须改善教师的招聘、培训、社会地位和工作条件。教师只有在具有所需的知识和技能、个人素质、职业前景和工作动力的情况下，才能满足人们对他们的期望。……

期望与责任

人们要求教师既要有技能，又要有职业精神和献身精神，这使他们肩负的责任十分重大。人们对教师的要求甚多，而应予满足的要求又似乎是无限的。许多国家的教育在数量上的发展常常表现为教师奇缺，课堂人满为患，以及由此产生的针对教育制度的种种压力。美其名曰"结构调整"的稳定政策已对许多发展中国家的教育预算产生了影响，因而也对教师薪酬直接产生了影响。

教师职业是世界上组织得最紧密的职业之一，所以教师组织在各种领域能够起着并且正在起着极大的作用。全世界目前约有5000万教师，大部分参加了工会或认为工会可代表他们。这些组织的活动旨在改善其成员的工作条件，它们在教育拨款的分配上可施加重大影响。在许多情况下，对教育过程的各个方面以及教师培训有着深刻的认识和经验。在许多国家，它们是学校和社会之间对话的重要参与者。教师组织与教育负责当局之间的对话应得到改进，不应只限于工资和工作条件问题，应将讨论扩展到教师在规划和实施改革中应起中心作用这一问题上来。教师组织可在有关建立职业信任气氛和对教育革新持正面态度方面做出决定性的贡献。在所有教育系统中，教师组织都提供一条和各级教育工作者进行商讨的渠道，改革的规划和实施应成为一个时机，以就各种目的和方法达成协商一致。违背教师意愿或没有教师参与的教育改革从来没有成功过。

教学是一种艺术、一门科学

教师和学生间确立的强有力关系是教学过程的关键所在。当然，知识可以各种方式获取，而且远距离教学和在教学方面使用新技术已表明卓有成效。但是，对几乎全部学生，尤其是尚未掌握思考和学习方法的学生而言，教师仍是无法取代的。如果说个人发展的继续必须以独立的学习和研究能力为前提，那么这种能力只有在向一位或数位教师求学一段时间后才能获得。对善于教人思考、让人产生更努力深入某个问题的强烈愿望的教师，有谁不怀念他呢？在生活过程中需做出某些重大决定时又有谁未曾从教师处所学知识，哪怕是部分知识中得到启迪呢？

教师的工作并非只是传授信息，甚至也不是传授知识，而是以陈述问题方式介绍这些知识，把它们置于某种条件中，并把各种问题置于其未来情景中，从而使学生能在其答案和更广泛的问题之间建立一种联系。师生关系旨在本着尊重学生自主性的精神，使他们的人格得到充分发展。从这个观点出发，教师所享有的权威总是有着自相矛盾的特点，因为它不是建立在确认其权力的基础上，而是建立在自由承认知识合法性的基础上。这种权威的概念无疑需要发展，但却始终是重要的，因为学生提出的关于世界的种种问题的答案即来自于它，也是它决定着教学过程的成功。此外，如果希望学生日后有能力预见变革，并通过终生继续不断的学习来适应变革的话，那么在现代社会里就越来越需要教育为培养个人的判断力和责任感做出贡献。与教师一起工作并同他对话，有助于学生发展自己的批判意识。

教师的巨大力量在于做出榜样。他们要表现出好奇心和思想开放，并随时准备自己的假定将由事实来检验，甚至承认错误。传授学习的兴趣，尤其是教师的责任。委员会认为教师培训需要重新加以审查，以期在未来教师身上培养特有的人文和智力品质，以便沿着本报告提出的方向促进新的教学方法。

教师的质量

世界学龄人口的快速增长导致人们大量招聘教师。进行这种招聘工作常常受有限财政资源的限制。因此并非总有可能找到合格的候选人。经费和教学手段的匮乏以及课堂人满为患常常导致教师工作条件的严重恶化。接纳那些社会和家庭方面处境艰难的学生，又迫使教师接受他们毫无准备的新任务。

我们无论怎样强调教学质量亦即教师质量的重要性都不会过分。学生的学习态度以及对自己的想象，在基础教育的早期阶段即基本形成。在此阶段，教师起着决定性的作用。学生要克服的障碍——贫穷，困难的社会环境，身体残疾——愈是繁重，对教师的要求就愈多。教师为有效对付这一切，只能展示极为多样的教学才能以及表现出不仅是权威的，而且也是情感同化、耐心和谦虚等的人文品质。如果一个儿童或成年人遇到的第一位教师是位未经过充分培训并且缺乏积极性的老师，那么他们未来进行学习的基础本身就缺少坚固性。委员会认为各国政府应努力重新确认基础教育师资的重要性并提高他们的资格。每个国家应根据自己国家的特定情况，确定应采取何种措施以在最有积极性的大学生中招聘未来的教师，改进他们的培训工作并鼓励他们当中最优秀者去最艰苦的岗位上工作。此种措施的采取是绝对必要的，否则，不可能希望看到在最需要改善的地方教学质量能有重大的改善。

…………

因此，提高教师的质量和积极性应是所有国家的一项优先任务。下文中将指出为达此目的而应采取的某些措施，并在本章的随后段落中对之加以详细说明。

● 招聘：改进选拔工作，同时通过更积极地寻求候选人来扩大招聘基础。可考虑采取特别措施，以利于招聘具有不同语言和不同文化背景的候选人。

● 启蒙教育：加强大学和未来中小学师资培训机构之间的密切的联系。定期的目标是让所有的教师，特别是中学教师，能够到高校学习，他们的培训可与大学合作，甚或在大学范围内进行。此外，考虑到未来教师在学生人格整体发展中的作用，这一培训要将重点尽快体现在第四章所述的教育的四个支柱上面去。

● 在职培训：制订各种在职培训计划，使每个教师尤其可借助合适的传播技术能够经常得到培训。此类计划可用来使教师熟悉信息和传播技术的最新成就。一般来说，在职培训在决定教学质量方面的作用如果不是更大，至少也是和启蒙教育同样大。[①]远距离教学技术的使用可以节省费用，并可使教师能够至少以部分时间继续工作。它同样也是开展改革、引进新技术或新方法的有效手段。在职培训并非必然仅在教育系统内进行，在经济部门工作或学习一段时期也是很有益的，它可促使所学知识接近所学的本领。

● 师范教育的师资：师范教育、教师的招聘和进修问题应予特别重视，

---

① 肯·甘尼科特和戴维·思罗斯比著：《教育质量和有效的学校教育》，巴黎，教科文组织，1994年，为委员会完成的研究报告。（教科文组织文件EDC/IV/2）

以使他们在教育实践的定期革新方面做出贡献。

● 督导：视察工作提供的不仅是检查教师"成绩"的机会，还有和他们就有关知识、方法和信息资源演变等问题保持对话的机会。应该思考如何确定优秀教师，如何对他们进行奖励。必须要以具体的、一致的和定期的方式测定学生的成绩。重要的是要强调学习的成果和教师在取得这些成果方面所起的作用。

● 管理：旨在改进学校领导工作的管理改革，可以减轻落在教师身上的日常性行政事务，从而使人们可就特殊条件下的教学目的和方法进行讨论。一些辅助性服务，如社会福利人员或学校心理学顾问的服务看来很有必要，因而应在各处设立起来。

● 校外人员的参与：可以各种方式将家长结合到教学过程中来，对职业学校某些讲授主题具有实践经验的人也同样如此。

● 工作条件：必须更加努力支持教师在困难境况中所表现的积极性。为了挽留优秀教师继续任教，应向他们提供令人满意的工作条件和与其他要求同等教育水平的职业类别相同的报酬。对在边远地区和条件很差地区工作的教师要给予特别的好处，这对鼓励他们留下来，以使处境不利的居民不致于因合格教师的缺乏而条件更差是非常必要的。无论地理流动性多么可取，各种调动不应由中央当局任意决定。教师职业和其他职业之间的流动，如果期限不长，可予以积极鼓励。

● 教学手段：师资培训的质量和教学的质量一样，在很大程度上取决于教育手段的质量，特别是课本的质量。[①]教学计划的革新是个持续过程，教师应在设计和实施阶段就参加进去。采用技术手段可使视听材料得到更广泛的传播。借助于信息技术，在介绍新的知识、讲授有关本领或评价学习结果方面是很有前途的。传播技术在正确使用的情况下，可以使学习更有效率并给学生提供一条诱人的通道，去接触一些当地环境难以获得的知识和技能。

---

① 参见《教育的优先事项和战略：世界银行评论》，华盛顿，世界银行，1995年。

技术可以在工业化国家和非工业化国家之间架设一座桥梁，帮助教师和学生攀上没有技术的帮助就无法达到的知识高度。许多很好的教学手段可以帮助培训不足的教师既提高其教学能力，也提高他自己所掌握的知识水平。

学习应该教的知识和如何教授这些知识

今天，世界整体上的演变如此迅速，以致教师和大部分其他职业的成员从此不得不接受这一事实，即他们的入门培训对他们的余生来说是不够用的，他们必须在整个生存期间更新和改进自己的知识和技术。所授学科方面的才能和教学法方面的才能之间的平衡应注意加以保持。在一些国家里，有人指责教育系统忽视教学法，而在另一些国家，却又过分优先考虑教学法，人们认为这种做法会导致出现一些对其所授学科不具有足够知识的教师。其实，两者都是需要的，入门培训和在职培训都不应舍此就彼。此外，培训教师时还应向其反复灌输这样一种教学观：它超越实用性，鼓励提问、相互作用和研究不同的假设。无论是教师的入门培训还是在职培训，其主要使命之一是在教师身上发展社会期待于他们的伦理的、智力的和情感的品质，以使他们日后能在他们学生身上培养同样的品质。

高质量的培训意味着未来的教师应与有经验的教师以及在其各自学科中工作的研究人员进行接触。在职教师也应经常有机会通过小组工作会议和在职培训实习来提高自己。在职培训（按尽可能灵活的方式实施）的加强，在提高教师的能力和积极性方面以及在改善他们的地位方面，可以做出许多贡献。鉴于教学和教学法质量改进研究工作的重要性，教师培训还应包括为研究而培训这一强化成分，教师培训机构和大学之间的联系也应进一步加强。

必须特别致力于招聘和培训科学和技术教师，并向他们传授新技术。因为各国，特别在贫穷国家，科学教育有待改进。而我们都知道，在克服不发达状态以及和贫穷做有效斗争方面，科学和技术具有怎样的决定性作用。因此，特别是在发展中国家，必须通过改进科技教师的培训，来纠正初级和中级科学技术教育的弱点。在此方面，职业教育常常缺少合格的教师，这种情况无助于提高它的声誉。

师资培训有成为与众不同的一种培训的趋势，它使教师和其他职业隔离开来。这种状况需要加以纠正。教师也应有可能从事学校范围以外的职业，以便能和职业界的其他方面熟悉起来，比如企业的生活，他们就往往了解甚少。

教师在工作

学校与社区

在教师和地方当局建立的关系中，可以发现许多有助于改进教师教学成绩和积极性的线索。当教师本人属于他们任教之集体时，他们的牵连关系会更明显。他们会更加关心这个集体的需求并能更好地为实现这个集体的目标而努力。因此，加强学校和地方社区的联系就成了使教育和其环境相依为命发展的主要方法之一。

学校行政管理

研究和经验性的观察表明，决定学校效率的主要因素之一（如果不是唯一主要因素的话）就是学校校长。一个有能力组织有效集体工作并被视为懂行和思想开放的好的行政主管人员，常能成功地在其学校中引进重大的质量上的改进。因此必须保证把学校的领导托付给合格的，尤其在管理方面受过特定培训的专业人才。这种资历应使学校领导获得更大的决定权，以及奖励其出色行使困难职责的报酬。在终身教育中，每个人时而是教师，时而是学生。从这种观点出发，也可招聘教育界以外的人士在限定的时期内担任特殊的任务。他们能带来教师们不具有的但能满足某种需要的某些技能，比如以一种少数民族语言讲课、给难民上课或在教学和职业界之间建立更密切的联系等。在某些情况下，为提高学校出勤率，改进教学质量和社会团结，请家长对专业教师的教学给予协作已显示出有益性。

让教师参与教育问题的决策

应进一步吸收教师参与有关教育的各种决策。教学计划和教材的制定要在在职教师的参与下进行，因为对学习的评价无法和教学实践分离。同样，学校的行政管理、监察和教师评价系统从吸收教师参与决策过程中只能获得好处。

促进有效教学的有利条件

旨在丰富教师经验而增加他们的流动（在教师职业的内部以及教师职业与其他职业之间）是可取的。

教师要能工作好，不仅需要足够的资历，也要得到足够的支持。除物质条件和合适的教学手段外，还需要有一种评价和检查制度，它要能够判断各种困难并能予以解决，其中的检查工作可作为识别高质量教学和鼓励这种教学的手段。此外，它还意味着每个集体或地方行政机构都须研究如何才能利用周围社会的现有人才来改进教育：外部专家对学校教育或对校外教育实验提供的协助，家长根据适当的方式参加学校的管理或追加资源的动员工作；与一些协会联系以安排与职业界的接触、组织外出、文化或体育活动或者和学校工作无直接联系的其他教育活动等。

当然，就教师质量来说，教学过程和教学内容进行改革不会不遇到种种难以解决的问题。教师有理由要求合适的工作条件和地位，因为它们表明他们的努力得到了承认。必须为他们提供他们所需要的手段，以使他们能尽可能地发挥各种作用。反过来，学生和整个社会有权期待教师以献身精神和敏锐的责任感来完成他们的职责。

提示和建议

◆ 虽然教师的心理和物质状况因国家不同而大相径庭，但是如要"终身教育"完成委员会为其确定的、旨在促进社会进步和加强人民之间相互了解方面的中心使命，就必须提高教师的地位。教师应被社会公认为师表，并应有必要的权威和相应的工作手段。

◆ 然而，终身教育直接导致学习社会的概念的产生。这是一种提供各种各样的学习机会，使人既能在学校也能在经济、社会和文化生活中进行学习的社会。由此，就必须与家庭、经济界、各种协会及文化生活中的主角等多加商讨，加强合作。

◆ 因此，知识和技能更新这一迫切需要也与教师有关。他们的职业生活应该安排得使他们有能力甚至有义务去提高他们的本领，而且能够从种种经济、社会和文化生活领域所开展的实验中得到教益。一般是在多种形式的学习假、休假和年假期里提供这类可能性。这些方式经适当变通后，应扩展到每一位教师。

◆ 即使从每位教师都独自面对自己的特有责任和职业义务这个意义上看，教师职业基本上是个孤立的活动，但是为了改进教育质量并使其更好地适应各个班级或各类学生的具体特点，集体工作仍是必不可少的，尤其是在中级阶段。

◆ 该报告强调了在不同国家的机构间交流教师和发展合作伙伴关系的重要性。这种交流与合作在教育质量方面，以及在向其他文化、其他文明和其他经验更加开放方面，提供了必不可少的附加价值。这一点已为当前开展的活动所证实。

◆ 所有这些方针应超越此种协商的纯行会性质，成为与教师组织对话的内容，甚至成为和教师组织订立合同的内容。事实上，工会组织，在保护其成员的精神和物质利益之目标外，已积累了一大笔经验财富，它们现在已准备好让决策者们从中受益。

——选自联合国教科文组织编著，联合国教科文组织总部中文科译：《教育——财富蕴藏其中》，教育科学出版社1996年版，第134—148页。

18
联合国教科文组织《教育——财富蕴藏其中》1996

评析：

在这段选文中，德洛尔等人主要论述了有关教师作用和发展的五个方面：第一，教师在教育系统中的作用。在追求知识的年代，教师被寄予更高的期望和更严格的要求，教师在引导学生面向未来方面以及促进相互理解和宽容方面起重要作用。第二，建立一种新型的师生关系。那种视学生为被动接受者的观点，在教育民主化的冲击下已没有了市场。教师一方面要以学生已有的知识为起点，另一方面还要培养学生的独立自主能力、创造性、好奇心以及批判意识。师生关系是一种新的更加自由平等的关系，是以尊重学生自主性并使其人格得到充分发展为宗旨的，教师也不再是"独奏者"，而是"伴奏者"以及帮助学生去发现、组织和管理知识的"引导者"。第三，教学是一门科学与艺术。对于学生而言，教师的工作是无法代替的，因为教师总是开启学生思考和学习方法大门的钥匙，总是学生获得独立学习和研究能力的前提。教师的工作并非只是传授知识，而是将知识置于问题、某种条件和未来的情境之中，使学生已有的知识和相关问题建立一种联系。此外，教师还具有榜样的作用，他们所表现出来的一切都体现为一种责任。第四，提高教师的质量。无论怎样强调教师质量的重要性都不过分，提高教师的质量和积极性是所有国家的一项优先任务。为此，应该在教师招聘、师范教育、在职培训、督导、教学管理、校外人员的参与、工作条件和教学手段等方面采取必要的措施。第五，教师的培训与发展。教师培训既包括入门培训，也包括在职培训。它应该是终身的活动，其使命之一是培养教师具有社会所需要的伦理、智力和情感上的良好品质，形成一种超越实用性、鼓励学生提问、相互影响和研究问题的教学观。

（杨　捷）

后记

    尽管我国中小学教育界阅读教育经典的情况原先并不十分理想，但随着新课程改革的逐步深入，许多中小学教师不仅产生了阅读教育经典的愿望，而且开始了阅读教育经典的活动。《20世纪外国教育经典导读》一书就是为我国中小学教师在教师专业发展中阅读教育经典提供的一本入门读物，冀望为他们阅读当代外国教育经典著作提供一点指导。

    《20世纪外国教育经典导读》这本书共选取了20世纪外国18部教育经典著作。这些名著的作者具体包括：美国的杜威、泰勒、布鲁纳、柯尔伯格、古德莱德、诺丁斯、加德纳、派纳，意大利的蒙台梭利，英国的彼得斯，法国的朗格朗、皮亚杰，苏联的苏霍姆林斯基、马卡连柯、巴班斯基，巴西的弗莱雷，以及联合国教科文组织的富尔、德洛尔等人。应该说，他们的教育代表作曾在或正在世界教育领域里引起很大的反响，因而在不同程度上影响了世界教育发展的进程。从这一点上讲，本书所选取的教育经典著作是具有重要的理论价值和现实意义的。所选取的外国教育经典著作在书中均按其出版年份的先后编排。

    为了便于读者能够更好地阅读当代外国教育经典著作，《20世纪外国教育经典导读》一书在导读每一本教育经典著作时，均由"作者简介""内容提要""选文评析"三个部分组成。其中，在"作者简介"部分，编者对每一位教育名家的生平和教育活动等都做了简要的介绍，以便读者通过对教育名家的了解进而去阅读其教育代表作。在"内容提要"部分，编者对所选取的每一本教育经典著作的出版情况、基本框架、主要内容及其影响进行了提纲挈领的阐述，以便读者从整体上去把握这一本教育经典著作。在"选文评析"部分，编者根据经典性和实用性的原则，摘选了每一本教育经典著作中两个精彩段落，并进行了简明扼要的评析，以便通过范例使读者了解在具体阅读教育经典著作时该如何进行思考和分析。

最后还必须说明的是，《20世纪外国教育经典导读》这本书只是阅读当代外国教育经典方面的一本入门读物，它并不能替代读者自己对每一本当代外国教育经典著作的阅读。

《20世纪外国教育经典导读》一书由华东师范大学基础教育学系单中惠教授和合肥师范学院教师教育研究中心、安徽大学高等教育研究所、安徽新华学院朱镜人教授担任主编。撰写每一篇教育经典导读的作者名字都署在该篇导读的最后。

在本书即将付梓之际，我们要感谢山东教育出版社领导的关心和指导，同时要感谢教育理论编辑室主任蒋伟编审为本书的出版所付出的辛勤劳动。

限于编者的水平，书中如有不妥之处，祈请读者不吝批评指正。